CACHÉE
SOUS MON TURBAN

NADIA GHULAM
avec Agnès Rotger

CACHÉE
SOUS MON TURBAN

*traduit du catalan
par Martine Desoille*

l'Archipel

Ce livre, proposé à l'éditeur par
Sandra Bruna Agencia Literaria, SL,
a été publié sous le titre *El secret del meu turbant*
par Planeta, Barcelone, 2010.

Cette traduction a bénéficié du soutien de
l'Institut Ramon Llull.

LLLL institut
ramon llull
Langue et culture catalanes

Notre catalogue est consultable à l'adresse suivante :
www.editionsarchipel.com

Éditions de l'Archipel
34, rue des Bourdonnais
75001 Paris

ISBN 978-2-8098-2564-0

Copyright © Nadia Ghulam et Agnès Rotger, 2010.
Copyright © Editorial Planeta, S.A., Barcelone, 2010.
Copyright © L'Archipel, 2019, pour la traduction française.

À ma mère
Nadia

Aux femmes courageuses de ma famille
Agnès

Ma mère pousse des cris en fouillant fébrilement les décombres avec ses mains. Ses yeux paniqués cherchent des signes de vie sur mon corps de huit ans. Malgré sa forte corpulence, elle tente tant bien que mal d'étouffer les flammes qui me dévorent, sans se rendre compte que ses propres vêtements ont pris feu après qu'une bombe s'est abattue sur notre maison. Quand elle parvient enfin à m'extirper de ce qui aurait pu être ma tombe, ses forces l'abandonnent. Elle se met à trembler de tous ses membres en répétant mon nom : « Nadia, Nadia. »

C'est la dernière fois que ma mère m'appellera ainsi. Quand nous aurons à nouveau une maison, je serai devenue l'homme de la famille.

Le paradis perdu

Je n'aimais pas me doucher, mais ma mère n'était pas du genre à s'en laisser conter :
— Tu ne sais donc pas que les petites filles qui ne se lavent pas se font dévorer par les poux et jeter dans la rivière pendant leur sommeil ?

Cette histoire de poux m'angoissait à tel point que chaque jour je suivais ma mère jusqu'au bain sans broncher. Je fermais les yeux en serrant bien fort les paupières, tandis qu'elle versait un peu de shampoing et d'eau sur ma tête, frottant ensuite énergiquement pour produire une mousse abondante. Le pire était le démêlage : j'avais hérité des cheveux frisés de mon Pachtoune de père, et quand on me passait le peigne c'était un vrai supplice. Tandis que ma mère chantonnait pour me distraire, je chouinais : « aïe, aïe, aïe ». Un vrai duo comique !

Bien que n'ayant pas l'eau courante, nous avions mis au point un système de douche rudimentaire. Une fois libérée du douloureux rituel de la toilette, je poussais un grand « ouf » de soulagement et courais retrouver Zelmaï qui m'attendait, caché entre les grenadiers et les pins au fond du jardin. Les jours de forte chaleur, on s'amusait à s'asperger d'eau et à tourmenter les malheureuses grenouilles qui pataugeaient dans le bassin de la fontaine. Nous passions notre vie dans l'immense jardin à la végétation luxuriante et plein d'animaux. Nous en avions fait notre fief et ne rentrions dans la maison que lorsque le jardinier, oncle Ayoub, rapportait le pain chaud du petit-déjeuner.

Nous autres, Afghans, sommes fiers de notre *naan*, un pain plat à la saveur et au moelleux incomparables. Zelmaï coupait le sien en petits morceaux qu'il trempait dans son thé sucré, et moi je l'imitais. Nous prenions le petit-déjeuner assis sur le tapis, en compagnie de mon père. Tandis que nous regardions les dessins animés à la télé, ma mère s'affairait, faisant manger mes deux sœurs cadettes, préparant nos uniformes d'écolier, la sacoche de mon père, le repas de midi... Elle suait à grosses gouttes.

— Dis-moi, Zelmaï *jan*, quelle est la racine carrée de trente-six ?

Zelmaï *jan* (« chéri ») s'empressait d'introduire un autre bout de pain dans sa bouche déjà pleine pour ne pas avoir à répondre...

Mon père surveillait de près ses études, mais mon frère préférait les films de Bollywood aux mathématiques. Parfois, il m'apprenait les danses qu'il avait vues le vendredi soir à la télévision. Il aimait bien se faire passer pour le grand et beau prince indien, tandis que je l'admirais, bouche bée. Quand mon père nous surprenait, il se mettait en colère. Pourquoi Zelmaï ne se concentrait-il pas sur ses devoirs et son travail, au lieu de passer son temps à jouer avec une gamine ? N'était-ce pas pour cela qu'il l'avait inscrit à l'école et avait demandé à Korban, son associé, de le prendre comme apprenti dans leur magasin de tapis ? Zelmaï répondait toujours : « Oui, papa *jan.* » Mais il trouvait chaque fois une bonne excuse pour s'échapper de la boutique et retourner à la maison écouter les histoires de l'oncle Ayoub ou se prélasser devant la télé.

Moi, en revanche, j'adorais l'école. Je chérissais mon crayon et mes cahiers, et m'entendais à merveille avec ma camarade de pupitre, qui s'appelait Nadia, comme moi, et portait des tresses. Nous aimions quand Mlle Shikeba nous récitait des poèmes de vieux auteurs persans :

J'ai pour toi une surprise,
Le printemps est arrivé,
Les jardins s'emplissent de roses,
L'eau de la rivière étincelle
Et les oiseaux chantent leur refrain.

Quand la sonnerie rompait soudain l'enchantement, chacun rentrait chez soi après avoir salué respectueusement la maîtresse. Moi, je restais dans la cour où j'attendais Zelmaï, qui finissait plus tard. Âgée de six ans seulement, j'étais la benjamine de l'école.

Durant les premières semaines, je ne savais que faire pour tuer le temps. Mais, ce jour-là, j'avais apporté ma corde à sauter. Je me mis à sauter à la corde en comptant : « Une, deux, trois... Une, deux... » N'étant pas encore très habile, je trébuchais souvent et finissais par me lasser. Jouer seule n'était pas très amusant.

À l'autre bout de la cour de récréation, M. Fakir avait installé sa petite échoppe. Lui aussi s'ennuyait, et pour passer le temps il écoutait de la musique tout en regardant les enfants faire leurs exercices de gymnastique. Je l'observais à la dérobée. Il me fascinait, avec son turban de guingois et son drôle de sourire.

Manque de chance, il m'avait aperçue.

— Eh, toi ! me héla-t-il. Tu ne vas rien m'acheter aujourd'hui ?

M. Fakir avait des canines pointues comme celles d'un vampire et me faisait peur.

— Je ne sais pas... Qu'est-ce que vous avez aujourd'hui, oncle Fakir ? lui demandai-je, même si je connaissais déjà la réponse : amandes, fruits frais et bonbons au chocolat.

En Afghanistan, la coutume veut que l'on appelle tous les hommes adultes « oncle ».

— Je peux te proposer des pistaches salées. Et ces belles cerises, qu'est-ce que tu en dis ?

Les pistaches auraient suffi à combler mon petit creux, mais les cerises d'un beau rouge luisant dans leur petit sachet transparent étaient bien tentantes... Nos parents nous donnaient dix afghanis d'argent de poche chaque jour, et je voulais garder les miens pour acheter un cerf-volant à mon frère, mais cette fois l'ennui et la faim l'emportèrent.

Tandis que je grignotais mes friandises en attendant la fin des cours, Kholeda et Shaqra s'approchèrent de moi. C'étaient des grandes de douze ou treize ans, et

comme j'étais la plus petite de l'école, elles aimaient bien jouer avec moi comme avec une poupée. Elles me firent signe de m'asseoir par terre avec elles, et me demandèrent si j'avais des frères. À voix basse, je leur répondis que mon frère s'appelait Zelmaï. Elles se regardèrent et éclatèrent de rire : « Ah, le premier de la classe B ! Il est très beau, n'est-ce pas ? » Je hochai timidement la tête, ne sachant si elles se moquaient de moi. Tout le monde connaissait Zelmaï, le freluquet de sa classe. Kholeda piocha une cerise dans le sachet et ordonna :
— Donne-moi ta main, Nadia. Je vais te faire une beauté !
Je lançai des coups d'œil affolés autour de moi, ne sachant si je devais me fier à ces deux-là. Kholeda mordit dans la cerise et la pressa pour en exprimer une goutte de jus rouge sang. Puis elle et son amie se mirent à dessiner des cercles et des spirales sur mes paumes.
— Et voilà. Lève les mains pour qu'elles sèchent.
J'obéis sans broncher. Kholeda avait le même ton autoritaire que sa mère, la maîtresse d'école. Une fois, cette dernière m'avait obligée à donner une gifle à une compagne qui n'avait pas appris sa leçon. Mais j'avais refusé et je m'étais mise à pleurer. Du coup, la maîtresse nous avait punies toutes les deux et enfermées dans le « cachot ». Le lendemain, mon père était venu se plaindre : « Comment pouvez-vous traiter ainsi une enfant qui ne sait même pas reconnaître sa droite de sa gauche ? » Le directeur, qui était un ami, lui avait présenté ses excuses. Un traitement de

faveur, car en Afghanistan, il est normal de battre les enfants.

Quand M. Fakir me vit avec les mains levées et couvertes de jus de cerise, il éclata de rire.

— Elles t'ont joliment arrangée, Nadia ! On croirait une fiancée le jour de ses noces !

Une fiancée ! Rouge de honte, je baissai les mains et filai me réfugier dans un coin de la cour. Je n'aimais pas les rires du marchand, et la musique de sa radio me cassait les oreilles. Je cachai mes mains dans les plis de ma jupe d'uniforme noire...

Heureusement, Zelmaï sortit de sa classe presque au même moment, et j'aperçus l'oncle Ayoub, coiffé de son béret de laine, qui venait nous chercher. L'oncle Ayoub était pour nous bien plus qu'un jardinier : il veillait sur nous comme sur ses propres enfants, même s'il avait déjà fort à faire avec les neuf siens qui l'attendaient à la maison.

— Tu me portes, oncle Ayoub ?

— Attends, Nadia. Raconte-moi d'abord comment s'est passée ta journée.

— Kholeda et son amie, tu vois qui c'est ? Les deux grandes ? Elles m'ont fait des dessins sur les mains. Et on a appris un poème sur le printemps. Et puis Noria s'est fait gronder parce qu'elle n'arrêtait pas de parler, et tu sais quoi ? J'ai fait un peu pipi dans ma culotte parce que la maîtresse ne voulait pas me laisser sortir... Les toilettes sont au premier étage et, le temps d'y arriver, je ne pouvais plus me retenir... J'avais honte quand je suis revenue dans la classe, et j'avais peur que les autres se moquent de moi. Ah, et aussi, on a appris une nouvelle chanson.

Et on m'a demandé d'apporter des roses pour la Fête des maîtres... Tu veux bien, dis ? Juste un petit bouquet...

Je parlais, parlais, et gesticulais, et je lui montrais mes mains peintes en rouge, ma jupe tachée d'urine, et je lui chantais la chanson. L'oncle Ayoub me dit que ça ne se faisait pas de raconter sa vie tout haut dans la rue, mais je vis se dessiner un sourire sous sa moustache. D'origine tadjike, comme ma mère, c'était un homme bon, timide et généreux.

— Allez, Nadia, grimpe sur mes épaules. Et attache bien ton foulard, fillette !

Notre uniforme se composait d'une jupe et d'un corsage noirs complétés d'un foulard blanc qui couvrait la tête. Le mien ne cessait de tomber. L'oncle Ayoub m'aida à le réajuster, puis me hissa sur ses épaules.

L'école était à deux pas de notre maison. À la porte du jardin, Ali, l'apprenti mécanicien, nous attendait, une grande bouteille de Coca-Cola vide à la main. Il avait l'habitude de venir puiser de l'eau dans notre jardin pour préparer le thé à son patron et ses clients. Nous l'aimions bien et il lui arrivait de rester jouer quelques instants aux billes avec nous.

Ma mère, qui guettait notre retour, nous attendait sur le seuil. Nous traversâmes le jardin en courant et en poussant des cris de joie. Je m'élançai vers elle avec une telle fougue que je manquai la renverser. Ma mère était grande et elle m'enveloppait de son corps qui exhalait un appétissant parfum d'épices, d'oignon, de tomate et de persil frais.

— Allez vous laver et vous changer, les enfants, vous allez manger tout de suite. Et ne criez pas, les petites dorment.

Je m'aspergeai la figure et les mains puis, sans prendre le temps de me sécher, j'ôtai ma jupe et mon corsage et enfilai ma tenue d'intérieur : un t-shirt sur lequel était écrit « Miami » et un pantalon de pyjama en coton usé. Je mourais de faim, comme chaque jour à midi.

— Qu'est-ce qu'il y a à manger, *modar* ?

Tout était déjà disposé sur la nappe étalée à même le sol ; une toile cirée à fleurs qui faisait la fierté de ma mère, car elle était beaucoup plus pratique que la nappe en tissu de l'oncle Hanaga et de la tante Delian qu'il fallait laver à tout bout de champ.

Sitôt la prière expédiée, mon frère plongea sa main dans le plat de riz à la viande et aux légumes, au grand dam de ma mère qui soupira :

— Zelmaï...

Je commençai à manger posément car je n'avais pas envie que ma mère se fâche. Je mâchais bien chaque bouchée pour ne pas m'étrangler avec la viande de mouton séchée. Je mastiquais tout en contemplant le buffet couvert de bibelots, de souvenirs et de cadeaux que je connaissais par cœur.

— Tu crois que papa va nous emmener faire un tour dans sa nouvelle voiture, *modar* ?

— Ne me parlez pas de cette voiture. Votre père est un vrai panier percé. Sa cousine lui a demandé de lui acheter une machine à coudre. Et il a accepté ! Six cents afghanis ! Mon Dieu, qu'est-ce que nous allons devenir avec un homme pareil ? Il ne pense pas à ton avenir, mon fils !

Zelmaï souriait en songeant à la voiture neuve.

Quand la cousine descendait de son village pour consulter le médecin ou faire une course indispensable, elle et sa famille logeaient à la maison, au grand regret de ma mère qui la trouvait trop exigeante. Zelmaï et moi piquions des fous rires quand on allumait la télé et que les femmes se voilaient précipitamment la face, de peur d'être vues par les hommes qui apparaissaient à l'écran.

Une fois le repas terminé, ma mère nous envoya faire la sieste, chose que nous détestions. En temps normal, Zelmaï protestait, mais ce jour-là, à ma grande surprise, il se dirigea vers la chambre sans rien dire. En passant à côté de moi, il me glissa à l'oreille :

— Je n'ai pas sommeil, et toi ?

Puis me donnant une tape sur la tête, il ajouta :

— Le dernier arrivé à la fontaine a perdu !

La fête du vendredi

Chez nous, le vendredi était un jour de fête. Les amis de mon père – jamais moins d'une demi-douzaine – se joignaient aux oncles et aux cousins à l'heure du dîner, et la maison prenait des allures de restaurant, s'emplissant d'une bonne odeur de boulettes aux amandes et aux épices, de riz parfumé, de pain frit au sucre... sans parler de la crème de lentilles rouges au yaourt, des gâteaux, de la soupe de légumes...

Ma mère, qui n'avait personne pour l'aider à préparer ces repas gargantuesques, devait se lever de bonne heure pour mettre à cuire tous les ingrédients que mon père avait achetés. Les invités avaient beau louer ses talents de cuisinière, quand la soirée se prolongeait avec des bavardages ou une partie de cartes qui n'en finissait pas, son humeur tournait au vinaigre. Non seulement ces repas lui demandaient trop de travail, mais ils coûtaient les yeux de la tête. Cependant, mon père refusait d'y renoncer, dût-il pour cela dépenser jusqu'au dernier centime.

Les commerçants le savaient bien et en profitaient sans vergogne. Le boucher lui disait : « Je viens de recevoir un agneau de lait qui va vous enchanter ! » Mon père s'imaginait aussitôt le succès que le mets remporterait auprès de ses invités et lui demandait de lui en réserver une moitié : « Pensez bien à me le mettre de côté, surtout ! » Ma mère avait beau lui dire que tout le monde profitait de sa générosité, il n'en faisait qu'à sa tête. Il ne voulait pas discuter avec une femme qui ne le rendait plus heureux, et exigeait seulement qu'elle fasse de la place pour le gigot dans l'un de ses deux réfrigérateurs.

Je suppose que mon père devait gagner pas mal d'argent. Nous disions qu'il tenait une « pharmacie », mais la réalité était plus complexe. Il était le seul de sa famille à avoir quitté son village. Comme tous les jeunes à l'époque où l'Afghanistan était occupé par les troupes soviétiques, il avait dû servir deux ans dans l'armée et s'était retrouvé en poste à Kaboul. À la fin de son service, laissant derrière lui l'analphabétisme qui sévissait dans les campagnes, il avait rempilé comme volontaire pour pouvoir financer ses études. Par chance, on l'avait affecté à l'infirmerie.

Sitôt son diplôme en poche, il était entré au ministère de la Santé, en tant que responsable de l'approvisionnement pharmaceutique de tous les hôpitaux du pays. C'était un personnage important aux yeux de la famille – la sienne et celle de ma mère – et pour les voisins qui venaient le consulter quand ils avaient un problème de santé ou besoin d'argent. Et comme mon père ne savait pas dire « non », ma mère et lui se querellaient constamment.

Son travail l'amenait à se déplacer dans tout le pays, et je le voyais partir le matin, habillé à la mode occidentale, d'un costume cravate : des vêtements qui allaient bientôt devenir une rareté. Comme il avait le contact facile et un poste important, les gens lui faisaient des cadeaux. Peu à peu, les murs de la maison se couvrirent de tapisseries décoratives. Une fois, un collègue médecin lui rapporta de Russie des flûtes à champagne, qui furent exposées dans la vitrine du salon et devinrent la fierté du foyer. Ma mère prenait soin de les épousseter chaque semaine, mais personne ne s'en servait : je n'ai jamais vu personne boire une goutte d'alcool à la maison. Le thé, le Fanta et le Pepsi étaient les seules boissons qui animaient les réunions.

Mon père ne vivait que pour ça : les soirées entre amis. Mais tout ce bonheur et tous ses rêves d'avenir pour mon frère furent anéantis quand la guerre éclata.

Pour moi, tout commença un vendredi de 1992. Ce jour-là, Amin ne me serra pas la main. Amin était l'ami de mon père que je préférais et il avait coutume de nous saluer, Zelmaï et moi, avec une poignée de main chaleureuse et une petite courbette, en déclarant : « Monsieur… Madame… », qui provoquait notre hilarité. Lui et sa femme, que je trouvais belle comme une actrice de cinéma, nous apportaient toujours des bonbons. C'est pourquoi, ce vendredi de 1992, lorsqu'ils se présentèrent chez nous avec l'expression angoissée de gens qui se sentent traqués, je compris que quelque chose n'allait pas.

Par moments, tout semblait normal. On entendait le bruissement des cartes à jouer, le craquement des graines de courge sous les dents des convives ; les

« tch… ! » et les « hmm… ! » selon qu'ils avaient reçu ou non une bonne main au jeu. C'étaient des sons familiers et rassurants. Mais, d'un seul coup, l'atmosphère se faisait lourde, les grands se muraient dans le silence. Chacun s'absorbait dans ses pensées, ou se mettaient à parler sur un ton grave, sans se préoccuper de savoir si les enfants pouvaient les entendre. C'est ainsi que je glanais des bribes de conversation que j'aurais préféré ne pas entendre. J'aurais dû aller jouer de mon côté, mais j'en étais incapable. J'étais comme clouée sur place, consciente que ce qui préoccupait les adultes allait bouleverser notre vie à jamais.

Mon père et Amin, qui se connaissaient depuis longtemps, parlaient des moudjahidines qui, trois ans auparavant, avaient chassé les troupes soviétiques hors d'Afghanistan. Malgré cela, la paix n'était pas revenue, car maintenant que l'ennemi commun était parti, les différents clans se livraient une guerre sans merci pour prendre le contrôle du pays.

— Ils sont en train de détruire Kaboul, se lamentait Amin. Mon beau-frère et ma sœur ont fui au Pakistan, parce qu'ici il ne leur restait plus rien et qu'ils ne voulaient pas que leurs enfants se fassent tuer ou qu'ils meurent de faim. Quand ils ont vu leurs voisins se faire massacrer devant chez eux pour une broutille, ils ont décidé de plier bagage. Et crois-moi, Ghulam, les bombes ne vont pas tarder à tomber.

Je regardai mon père. J'espérais qu'il allait dire : « Allons, Amin, il ne faut pas exagérer ! », mais il ferma les yeux et hocha la tête en silence.

Amin avait raison.

D'un seul coup, la maison, le centre de notre univers, devint un lieu dangereux cerné de toute part par les bombes. Au début, les amis et les parents qui venaient souvent chez nous proposèrent de nous accueillir. Mais peu à peu, la guerre les dispersa et nous finîmes par nous retrouver seuls. Les commerçants cessèrent de réserver leurs meilleurs morceaux pour mon père, et nous fûmes contraints de passer les vendredis dans des refuges humides et tristes. L'angoisse de ma mère était telle qu'elle n'eut bientôt plus de lait pour ma jeune sœur. Un jour, profitant du chaos qui régnait dans les rues, quelqu'un mit le feu au magasin de tapis de mon père. Les biens fonciers ne valaient plus rien, les emplois devinrent précaires et l'argent commençait à manquer. Mes parents durent se séparer de l'oncle Ayoub, même si nous continuâmes de garder le contact avec lui pendant un certain temps. Toute sa famille fut anéantie par la guerre et il ne s'en remit jamais.

Malgré tout, nous nous efforcions de conserver un semblant de normalité. Chaque fois que nous le pouvions nous invitions des gens à venir passer le vendredi à la maison, quand les bombardements s'éloignaient. Les femmes se plaignaient de la burka, un vêtement très incommode qu'elles n'avaient jamais porté jusque-là. Le port n'en était pas encore obligatoire, mais nombreuses étaient celles qui l'adoptaient de leur propre initiative, ou parce que leurs maris les y obligeaient, par précaution. Les enlèvements et les viols étaient fréquents et elles prirent l'habitude de se couvrir de la tête aux pieds, pour se protéger. Ma mère cessa de mettre les jupes courtes, les bas, les corsages et les vestes qu'elle gardait dans son armoire. Elle dut déplier le foulard qu'elle portait en turban pour se couvrir entièrement la tête les jours où elle sortait sans sa burka. Personne d'autre que nous ne pouvait voir ses deux longues tresses dont elle était si fière.

Les mois passèrent jusqu'au jour où, après avoir dîné tranquillement avec la tante Shobobo et des cousins de mon père, ma mère se leva pour aller chercher des friandises à la cuisine. Je décidai de la suivre, quand tout vola en éclats.

Et l'obscurité se fit.

L'enfer

La première chose que je vis, quand je repris connaissance, c'étaient les yeux de ma mère, sombres et cernés de brun.

— Mmmm... ammm...!

Que m'était-il arrivé ? Pourquoi n'arrivais-je pas à parler ? Où étais-je ? Je tournai la tête avec difficulté pour regarder autour de moi : j'étais étendue sur un matelas à même le sol, en compagnie d'autres enfants, dans ce qui ressemblait davantage à un couloir qu'à une chambre. On aurait dit un hôpital. Mais pourquoi étais-je là ? songeai-je, terrifiée. Je ne pouvais pas poser de questions, car mon corps ne m'obéissait plus. Des flots de larmes jaillissaient des yeux de ma mère fixés sur moi.

Il régnait une odeur épaisse de nourriture, de médicaments, de sang et de transpiration. De là où je me trouvais, j'apercevais des Velux au plafond. L'air était plein de bruits : gémissements, conversations, prières récitées à voix basse, que je n'entendais qu'à moitié, de mon oreille gauche. Je palpai mon autre oreille : elle était complètement bandée et me faisait sursauter de douleur au moindre contact. Je laissai retomber ma main sur le lit et fondis larmes. Ma mère ne cessait de m'embrasser et de rendre grâce à Dieu en sanglotant. Les autres femmes qui se trouvaient là venaient me voir, émues elles aussi, et suppliaient le Ciel de nous sauver et de mettre fin à la guerre. « Guerre ». « Hôpital ». « Douleur constante ». « Soins ». Ces mots tournaient sans fin dans ma tête qui semblait sur le point d'éclater.

Ma mère ne parvint à se calmer que lorsque le constant va-et-vient autour de nous cessa. C'est alors qu'elle m'expliqua qu'une bombe était tombée sur notre maison. Personne ne s'y attendait, et je me trouvais justement à l'endroit où elle avait explosé. Les brûlures que je portais sur mon corps étaient si graves que j'étais restée six mois dans le coma. Elle m'expliqua qu'elle m'avait veillée jour et nuit, et qu'elle avait dû batailler pour que les médecins et les infirmières, qui avaient cessé d'y croire, acceptent de me donner des médicaments. Elle me dit aussi qu'un ami de mon père avait réussi à rapporter d'Inde un remède introuvable dans notre pays, et qu'elle m'avait appliqué des cataplasmes à base de plantes, pour aider mes plaies à cicatriser. Et Allah soit loué, cela avait marché.

— Tous me disaient qu'on ne pouvait rien faire, que tu allais très mal. Mais moi, je savais, j'étais certaine que tu allais t'en sortir, Nadia.

Ma mère déversait tout ce qu'elle avait sur le cœur, mais je ne l'écoutais qu'à moitié. J'avais besoin de toucher mon corps pour m'assurer qu'il était toujours là. Rassemblant mes forces, je m'obligeais à bouger, tout doucement. Le moindre geste était un tour de force, à cause de la douleur et des bandages. Mais j'avais tout mon temps.

Ce jour-là, j'ai commencé à recenser tous mes maux. J'ai découvert que j'avais des brûlures à la tête, au visage, aux bras, aux mains et aux jambes. Mais le pire arriva deux jours plus tard, quand je parvins à me procurer un petit miroir. La vue de ma figure et de mon oreille gauche, détruites par les flammes, me laissa tout d'abord perplexe, parce que je ne me reconnaissais pas ; après quoi, je sombrai dans le désespoir.

Je me retrouvais brusquement piégée dans un cauchemar. Les jeux avec Zelmaï autour de la fontaine du jardin, les cerises de l'école, tout cela faisait désormais partie d'un autre siècle, d'un autre monde. Je n'avais que neuf ans, mais le temps de l'enfance était révolu. Me retrouver dans ce misérable hôpital de fortune, plein de souffrance et de gémissements, était comme tomber au fond d'un gouffre.

Il suffisait d'un rien pour me faire sombrer dans la tristesse. Le souvenir du riz à la viande, des petits gâteaux… Mes brûlures m'empêchaient d'ouvrir suffisamment la bouche, et mastiquer était trop douloureux, si bien que je devais m'alimenter, comme un nourrisson, de lait et de bouillie de riz très liquide, à la petite cuillère. Ma mère me réconfortait du mieux qu'elle le pouvait. Mais parfois, le souvenir des noisettes et des biscuits qui croquent sous la dent, de la bonne odeur du ragoût à la viande et aux légumes que ma mère préparait me mettait au supplice.

Pour autant, le pire n'était pas la nourriture, mais le silence et les mystères qui m'entouraient. Les choses que je ne comprenais pas. La vie que je ne connaissais pas.

Si le jour où je sortis du coma fut pour ma mère l'un des plus heureux de sa vie, pour moi ce fut le début d'une descente aux enfers.

Le renard heureux

Un grand nombre de blessés subissaient leur sort en silence. Ils semblaient s'être résignés, laissant la vie ou la mort décider à leur place. Mais pas moi : j'étais révoltée. Mon corps était devenu mon ennemi, et mon cerveau bouillait d'indignation. La douleur intense et continue devenait insupportable, mais la colère que je ressentais intérieurement et qui ne me quittait jamais était bien pire : « Pourquoi moi ? », ne cessais-je de me demander du matin au soir.

Ma mère me racontait des histoires ou me chantait des chansons pour essayer de me distraire, parce que mon désespoir lui crevait le cœur.

— Allons, ma chérie, tu ne veux pas que je te raconte l'histoire du renard et du loup ?

Cela marchait le plus souvent, je cessais de geindre et peu à peu je me laissais emporter dans ce monde où les bons l'emportaient toujours sur les méchants. Tous les contes m'enchantaient, mais surtout ceux où un gros nigaud de loup se faisait embobiner par le renard. Ma mère séchait mes larmes, puis se lançait dans son récit :

— Il était une fois un renard qui ne trouvait rien à se mettre sous la dent et que la faim mettait de mauvaise humeur. Tandis qu'il marchait sans but, il se retrouva dans un grand verger rempli de pommiers, de grenadiers, de pruniers...
À ce moment du récit, j'écarquillais des yeux émerveillés et l'eau me venait à la bouche.
— ... des pêchers, des abricotiers, des cerisiers... de tout. Enragé par la faim, le renard se mit à frapper les troncs avec ses pattes.
« Vas-y, frappe, frappe plus fort ! », songeais-je pour l'encourager.
— Plus tard, quand le fermier découvrit que tous ses fruits étaient tombés des arbres, il se demanda : « Qui donc a fait cela ? »
Ma mère prenait la voix d'un homme en colère et je riais. Puis l'histoire reprenait, et je découvrais comment le renard parvenait à piéger un loup qui passait par là. Je connaissais l'histoire par cœur, mais ma mère y ajoutait chaque fois de nouveaux détails qui me tenaient en haleine. C'était une formidable conteuse (et souvent le silence se faisait dans la salle commune, car tout le monde l'écoutait) et comme elle savait que j'allais fondre en larmes quand le conte s'achèverait, elle le faisait durer le plus longtemps possible, en imaginant toutes sortes de variantes et de digressions... De cette façon, les heures passaient plus vite, et avec un peu de chance, je finissais par m'endormir avant qu'elle n'arrive à la fin.
Devenue orpheline quand elle était enfant, ma mère était allée vivre chez sa sœur aînée et sa belle-famille. Là-bas, elle trimait du matin au soir, faisant la

cuisine ou s'occupant de ses neveux, mais en contrepartie elle pouvait écouter les contes, les poèmes et les chansons que la belle-mère de sa sœur racontait aux petits. À l'époque, il n'y avait pas la télévision et, dans la majorité des foyers, personne ne savait lire. Il était donc naturel que les grand-mères racontent des histoires aux enfants.

Ce n'étaient pas seulement des histoires de loups et de renards. Il y avait aussi des contes patriotiques où il était question de pauvres gens exilés qui avaient le mal du pays ; ou des histoires d'amour tragiques qui vous tiraient des larmes. Ces récits étant appréciés de tous, on en apprenait des passages entiers par cœur, on chantait les chansons et on suivait les aventures des protagonistes comme s'il s'était agi de films.

Cependant, ma mère avait beau être une conteuse hors pair, quand arrivait la fin de l'histoire, je redevenais une fillette prostrée et malade.

— Je veux jouer, maman ! Je veux une poupée ! m'écriais-je rageusement.

Quelques mois plus tôt, je jouais encore avec ma poupée danseuse, que mon père avait fabriquée de ses mains. C'était une de ces marionnettes en bois dont les bras et les jambes sont actionnés par des fils. À l'époque, quand nous dormions encore dans le même lit, sans rien craindre d'autre que des monstres imaginaires, j'avais beaucoup de jouets. Chaque fois que des amis de mon père se rendaient en Russie, ils nous rapportaient des cadeaux, à Zelmaï et moi. Je me rappelle qu'une fois ils avaient offert une kalachnikov factice à mon frère et à moi une grande poupée qui fermait les yeux quand on la couchait. Elle me semblait magique et je n'arrêtais pas de la lever et de la coucher... Tandis que Zelmaï s'amusait à lui tirer dessus avec son nouveau fusil.

Mais l'abondance s'était peu à peu tarie à mesure que la violence allait crescendo autour de nous. L'école, le travail, les magasins, les soirées du vendredi, les jouets... nous avions tout perdu. Quand le fracas des bombes ou des mitraillettes se rapprochait, nous obligeant à fuir la maison précipitamment, ma mère s'efforçait toujours d'emporter des couvertures et un peu de nourriture, tandis que mon père, inquiet, l'exhortait à se dépêcher. Quant à moi, mon unique préoccupation était d'emporter ma poupée danseuse.

Jusqu'au jour où la poupée s'égara, elle aussi.

Les boutons

Un jour, ma mère m'apporta deux boutons attachés ensemble par un bout de fil que je m'amusai à faire tournoyer en l'air. C'était mon unique joujou, mais il était très fragile : au bout de quelques jours, le fil se cassa et l'un des boutons vola et disparut. J'étais aussi inconsolable que si j'avais perdu une poupée Barbie. Ma mère me promit qu'elle m'en apporterait un autre. Les boutons ne faisant pas partie de l'habillement traditionnel afghan, elle ne put pas en prélever sur ses propres vêtements ou ceux de mon père, dont les costumes-cravate avaient disparu dans les flammes quand notre maison avait brûlé. Cependant, bien que n'ayant pas le premier centime pour en acheter, ma mère était résolue à me faire plaisir. C'est pourquoi elle sortit dans la rue dans l'espoir d'en trouver un égaré sur le trottoir. Et c'est ainsi que, les yeux baissés derrière la grille de sa burqa, elle marcha jusqu'au centre de la ville où l'on vendait un peu partout des vêtements usagés. Parmi ceux-ci se trouvaient des pantalons et des chemises de style occidental. Bien que très bon marché, ils étaient néanmoins inaccessibles à ceux qui, comme elle, n'avaient pas un sou vaillant. Il n'y avait qu'une seule solution, et rien que d'y penser ses jambes se mirent à flageoler et son cœur à battre la chamade.

Elle commença à arpenter l'allée où s'empilaient les vêtements, tout en scrutant les visages des marchands, pour voir lesquels étaient les plus affables ou les plus distraits. Elle avait l'impression qu'il leur suffisait de la regarder pour deviner quelles étaient ses intentions. Mais bientôt, elle se calma : elle n'était qu'une burqa de plus, sans visage et sans jambes, tremblantes ou pas. Une ombre parmi les ombres. Elle repéra sa cible : une montagne de linge dans laquelle les gens piochaient au petit bonheur. Si elle agissait rapidement, personne ne la remarquerait... Elle s'approcha et s'accroupit, puis faisant disparaître une chemise sous sa burqa, entreprit d'en arracher un bouton. Mais il était solidement cousu et refusait de céder. Elle l'approcha de sa bouche pour couper le fil avec ses dents quand quelqu'un s'écria :

— Hep, vous ! Madame ! Qu'est-ce que vous faites ? Vous êtes en train de me voler !

Le sang de ma mère se glaça dans ses veines. Lâchant aussitôt la chemise, elle se répandit en excuses :

— Non, non, pardon, mon frère ! Je ne voulais pas voler ! Je... je voulais juste un bouton pour ma fille.

Le marchand la pointa du doigt et un petit attroupement se forma autour d'elle.

— Je voulais juste un bouton pour ma fille qui n'a rien pour jouer, se justifia-t-elle, affolée. Pardonne-moi, mon frère ! Je t'en supplie, ne me dénonce pas à la police, laisse-moi partir. Je n'ai plus rien et ma fille a besoin de moi.

La police du gouvernement moudjahidine était violente et corrompue, de sorte qu'il valait mieux ne pas avoir affaire à elle.

L'homme cessa de la montrer du doigt. Ma mère fit demi-tour en sanglotant, et les gens qui l'entouraient s'écartèrent pour la laisser passer. Quand elle se fut éloignée de quelques pas, la voix du marchand la héla :

— Eh, toi, ma sœur, reviens ! Tiens ! Un bouton pour ta fille !

Mais ma mère ne se retourna pas et pressa le pas au contraire. Elle se sentait humiliée et tellement coupable qu'elle n'osait par regarder l'homme en face.

Quand elle arriva à l'hôpital, elle était complètement abattue, avec les yeux rouges d'avoir trop pleuré.

— Ne me demande plus rien, Nadia. Ta mère ne sait pas voler.

Et je me retrouvai à nouveau sans jouets.

Mort et démons

Ma mère ne quittait pas mon chevet. Elle avait confié mes deux petites sœurs à ma tante, et mon père s'occupait de mon frère Zelmaï. Tous deux se chargeaient de trouver de la nourriture, une tâche traditionnellement dévolue aux hommes en Afghanistan, mais devenue particulièrement ardue quand on est sans le sou. Un jour, ils reçurent un paquet de riz d'une ONG, ainsi que de la farine et du sucre et un peu de thé : des vivres de première nécessité, mais qui en ces temps de misère étaient un luxe. Pour rentrer à la maison, ils prirent un taxi. Mais alors qu'ils se félicitaient de la chance qu'ils avaient eue, le chauffeur freina brutalement : il y avait un barrage de police. Les miliciens qui contrôlaient le quartier – des hommes du seigneur de guerre Abdul Rachid Dostom – jetèrent un coup d'œil à l'intérieur du véhicule et ordonnèrent au taxi de les suivre sans donner la moindre explication. Mon père comprit aussitôt que cela n'augurait rien de bon.

Quand ils arrivèrent au QG, les hommes de Dostom leur volèrent tout ce qu'ils avaient en leur possession : nourriture, montres, argent..., après quoi, ils décidèrent de les liquider. Ils les emmenèrent dans un terrain vague où se trouvait une fosse commune dont s'échappait une puanteur insoutenable. Ils y précipitèrent le chauffeur de taxi sans autre forme de procès. L'homme dut être estourbi par la chute, car il ne poussa pas un cri.

De la même façon qu'ils les avaient condamnés à mort, ils décidèrent sur un coup de tête de leur laisser la vie sauve au moment où l'un des hommes s'écria :

— Attendez ! Ce garçon ressemble à mon neveu.

Cette raison absurde suffit à stopper ses comparses. Mon père et mon frère, terrorisés, tombèrent dans les bras l'un de l'autre en sanglotant.

— Filez d'ici ! leur ordonna le chef de la bande. Et pas un mot de tout ceci à quiconque, sinon vous êtes morts.

Tous deux partirent en courant, mais alors que Zelmaï voulait tirer un trait au plus vite sur cet incident, mon père ne cessait de répéter qu'ils devaient récupérer leurs biens et sauver le chauffeur de taxi si ce dernier était toujours en vie.

L'histoire connut un heureux dénouement, car mon père connaissait quelqu'un de très influent qui accepta d'intervenir. Personne ne demanda le moindre compte aux miliciens, mais mon père put récupérer sa montre et porter secours au malheureux chauffeur de taxi. Ce dernier ne présentait que quelques contusions, mais les heures qu'il avait passées sur un amas de corps humains en putréfaction l'avaient traumatisé.

Si mon père était très affecté, je vous laisse imaginer dans quel état se trouvait un garçon comme

Zelmaï. Ma mère, inconsolable, ne comprenait pas pourquoi son fils n'était pas venu la voir après l'incident, et pourquoi il ne lui donnait plus de nouvelles. Elle trouvait étrange l'explication que mon père lui avait donnée : Zelmaï avait fui au Pakistan... Mais comment ? Tout seul ? Et pourquoi ne lui en avait-il rien dit ?

Consumée de chagrin, je sentais sa main se crisper autour de la mienne quand elle me tenait compagnie à l'hôpital.

À partir de là, mon père commença à se renfermer sur lui-même et son caractère changea.

Un jour qu'on m'avait laissée sortir de l'hôpital entre deux traitements, nous allâmes à Mazar-e-Charif rendre visite à un proche. Il faisait une chaleur torride, et le soir venu nous montâmes sur le toit dans l'espoir d'y trouver un peu de fraîcheur. Nous étalâmes les tapis à même le sol de la terrasse en terre séchée et nous allongeâmes : ma mère avec ma petite sœur à côté d'elle, et moi entre ma mère et mon père. Comme j'étais très fatiguée, je m'endormis aussitôt. Cependant, au bout d'un moment, réveillée par une envie pressante d'uriner, je constatai à la clarté de la lune que mon père dormait d'un sommeil agité. Il grognait et transpirait à grosses gouttes. Voulant le tirer de son cauchemar, je lui touchai l'épaule et murmurai :

— Papa, réveille-toi.

Il ouvrit subitement les paupières et, avec des yeux de fou, m'agrippa par le bras et se mit à crier :

— Cette fois, je te tiens !

Puis se redressant d'un coup, il tenta de me jeter du haut du toit.

Je me mis à hurler, car il me faisait mal et me terrorisait. Mes cris et mes pleurs le tirèrent soudain de son état second. Il me serra alors dans ses bras en sanglotant.

— Pardonne-moi, pardonne-moi ! J'ai failli tuer ma propre fille ! répétait-il, en implorant le ciel.

Il était désespéré. La souffrance qui le minait intérieurement avait failli mettre en péril la vie de ceux qu'il aimait. Il nous expliqua qu'il avait rêvé qu'un moudjahidine le pourchassait et qu'il m'avait confondue avec son poursuivant. Ma mère et lui passèrent le reste de la nuit à prier pour remercier Dieu de m'avoir épargnée. Je les écoutais, incapable de calmer les tremblements qui agitaient mon corps.

Le lendemain dès l'aube, mon père alla acheter du pain chaud. Il l'enduisit d'halva, une pâte à tartiner à base d'huile, de farine et de sucre, et en distribua des morceaux aux gens qui passaient dans la rue. Chez nous, donner du pain à l'halva est la façon traditionnelle de rendre grâce à Dieu quand un événement tragique connaît un dénouement heureux. Cette nuit-là, rien d'irréparable n'avait été commis, mais nous avions pris conscience que mon père allait très mal. Pour lui, professionnel de santé averti, c'étaient les manifestations d'une grave maladie mentale. Pour tous les autres, à commencer par son épouse, c'était un signe évident de possession diabolique.

Quand ses anciens collègues de travail apprirent qu'il souffrait de démence, tous se mobilisèrent pour le faire entrer dans un hôpital psychiatrique en Inde, car en Afghanistan ce genre de structures n'existait pas. Les démarches avançaient à grands pas, il avait une place réservée dans un centre hospitalier prestigieux et il ne manquait plus que les billets d'avion... quand un nouveau changement de gouvernement vint tout chambouler. Mon père dut rester à Kaboul. Taciturne et distant, il se retrouva bientôt isolé, car tous ses collègues et amis le fuyaient. Seule sa famille continuait de le soutenir, quoique avec une certaine appréhension, car il pouvait devenir violent. Par moments, il voulait frapper ma mère et tout casser, il criait et jurait...

Nous ne savions que faire. Les remèdes habituellement efficaces pour soulager les maux comme les piqûres de scorpion (lire des versets du Coran, frotter la piqûre avec un peu de salive) ne servaient à rien. Nous n'avions d'autre choix que de nous cacher et de prier à voix basse en attendant que la crise soit passée. Mon père redevenait alors un homme abattu, au regard absent. Ce n'était plus le même, mais au moins il ne nous frappait pas.

Il était loin, le temps où Zelmaï m'apprenait des chansons que nous chantions à mon père quand il rentrait du travail, en nous servant d'un jerrican vide comme d'un tambourin. Quand j'étais née, mon père n'avait pas caché sa déception d'avoir une fille. Puis il avait appris à m'aimer. Mais cette époque-là était bel et bien révolue.

La vie nomade

Si l'on avait ouvert les paris, ma mère serait devenue millionnaire, car elle était la seule à penser que j'allais survivre à mes blessures. Tous les autres, y compris mon père, avaient perdu espoir de me voir grandir. Mais contre toute attente, je ressuscitai. Et, comme un cheval à qui l'on a mis des œillères, je m'obligeai à aller de l'avant sans jamais regarder en arrière.

Pour autant, ma rage de vivre ne suffit pas à me guérir. Il me fallait un lit d'hôpital, du temps et des soins. Le problème étant que la guerre en Afghanistan ne semblait pas près de finir.

Non seulement l'hôpital manquait de moyens, mais il se transformait fréquemment en champ de bataille. Quand cela arrivait, on ouvrait les portes et chacun filait se mettre à l'abri. C'était un sauve-qui-peut dantesque, une ruée désordonnée de perfusions et de bandages, car nombre d'entre nous n'avaient nulle part où aller dans cette ville en proie à une guerre civile de plus en plus féroce.

Deux années durant, entre deux séjours à l'hôpital, j'ai vécu dans une multitude de lieux différents.

Au début, des proches nous accueillaient chez eux. Mais, peu à peu, tous mes cousins, oncles et tantes prirent la fuite avec tous ceux qui tentaient de gagner la frontière (soit un tiers de la population du pays). Si bien que nous dûmes trouver refuge chez des amis, puis des amis d'amis, jusqu'au jour où nous nous trouvâmes contraints de frapper à la porte de parfaits inconnus pour ne pas mourir de faim et de froid. Malgré la pénurie de vivres, un élan de solidarité animait les survivants de la ville, et il était normal d'offrir de l'aide à ceux qui en avaient besoin.

Nous étions des milliers à errer comme des vagabonds dans les rues devenues dangereuses, en quête d'un foyer où régnait encore un semblant de tranquillité.

Une de ces parenthèses s'ouvrit un matin, quand, dès le lever du jour, la nouvelle tant redoutée tomba :

— Nadia, les médecins disent qu'une bombe a explosé dans le cinéma d'à côté et que nous ne sommes plus à l'abri ici.

Nous savions parfaitement ce que cela signifiait. J'aurais voulu pouvoir me recroqueviller dans un coin et retenir mon souffle pour devenir invisible, plutôt que de me traîner d'une maison à l'autre. Mais ma mère, résignée, m'obligea à me lever, m'habiller et me chausser. Puis elle enfila sa burqa et, en deux temps trois mouvements, nous étions dans la rue. Celle-ci était jonchée de blessés qui gémissaient en se vidant de leur sang. L'hôpital m'avait une fois de plus rejetée, malgré mon oreille coupée et la douleur lancinante que je ressentais dans tout le corps.

Alors que nous longions une artère qui venait d'être bombardée, ma mère me lâcha soudain la main et se mit à courir jusqu'à un corps étendu à terre. C'était un adolescent dont quelqu'un avait recouvert le visage d'un foulard. Songeant à Zelmaï, dont elle n'avait toujours pas de nouvelles, ma mère le serra dans ses bras en sanglotant.

Bientôt, un attroupement se forma autour de nous.

— C'est ton fils ? lui demanda un homme âgé. Tu as vu son visage ?

Une femme parvint non sans mal à séparer ma mère du garçon et ôta le foulard. Le groupe retint sa respiration. On aurait dit que la terre avait cessé de tourner.

— Non, non, ce n'est pas lui, balbutia ma mère en se relevant, sa burqa trempée de sang.

Puis, me prenant par la main :

— Viens, me dit-elle en ravalant un sanglot. Zelmaï est au Pakistan et il va bien…

Elle tremblait de tous ses membres et moi aussi. En effet, nous savions pertinemment que Zelmaï n'était pas au Pakistan et qu'il n'allait pas bien.

À la recherche de mon père

Ce jour-là, comme cela arrivait de plus en plus souvent, nous ne savions pas où était mon père. À l'époque, l'usage du téléphone portable n'était guère répandu, de sorte que nous dûmes employer les méthodes plus traditionnelles pour le localiser.

— Excusez-moi, disait ma mère aux gens que nous croisions dans la rue, pourriez-vous nous dire quels quartiers sont les plus tranquilles aujourd'hui ?

Quelqu'un nous indiqua la ville neuve de Karte Parwan, près des jardins de Bagh-e Babur. Mais celle-ci se trouvait à l'autre bout de la ville, soit à une heure de marche au moins sur un chemin parsemé de nids-de-poule et d'amas de gravats, sans parler du risque de se faire tirer dessus qui nous obligeait à chaque instant à emprunter des voies détournées.

Il était midi passé quand nous arrivâmes dans les jardins. Je n'y étais venue qu'une seule fois, quand mes parents m'avaient emmenée visiter le zoo. À présent, à cause de la guerre, on racontait que de nombreux animaux étaient morts de faim, quand ils n'avaient pas été dépecés par des gens affamés, et que les autres s'ébattaient en liberté… La seule chose que nous vîmes était la désolation : ce lieu jadis splendide, qui faisait la fierté de Kaboul, n'était plus qu'une friche aux arbres calcinés et aux maisons effondrées. Il ne restait rien du Jardin botanique, ni des allées verdoyantes où se promenaient jadis mes parents – toujours accompagnés d'un chaperon – comme tous les jeunes couples. Les familles venaient ici pour pique-niquer, et l'été on y donnait des concerts. Les hôtes de marque du gouvernement étaient logés dans une résidence du parc qui leur était réservée, et ceux qui en avaient les moyens pouvaient aller au restaurant, ou célébrer une noce dans la salle des fêtes. Ma mère me parlait souvent des marchands ambulants de glaces et de pois chiches, et de la salle de cinéma, et je m'étais représenté le Babur comme un lieu féerique, un symbole de liberté comme celle qui, un jour, régnerait dans notre pays.

La seule chose qui tenait encore debout était les blocs d'appartements en béton avec, en toile de fond, le majestueux Hindou Kouch. Heureusement, notre montagne résistait, telle une forteresse, comme si elle s'attendait à voir surgir d'un moment à l'autre une camionnette pleine de hippies. Dans les années 1960 et 1970, quand les jeunes venus du monde entier débarquaient chez nous pour goûter à notre chanvre indien, cela n'étonnait personne. Les hôtels étaient pleins de touristes qui buvaient de la vodka. Mais plus maintenant. Les étrangers semblaient avoir complètement disparu, et il allait falloir attendre encore longtemps avant que les journalistes et les membres des ONG ne fassent partie de notre quotidien. Nous avions cessé d'être une attraction touristique.

Nous étions désormais un pays où régnait l'instabilité politique, une épine dans le pied des autres nations, une exception à la règle. Ici plus personne ne voyageait, ne faisait de commerce, ne visitait de musées.

Non loin du parc se trouvait ce que ma mère et moi cherchions : la mosquée. Mais à peine avions-nous retrouvé notre calme que le fracas des bombes retentit à nouveau. Je devinais les yeux de ma mère écarquillés de terreur derrière la grille bleue de sa burqa. Sa main se resserra autour de la mienne jusqu'à me faire grimacer de douleur, quand elle m'entraîna vers la première maison qui se trouvait là. Elle se mit à frapper de toutes ses forces à la porte en suppliant : « Ouvrez ! Ouvrez, s'il vous plaît ! », tandis que je me réfugiais sous sa burqa et me serrais contre elle en fermant les paupières. Comme personne ne répondait. Elle essaya une autre porte, puis une autre. La rue s'était vidée et le sifflement des bombes se rapprochait. Enfin, nous entendîmes le bruit d'un verrou qu'on tire. Un volet s'ouvrit et un homme aux cheveux blancs se pencha par la fenêtre en agitant le bras pour nous faire signe de venir. Malgré mes blessures et la forte corpulence de ma mère, nous détalâmes comme des lapins jusqu'à sa porte. L'homme à l'aspect soigné nous entraîna vers le sous-sol. Sans y réfléchir à deux fois, nous nous faufilâmes à quatre pattes dans l'abri souterrain éclairé par quatre chandelles. Puis la porte se referma derrière nous, et nous nous assîmes, à bout de forces.

— Ma sœur, que faisais-tu dehors avec une fillette en plein bombardement ? demanda l'homme.

Ma mère ne pouvait pas s'arrêter de pleurer et de me cajoler. Je jetai un coup d'œil autour de moi et, quand mes yeux se furent habitués à l'obscurité, je distinguai un groupe de cinq ou six adultes accompagnés d'enfants, dont un nouveau-né qui dormait tranquillement dans un coin. Moi aussi, j'avais une folle envie de dormir.

— C'est de la folie de sortir dans ces conditions…, ne cessait de marmonner l'homme. Malia, apporte de l'eau pour la dame et sa fille.

Nous n'avalâmes rien d'autre de toute la journée et toute la nuit suivante. Nous ne dîmes mot. À quoi bon raconter notre histoire, si semblable à toutes les autres ? Des histoires de femmes et de fillettes blessées, désemparées, de personnes qui fuyaient les bombardements, n'avaient rien à se mettre sous la dent et n'emportaient avec elles que la peur et le chagrin. Rien de bien nouveau dans le Kaboul des années 1990.

Les souterrains comme celui-là, creusés sous les maisons pour une meilleure isolation, étaient très humides. Ils n'étaient pas conçus pour être habités, et étaient si bas de plafond que les adultes ne pouvaient s'y tenir debout. Malgré tout, un grand nombre de personnes s'y entassaient parfois pendant des journées entières. La plupart ne se connaissaient pas et ne se revoyaient plus jamais ensuite. Les conversations étaient rares, tout comme la nourriture. Mais nous supportions tous stoïquement l'inconfort, les odeurs corporelles, dues au manque d'eau courante. Le maître de maison sortait de temps à autre pour aller jeter un coup d'œil à l'extérieur, et quand le calme semblait revenu dans les rues, il faisait sortir tout le monde. Parfois les habitants de la maison eux-mêmes sortaient avec les hôtes de passage et se mettaient en quête d'un autre refuge, dans un quartier plus tranquille. Les rues étaient pleines de groupes d'inconnus qui joignaient leurs forces pour tenter de survivre.

— C'est bon ! On peut sortir ! cria l'homme qui nous avait ouvert la porte.

— Merci, merci mille fois et que Dieu te le rende, dit ma mère, une main sur le cœur, tout en me poussant vers la sortie.

L'homme ne la regardait pas. Il était occupé à faire sortir sa famille au plus vite, en emportant un sac avec leurs maigres possessions.

Nous ne nous joignîmes pas au groupe. Ma mère avait décidé de faire route au sud, en tournant le dos aux montagnes.

Quiconque a vécu une grande frayeur se sent ensuite épuisé, comme en proie à une forte fièvre qui coupe les jambes. La peur rend malade et l'on ne s'y fait jamais. C'est dans cet état de choc que, main dans la main, ma mère et moi nous mîmes en marche, jusqu'à atteindre une partie de la ville dont les rues étaient pleines de gens, de bicyclettes et de voitures. Quelques magasins étaient même ouverts. La vie semblait y suivre paisiblement son cours. Détournant les yeux d'une boulangerie d'où nous parvenait une bonne odeur de pain chaud, et des étals de légumes qui nous faisaient saliver, nous cherchâmes une mosquée. À l'intérieur, nous trouvâmes une vingtaine de personnes épuisées, comme nous, en train de manger des naans et des lentilles. Ma mère m'obligea à me laver à la fontaine qui se trouvait dans la cour, avant que nous nous présentions à la distribution de nourriture.

Une fois rafraîchies et l'estomac plein, nous allâmes trouver le mollah et lui expliquâmes que nous cherchions mon père. Tous les sans-abri, comme nous, qui fuyaient les combats et avaient perdu de vue un proche, procédaient ainsi. Il fallait se rendre dans une mosquée dans un quartier sûr. Et le plus incroyable, c'est que même dans une grande ville comme Kaboul ce système fonctionnait. Durant le prêche, le mollah annonçait, par exemple : « La famille Shinwari cherche Ahmed Shinwari. » Et bien souvent, la personne concernée, ou quelqu'un qui la connaissait, entendait l'appel et la famille se trouvait à nouveau réunie. Autrement, ceux qui cherchaient un proche pouvaient séjourner là-bas aussi longtemps que nécessaire, avec l'assurance de pouvoir subsister grâce à la nourriture que les fidèles apportaient au mollah et à tous ceux qui en avaient besoin. De plus, les mosquées étaient idéales pour se protéger du froid, car elles étaient équipées du système de chauffage souterrain traditionnel, qui maintenait les sols chauds même quand il neigeait dehors.

Ce jour-là, la chance nous sourit. Une connaissance de mon père, qui savait où il se trouvait, lui fit passer le message. Tandis que ma mère et moi l'attendions tranquillement, ma mère entama la conversation avec une femme dont la tête lui disait quelque chose, tandis que j'observais un groupe de fillettes en train de jouer à la corde à sauter. Pas une seule fois l'idée ne m'effleura de leur demander si je pouvais me joindre à elles. Mes brûlures me faisaient trop souffrir pour cela... et quand bien même, défigurée comme je l'étais, je doute qu'elles auraient accepté. Je n'arrivais pas à me faire à leurs regards fuyants et apeurés et je me sentais rejetée.

Mon père n'arriva que bien plus tard. J'aurais voulu le serrer dans mes bras et lui raconter nos mésaventures, mais le regard étrange dans ses yeux m'en dissuada. Ma mère, remarquant mon hésitation, me prit par la main et nous nous mîmes à le suivre sans dire un mot.

Les relations entre mon père et ma mère étaient difficiles. Ils s'étaient connus un jour où ma mère avait accompagné sa sœur à l'hôpital où mon père travaillait. Elle lui avait fait l'effet d'une fille responsable et résolue, et son regard espiègle et pétillant d'intelligence l'avait attiré. N'ayant plus de parents proches, mon père lui avait demandé sa main par l'intermédiaire d'amis communs. Peu après, le jour de la noce avait été fixé. Mais son épouse n'était pas comme il se l'était imaginé. Certes, elle était intelligente et travailleuse, mais, contrairement aux femmes de ses collègues, elle ne savait ni lire ni écrire, n'avait aucun goût pour les mondanités, les jolies robes ou les occupations à l'extérieur du foyer. De plus, elle était beaucoup trop pieuse à son goût. Mon père en éprouvait une grande frustration et ma mère refusait de faire semblant d'être ce qu'elle n'était pas. C'est pourquoi, après de multiples querelles, il finit par concentrer toute son énergie et ses espoirs sur Zelmaï, tout en veillant à ce que ses filles s'engagent sur la bonne voie. Ou, pour dire les choses plus simplement : qu'elles ne deviennent pas comme leur mère.

Un camp au milieu de nulle part

— Nom ?
— Ghulam.
— Combien êtes-vous ?
— Trois. Deux adultes et une fillette.
— Vous venez de Kaboul ?
— Oui.

L'homme nota toutes les réponses que je lui donnais sur un bloc-notes, puis il consulta un plan étalé devant lui sur la table, couvert de cases, rayures, numéros et lettres. Son doigt s'arrêta sur un point et inscrivit quelque chose au crayon.

— Prenez un paquet sur la pile là-bas et allez vous installer dans votre tente. Numéro quarante-trois, secteur C. Souvenez-vous-en : numéro quarante-trois. Vous ne pouvez utiliser l'eau que du secteur C et d'aucun autre. C'est compris ? Suivant ! Nom ?

Nous quittâmes la file. Ma mère s'approcha d'une montagne de paquets plastifiés portant le sigle des Nations unies et en prit un. J'étais impatiente de l'ouvrir pour voir ce qu'il contenait. Il y avait si longtemps que nous n'avions pas reçu un vrai cadeau !

Avant, pour fêter l'Aïd, à la fin du Ramadan, tous les enfants recevaient des jouets ou tout au moins des habits neufs que nous mettions pour nous rendre chez des amis ou quand ceux-ci venaient dîner à la maison... Quel bonheur de déchirer le papier cadeau et de découvrir la surprise qui se trouvait à l'intérieur !

Mais ça, c'était avant. Il y avait belle lurette que nos parents ne nous faisaient plus de cadeaux. Les organisations internationales avaient pris le relais (Nations unies, Croissant-Rouge, et beaucoup d'autres) ; au lieu de robes à sequins, leurs colis contenaient de l'huile, de la farine et du riz... Malgré cela, ils étaient synonymes de bonnes nouvelles et mettaient toujours les enfants en joie, même s'ils nous obligeaient à faire la queue pendant des heures.

Ce paquet-ci contenait quatre draps de lit, une théière, un fait-tout et un petit réchaud à pétrole. C'est ainsi pourvus que nous allions devoir survivre dans ce gigantesque camp de réfugiés de Jalalabad. Cette ville prospère était une oasis entourée de terres fertiles, mais le campement en était trop éloigné pour qu'on puisse en sentir ne serait-ce que le parfum. Ce village de tentes n'était qu'un désert de pierraille, de poussière, de scorpions et de serpents, sans un arbre pour se protéger du soleil brûlant.

À peine étions-nous installés que ma mère commença à dépérir. Kaboul lui manquait. Elle avait du mal à se faire à ce camp où nous manquions de tout, et se languissait au milieu de tous ces gens qui ne parlaient que le pachtoune – une langue qui lui était inconnue, même si c'était celle de mon père.

De plus, elle se faisait beaucoup de souci pour moi, car la chaleur et le manque d'hygiène aggravaient mes plaies, dont certaines étaient encore à vif.

Cependant, elle agissait de son mieux pour nous adoucir la vie. Elle confectionna des paillasses avec de vieux vêtements cousus dans des draps, et réussit à faire venir sa sœur avec toute sa famille, y compris mes sœurs cadettes, dont elle avait la garde... mais malgré cela, elle ne songeait qu'à rentrer chez nous. La seule chose qui l'aidait à tenir dans ce bivouac situé à mi-chemin entre Kaboul et le Pakistan était que le prestigieux hôpital de Jalalabad, administré par une ONG allemande, daignerait peut-être un jour m'accueillir et soigner mes blessures. Contrairement à de nombreux réfugiés, qui ne songeaient qu'à quitter le pays, nous avions l'espoir que les médecins m'aideraient à guérir afin que nous puissions ensuite regagner notre maison. Quitter le pays était inconcevable pour ma mère, qui craignait que Zelmaï, resté à Kaboul, ne puisse nous retrouver. Quant à mon père, il ne disait mot.

Notre séjour à Jalalabad dura plus longtemps que prévu. Nous dûmes tout d'abord apprendre comment fonctionnait le camp, et à vivre dans un espace restreint. Ensuite, nous essayâmes de savoir où se trouvait l'hôpital, comment nous y rendre, et comment réunir l'argent nécessaire pour effectuer le trajet. Tout était compliqué et demandait du temps : il fallait interroger les autres familles et les observer avant de se lancer à son tour. Chaque section du camp avait un représentant, dont l'une des fonctions était de nous informer, mais nous nous méfiions comme de la peste de tous ceux qui occupaient une position de pouvoir, et jamais nous n'allâmes les trouver. Nous étions des enfants de la guerre, habitués à nous débrouiller seuls et à repartir de zéro aussi souvent que nécessaire.

C'est ainsi que nous découvrîmes que le camp comportait une école, tenue par les enseignants réfugiés, ainsi qu'une mosquée qui, n'ayant pas encore de murs, était délimitée par de grosses pierres. L'autre détail important était le point d'eau dont l'homme à l'accueil nous avait parlé. Il s'agissait d'un grand bassin circulaire doté de quatre robinets – un pour chaque section – que les pompiers venaient remplir avec un camion-citerne. Les queues pour y accéder s'étiraient à perte de vue et cela devint bientôt ma principale occupation. Je passais des heures là-bas, avançant centimètre par centimètre avec des jerricans vides, que ma mère avait trouvés sur le bord de la route qui bordait le campement. Quand mon tour approchait, je demandais à quelqu'un d'aller avertir ma mère pour qu'elle vienne me remplacer, car je ne pouvais pas porter seule les bidons pleins d'eau.

Pour se procurer de la nourriture, il y avait deux possibilités : ou bien se rendre à la mosquée, ou bien se présenter chez le représentant de section – généralement le lendemain du jour où l'on voyait arriver les camions bleus de l'Onu –, ou encore acheter des vivres dans les échoppes de fortune installées par les gens de Jalalabad à l'entrée du camp. C'étaient des paysans qui vendaient des fruits et des légumes, du lait et des œufs. Consommer des produits frais était un luxe pour la majorité d'entre nous, qui étions arrivés les mains vides et sans un sou en poche. De sorte que nous ne mangions que les deux ou trois denrées que nous distribuaient les Nations unies.

Cependant, il ne nous fallut pas bien longtemps pour comprendre que la farine, tout comme les lentilles, l'huile, le sucre et le thé, que nous recevions étaient une monnaie d'échange acceptée par tous. C'est pourquoi ma mère prit l'habitude de réduire notre ration de pain pour pouvoir se procurer d'autres produits dont nous avions besoin. Par exemple, du yaourt pour moi ou mes sœurs – même si son prix était prohibitif : un verre de yaourt coûtait trois verres de farine. Parfois, en échange de farine, elle parvenait à se procurer d'autres produits de première nécessité, comme du linge, une louche ou une brosse à cheveux. Chaque article signifiait un pain en moins, mais nous faisions contre mauvaise fortune bon cœur, car pour la première fois depuis des mois nous ne ressentions plus la faim. Nous avions même réussi à élever des poules. En revanche, l'approvisionnement en combustible restait problématique. Pour nous procurer du bois, nous devions marcher deux heures sous un soleil de plomb.

Dans ce camp, les gens me rejetaient, l'air dégoûté, à cause de mes plaies. Je suppose que je devais faire peur avec mon visage couvert de croûtes qui se mettaient à saigner facilement, et ma tête à demi brûlée que je ne pouvais pas couvrir. Une fois, alors que je faisais la queue pour l'eau, j'eus à tenir tête à un groupe d'enfants qui tentaient de me lancer des cailloux dans la bouche que je ne pouvais pas fermer à cause de mes brûlures. Partout où j'allais, je rencontrais la même hostilité. Malgré cela, j'aimais la vie au camp : nous, les enfants, étions libres de courir partout. Kaboul, avec tous ses interdits, ses peurs et ses murs qui menaçaient de s'écrouler à chaque instant, ne nous manquait pas. Certains d'entre nous se livraient à un exercice auquel je ne tardais pas à me livrer moi-même, et qui consistait à passer les alentours du camp au peigne fin pour récolter des restes de bombes que nous allions revendre à Jalalabad. Même si ce commerce ne nous rapportait quasiment rien, nous y mettions tout notre cœur, car chaque centime gagné nous aidait à nourrir notre famille. Un jour, un des enfants de la bande m'interpella :

— Eh, mais qu'est-ce que tu fais ? me demanda-t-il.

— Je ramasse de la ferraille ! lui répondis-je, surprise par sa question.

— Et tu vas en faire quoi ?

— La revendre à Jalalabad.

— Comment peux-tu faire une chose pareille ? Tu ne sais donc pas qu'ils vont l'apporter au Pakistan pour fabriquer d'autres bombes qui vont te tomber sur la tête ?

L'idée ne m'avait jamais effleurée. Impressionnée, je vidai le contenu de ma besace et regagnai ma tente sans piper mot. Pourtant, quand je me retournai, je vis le garçon en train de ramasser le butin que je venais de laisser derrière moi.

L'hôpital de Jalalabad

Pour entrer dans l'hôpital de Jalalabad, comme partout ailleurs, il fallait faire la queue. Laissant mes oncles s'occuper de mon père et de mes sœurs, ma mère m'accompagna. Il faisait encore nuit quand nous prîmes le bus, et à sept heures du matin nous étions arrivées à destination... avec des dizaines d'autres personnes.

Quand arriva enfin notre tour, l'infirmière chargée d'accueillir les patients me jeta un rapide coup d'œil. Mes blessures toujours à vif suppuraient. J'avais la moitié de la figure et du crâne brûlée, et mes cheveux n'y poussaient plus. Il me manquait de la peau au menton, ce qui laissait visibles mes dents et mes gencives. J'avais un trou béant à l'avant-bras et un doigt de ma main droite était soudé à ma paume, la rendant quasi inutilisable. Je devais offrir un pitoyable spectacle, car l'infirmière eut une expression horrifiée. Sans s'embarrasser de formalités, elle me dirigea aussitôt vers l'unité de soins.

Pour moi, cet hôpital était comme un rêve. Des murs propres, des chambres de quatre personnes pourvues de lits relevables, une nourriture servie trois fois par jour… Le seul problème était qu'il n'y avait pas assez de place pour accueillir tout le monde, et qu'entre chaque opération – j'en avait déjà subi cinq – je devais retourner au campement dès que les médecins jugeaient mon état satisfaisant. C'est ainsi que je devais attendre la prochaine opération sous une toile de tente poussiéreuse au milieu du désert, bandée comme une momie et incapable d'avaler autre chose que du pain trempé dans de l'eau. En principe, j'aurais dû retourner chaque mardi à l'hôpital pour recevoir des soins et de nouveaux pansements, mais ma situation familiale ne me le permettait pas. Sans compter que, n'ayant pas les moyens de payer l'autobus, je dépendais de la bonne volonté du chauffeur, qui n'était pas toujours bien luné.

Je souffrais beaucoup, mais je recevais aussi beaucoup d'encouragements de la part des médecins et du personnel soignant, qui me trouvaient très courageuse, car je venais seule à l'hôpital et retenais mes larmes, contrairement aux autres patients et à leurs parents qui geignaient sans cesse. Je ne me trouvais pas particulièrement vaillante, mais je ne voyais pas l'intérêt de pleurer dès lors que ma mère n'était pas là pour me consoler. Peu à peu, je constatais de petits progrès qui me remontaient le moral : la joue que les chirurgiens avaient reconstituée me donnait meilleur aspect ; le doigt soudé qu'ils avaient réussi à détacher de ma paume et que je pouvais à nouveau remuer en toute liberté…

Je m'alimentais plus facilement et je marchais mieux, mais je ne me faisais pas d'illusions : jamais je ne redeviendrais comme avant.

Quand je revenais de l'hôpital, je m'empressais de me glisser à l'intérieur du sac de couchage que ma mère m'avait confectionné avec des chutes de tissu. Chaque soir, elle m'enfermait étroitement dedans pour que la vermine qui grouillait dans le camp ne vienne pas me déranger. Ce « sac à viande », qu'il fallait continuellement adapter à ma taille à mesure que je grandissais, était devenu une attraction que nos voisins de tente venaient admirer.

L'idée de m'y trouver enfermée ne m'angoissait pas le moins du monde. Au contraire, je m'y sentais comme dans un cocon, en parfaite sécurité.

Pharyngite et œufs brouillés

Je ne fus pas la seule à bénéficier des « aménités » de l'hôpital. Un matin, mon père s'éveilla en gémissant. Nous étions habituées à ce qu'il se comporte bizarrement : il lui arrivait de se murer dans le silence des jours entiers, le regard perdu dans le vague ; parfois l'envie le prenait de battre ma mère ou de s'infliger à lui-même des blessures... Cependant, ce jour-là, c'était différent. Il refusa de déjeuner et de sortir du lit. Il grelottait et se plaignait du froid. Du froid ! Dans ce désert qui était une véritable fournaise dès sept heures du matin ! Je m'approchai timidement pour lui tâter le front. Il était brûlant et nous n'avions aucun médicament à lui donner.

— Nadia, tu vas devoir accompagner ton père à l'hôpital.

Ma mère alla chercher la grande boîte en fer-blanc dans laquelle nous gardions nos provisions, à l'abri de la vermine et de la poussière. C'était un objet sacré, le plus précieux de tous, car il renfermait également nos économies. Par chance, la distribution de farine avait eu lieu récemment et nous en avions assez pour acheter des tickets d'autobus, et même des aliments frais, qui étaient moins chers en ville qu'à la porte du camp. Ma mère sortit « monnayer » de la farine et, quand elle revint, mon père et moi étions prêts à partir : lui enveloppé dans une couverture comme si nous étions au pôle Nord, et moi priant pour que tout se passe bien. Je n'avais aucune envie d'accompagner mon père, mais il ne me serait jamais venu à l'esprit de protester.

Le diagnostic n'avait rien d'alarmant : un simple mal de gorge qu'on allait soigner avec des antibiotiques. Lorsque nous ressortîmes de l'hôpital, avec une bouteille de sirop soigneusement rangée dans la poche de mon père, je poussai un soupir de soulagement. Nous avions une fois de plus échappé au pire ! L'antipyrétique que lui avait donné le médecin commençait déjà à faire effet, de sorte que nous pûmes aller faire nos emplettes tranquillement : quatre œufs, un bouquet de ciboulette, un chou-fleur et du pétrole pour le réchaud.

Quand le bus nous déposa devant l'entrée du camp, mon père descendit en premier tandis que j'arrivais derrière avec le sac de légumes. Soudain, j'entendis un grand « boum ». Mon père venait de se faire renverser. Deux grosses voitures s'étaient arrêtées un peu plus loin. Deux hommes en costume en descendirent. C'étaient les gardes du corps du frère du gouverneur, qui se trouvait lui-même à bord. Nous courûmes tous ensemble vers l'endroit où mon père était tombé, à demi conscient et couvert de sang. J'étais tellement affolée que je manquai tourner de l'œil.

S'étant assurés qu'il n'était pas mort, les hommes tournèrent les talons pour regagner leurs voitures.

— Eh, où allez-vous ? les rappelai-je, scandalisée. Revenez !

Ils firent semblant de ne pas m'entendre.

— Revenez ! Revenez, tout de suite !

Comme ils continuaient à m'ignorer, je fis la première chose qui me vint à l'esprit : je m'allongeai sur la chaussée pour les empêcher de passer. En voyant une gamine leur tenir tête, les gardes du corps éclatèrent de rire. Au lieu de m'écarter de leur chemin, ils nous firent monter dans leur voiture. Je sortis la tête par la fenêtre, le cœur battant à tout rompre. Je me sentais toute-puissante.

Quelques instants plus tard, mon père et moi étions de nouveau à l'hôpital. Et pour la deuxième fois ce jour-là, je poussai un soupir de soulagement. Le sang sur la poitrine de mon père était dû à des coupures peu profondes, occasionnées par la bouteille de sirop qui s'était brisée au moment de l'accident. À part ça, il n'avait qu'un bras cassé et quelques ecchymoses. Comme il était tard, le médecin lui conseilla de passer la nuit à l'hôpital.

— Ah, ça, non alors ! protestai-je.

Le docteur et l'infirmière me regardèrent bouche bée. Comment pouvait-on refuser un lit propre, de la nourriture et des médicaments ? N'était-ce pas la meilleure solution ? Assurément, c'est ce qu'il fallait à mon père – et je n'aurais pas été contre non plus –, mais je songeais à ma mère, qui allait se faire un sang d'encre si elle ne nous voyait pas revenir. J'insistai tant et si bien que le médecin n'eut d'autre choix que de nous laisser partir.

Il faisait nuit noire quand mon père et moi, sales et dépenaillés, prîmes la route du retour. Cette fois, je ne voulus pas prendre de risques. Je lui donnai la main et ne le lâchai plus jusqu'à ce que nous ayons regagné notre tente. Après cette journée longue et difficile, je n'avais qu'une envie : me mettre au lit.

Je me laissai glisser dans le sommeil, les narines chatouillées par une délicieuse odeur d'œufs brouillés à la ciboulette.

L'heure de vérité

À cause de la chaleur, de la crasse et de la poussière, mes plaies continuaient de s'infecter malgré les soins que me prodiguaient les médecins allemands. Nous étions dans le camp depuis plus d'un an quand ma mère perdit patience et décréta que nous allions rentrer à Kaboul.

Nous avions beau avoir ni domicile fixe, ni école, ni travail, la vie chaotique qui régnait en ville nous semblait presque normale. Se rendre au dispensaire pour pallier le manque de médicaments, d'eau et de savon était devenu une routine. Certaines de mes blessures n'arrivaient pas à cicatriser et, peu après notre retour à Kaboul, je dus retourner à l'hôpital, tandis que mes petites sœurs retournaient vivre chez notre tante.

Je m'étais préparée mentalement aux effets secondaires de l'anesthésie, au sommeil haché, à la douleur, à l'ennui mortel, mais pas aux paroles qui résonnèrent bientôt entre les murs du dortoir et qui allaient changer ma vie à tout jamais.

C'était la huitième fois que je passais au bloc et que j'en ressortais emmaillotée de la tête aux pieds dans des bandages stériles. Mon corps était exténué

par la souffrance permanente. Ma mère était la seule à m'avoir accompagnée, et une pensée ne cessait de me tarauder : « Je vais mourir ici. Pourquoi est-ce que personne d'autre ne vient me voir ? »
Mon père vint me rendre visite un jour, seul. Il vieillissait à vue d'œil et ne ressemblait plus en rien à l'homme qu'il était jadis. Je le suppliai :
— Papa, dis à Zelmaï de revenir, s'il te plaît. J'aimerais tellement le voir.
Mon père me regarda fixement comme s'il cherchait ses mots, puis :
— Nadia, Zelmaï ne reviendra pas. Il a été tué.

L'espace d'un instant, je fus prise d'un doute, ne sachant s'il s'agissait d'une élucubration de sa part, car il lui arrivait de tenir des propos incohérents. Pour autant, il n'avait pas l'air de divaguer, mais plutôt de quelqu'un qui retient ses larmes. Il disait la vérité. Mon frère, mon héros, mon ami était mort !

J'écoutai son récit en retenant mon souffle, et quand il conclut en disant : « Ne le dis surtout pas à ta mère », je me laissai retomber sur le lit, tétanisée comme si un bloc de glace m'enserrait la poitrine. Incapable ne serait-ce que de battre des paupières, je perdis connaissance. Quand je revins à moi, mon père n'était plus là et ma mère avait pris sa place. J'eus l'impression d'avoir rêvé, mais la douleur qui me tenaillait m'indiqua qu'il n'en était rien. Je me sentais seule et mon unique consolation était que j'allais mourir moi aussi : peut-être aujourd'hui même ou demain.

Mais j'avais beau faire, je n'arrivais pas à tourner la page. Zelmaï occupait toutes mes pensées.

La paix des talibans

« La guerre est finie ! Les moudjahidines sont partis ! »

La nouvelle se répandit comme une traînée de poudre. Les talibans avaient enfin réussi à faire taire les canons. Les batailles de rue avaient pris fin, de même que la corruption, les viols, et la peur de se déplacer en ville. Désormais, tous les parents et amis qui nous avaient tant manqué allaient pouvoir rentrer d'exil ! 1996 s'annonçait comme une année de paix pour l'Afghanistan, maintenant que les talibans étaient au pouvoir. D'ailleurs, pour ne laisser planer aucun doute quant à leur détermination, ils s'étaient introduits au siège de l'Onu à Kaboul, et avaient assassiné l'ex-président communiste Najibullah. Pour mon père, qui le vénérait, ce fut un coup terrible. Ma mère me raconta qu'elle l'avait vu pleurer devant le poste de télévision chez ma tante.

Mais pour tous les autres, c'était un jour de fête. Y compris pour les patients de l'hôpital. Nous avions envie de sortir pour voir à quoi ressemblait le nouveau pays que les talibans nous avaient promis…

— Tu sais que la guerre est finie ? demandai-je à Soraya, l'assistante du médecin, qui servait également d'interprète. De toutes les soignantes, c'était celle que je préférais, car elle était très douce. Mais, contrairement aux autres, elle n'avait pas l'air réjouie.
— Qu'est-ce qu'il y a, Soraya ? Tu n'es pas contente que la paix soit revenue ?
— Oh, si, Nadia ! Mais...
S'approchant de moi, elle me murmura à l'oreille :
— Je vais devoir partir, car les talibans ne veulent pas que les femmes travaillent.
Ce fut la première douche froide de la journée.

Nous ne tardâmes pas à découvrir que non seulement les femmes n'avaient plus le droit de travailler, mais que les hommes n'étaient plus autorisés à soigner les femmes. À l'instar de Soraya et de toutes ses collègues, nous allions nous aussi devoir quitter l'hôpital. Jour après jour, à mesure que tombaient les directives du nouveau gouvernement, l'inquiétude prenait le pas sur l'euphorie. « Toutes les femmes vont devoir porter la burqa et les hommes la barbe » ; « Les femmes n'auront plus le droit de faire de bruit en marchant, et ne pourront plus rire en public » ; « La musique, la danse et le cinéma sont interdits ».

Au début, les femmes se résignèrent, considérant ces consignes comme un moindre mal, dès lors qu'elles se sentaient en sécurité. J'avais moi-même vu de mes yeux un chauffeur de taxi agresser ma mère, et mon père revenir sans pantalon du commissariat où il était allé porter plainte parce que des policiers l'avaient détroussé. Nous pensions que tout valait mieux que la terreur et la guerre, sans nous douter que le pire était à venir.

Pas une maîtresse, mais le chagrin

L'absence de Zelmaï était devenue un murmure lancinant qui s'immisçait partout. Le secret de sa mort me pesait terriblement.

Mon père passait ses journées à broyer du noir. Ma mère l'attendait à l'hôpital, espérant qu'il viendrait prendre la relève pour qu'elle puisse s'occuper de ses autres filles, mais il ne venait jamais. Si bien qu'elle finit par exploser :

— Pourquoi faut-il que je fasse toujours tout toute seule ? Tu ne lèves jamais le petit doigt !

— Je ne peux rien faire ! Laisse Nadia mourir ! Comment veux-tu que je m'en sorte avec trois filles et une femme ?

— Je n'ai pas l'intention de la laisser mourir. Si tu ne peux pas m'aider, fais venir Zelmaï.

— Je lui ai dit de partir.

— Où ça ? Je suis sa mère, j'ai le droit de savoir !

Mon père serrait les dents et éructait :

— Tu n'as aucun droit.

Ma mère était dévastée. Elle souffrait de l'absence de Zelmaï, et soupçonnait son mari d'avoir une maîtresse. Les autres femmes essayaient de lui remonter le moral :

— Sois patiente. Les hommes sont ainsi. Ton fils se porte bien, tu verras.

Mais ma mère n'en croyait rien ; et elle était si tourmentée que son cœur commença à flancher. Pour finir, à l'occasion d'une de leurs âpres querelles, mon père confessa tout en bloc, confirmant ses pires craintes.

Et il nous raconta ce qui était arrivé. Un soir, quelque temps après l'incident avec le chauffeur de taxi et la milice, Zelmaï était sorti acheter des fruits et n'était pas revenu. Mon père avait passé la nuit à l'attendre, en vain. Le lendemain, il avait fait le tour du quartier pour interroger le voisinage ; commerçants, mendiants, taxis. Sans succès. Comme il regagnait la maison où nous logions avec mes oncles et mes cousins, un homme l'avait accosté et lui avait dit sans détour :

— Ton fils est mort.

Mort... L'homme lui expliqua qu'il avait vu son cadavre et l'avait reconnu. Apparemment, il avait été abattu par balle non loin de la maison. Il était resté là où ses agresseurs l'avaient abandonné, sans que personne songe à le déplacer. Sur le coup, aveuglé par la colère, mon père avait saisi l'homme à la gorge en le menaçant, puis il s'était calmé et s'était excusé :

— Pardonne-moi... S'il te plaît, amène-moi là où se trouve mon fils.

Mon père s'occupa seul de faire inhumer Zelmaï. Il l'emporta lui-même au cimetière et le fit enterrer sans prévenir personne. Après quoi il versa toutes les larmes de son corps.

À partir de ce jour-là, il commença à perdre la tête. Il ne supportait plus ce monde qui lui avait pris ce qu'il avait de plus précieux. Peu à peu il se renferma sur lui-même, submergé par le désespoir. Plutôt que d'accepter la réalité, il préférait l'ignorer.

D'une certaine façon, ce fut un soulagement pour ma mère d'apprendre que Zelmaï était mort. Elle ne demanda qu'une chose : aller voir sa tombe. Là-bas, elle pleura comme une fontaine. Et après cela elle put repartir de l'avant.

Moi aussi, je me sentais soulagée, parce que Zelmaï avait cessé d'être un fantôme. Il était devenu un souvenir, triste, certes, mais chéri de nous tous. La situation s'était éclaircie : nous formions désormais une famille de cinq. Mon père, chaque jour plus atteint ; ma mère qui n'avait jamais travaillé à l'extérieur de la maison ; moi, qui avais onze ans ; et mes sœurs, Rosia et Orzo, âgées de six et quatre ans, que ma tante avait élevées et qui étaient presque devenues des étrangères à mes yeux.

La décision

Face à une telle situation, je compris que j'allais devoir prendre les choses en main. Un soir, alors que ma mère somnolait à côté de mon lit d'hôpital, il me vint une idée.
— Il faut que je te parle, lui dis-je.
Comprenant que le sujet était suffisamment grave pour que je la réveille en pleine nuit, ma mère se redressa en soupirant et jeta un coup d'œil circonspect à la salle. Tout était calme. Nous allions pouvoir parler sans crainte d'être entendues ou dérangées.
— Maman, nous ne pouvons pas continuer à vivre sans argent. Je ne peux pas me marier : avec toutes mes brûlures, jamais personne ne voudra débourser ne serait-ce qu'un afghani pour moi... Zelmaï n'est plus là, et papa ne peut rien faire. De sorte que je n'ai d'autre choix que de trouver du travail.
— Mais tu es une fille ! Tu ne sais donc pas que les talibans nous interdisent de sortir de la maison ? Comment veux-tu travailler dans ces conditions ?
— En me faisant passer pour un garçon.
Ma mère resta un instant sans voix, puis déclara d'un ton résolu :

— Il n'en est pas question.
— Il s'ensuivit une âpre discussion. Elle ne pouvait se résoudre à me laisser prendre un tel risque. Elle évoqua la possibilité de promettre l'une de mes sœurs en mariage. Cela nous rapporterait un peu d'argent. Cependant, nous avions entendu des histoires terribles à propos de mariages ainsi conclus par nécessité. Comme celle d'une cousine de dix ans qui avait été promise à un homme unijambiste de trente ans passés. En temps normal, la noce n'aurait jamais été célébrée avant que la fille soit pubère, mais l'homme avait exigé qu'ils se marient tout de suite. C'était la guerre, avait-il argué, et il fallait aller vite. Les cris et les pleurs déchirants de la fillette accoutrée en mariée résonnaient encore à nos oreilles et nous donnaient des frissons.

Nous ne pouvions pas courir un tel risque. De plus, ma mère savait que si je ne travaillais pas nous serions obligées de demander l'aumône sous peine de mourir de faim. Si bien qu'elle finit par accepter ma décision.

À présent, il ne nous manquait plus qu'à trouver des vêtements de garçon et à mettre mon père et mes sœurs dans la confidence, tout en sachant que les réactions paternelles étaient imprévisibles et que mes sœurs étaient bien trop jeunes pour pouvoir garder un tel secret.

Quand le jour se leva, ma mère et moi restâmes silencieuses, toutes deux perdues dans nos pensées. Toute sorte de questions m'assaillaient : « Et si quelqu'un me reconnaissait dans la rue ? », ou bien : « Que vais-je dire quand les gens vont s'apercevoir que ma barbe ne pousse pas ? » Cependant, je m'obligeais à me concentrer sur l'instant présent. Les problèmes se résoudraient au fur et à mesure. Pour me consoler, je me disais que les talibans finiraient par accepter que les femmes travaillent et que je pourrais redevenir une fille bien avant d'avoir atteint l'âge où les garçons commencent à avoir du poil au menton.

Une nouvelle vie

Les médecins étrangers furent les premiers à partir. L'hôpital se vidait.
— Tu vas pouvoir rentrer chez toi. Tu es contente ?
Je regardai l'infirmière à la petite voix aiguë qui me souriait de ses dents tordues, en feignant la commisération. Sans doute n'avais-je pas toujours été aimable avec elle, mais elle me traitait comme un chien alors que je souffrais le martyre.
Je soutins son regard jusqu'à ce que son sourire s'efface. Ma mère, qui se trouvait à mes côtés, me glissa un regard en coin, craignant sans doute que je lui saute à la gorge. Et ce n'était pas l'envie qui m'en manquait.
« Tu es contente de rentrer chez toi ? » Mais quel chez-moi ? J'en avais par-dessus la tête de ces paroles creuses, presque insultantes. La vérité, c'est que j'avais peur de quitter l'hôpital, et que j'aurais presque préféré subir d'autres opérations plutôt que d'affronter la vie qui m'attendait à l'extérieur. En effet, une fois sortie, je ne pourrais plus me cacher sous les draps pour pleurer parce que mes blessures me faisaient

souffrir ou parce que mon enfance m'avait été volée du jour au lendemain.

Parmi mes compagnes d'infortune se trouvait une fillette qui avait perdu la vue après qu'un poteau électrique lui était tombé sur la tête. Elle et sa tante passaient leur temps à raconter des blagues pour nous faire rire. Il y en avait d'autres, moins joyeuses, comme celle qu'on avait amputée d'une jambe, ou celle qui avait pris une balle dans le genou. Mais la fille qui me faisait le plus de peine était Zarafshan : promise depuis sa naissance, elle avait refusé de se marier le moment venu, et pour se venger la famille du garçon lui avait coupé le nez. N'étant pas originaire du Nouristan, elle ne comprenait pas notre langue et semblait désemparée, bien que sa mère fût toujours à ses côtés.

Avant notre départ, ce fut justement la mère de Zarafshan qui m'offrit de la nourriture.

— Sans rien dans le ventre, tu n'arriveras jamais à faire le trajet jusque chez toi.

Je savourai les pommes de terre en sauce, bien écrasées à la fourchette, que la femme me donna. Au moment des adieux, elle et ma mère fondirent en larmes en se souhaitant mutuellement bonne chance. Quand je voulus dire au revoir à Zarafshan, elle me tourna le dos, furieuse que je l'abandonne. Les interstices entre les bandages qui protégeaient son nez reconstitué laissaient voir ses yeux verts emplis de larmes. Elle et moi n'allions plus jamais nous revoir. Ma mère récupéra les draps et les quelques ustensiles de cuisine et de ménage qu'elle avait apportés, et nous quittâmes l'hôpital avec mon père.

Je voulais voir à quoi ressemblait la nouvelle Kaboul, mais rien ne m'indiqua que la vie y était meilleure. Des maisons en ruine, des bicyclettes, un vieux tacot poussif, des gamins en guenilles, des chaussées défoncées, le squelette d'un hôtel, une vieille pancarte publicitaire Kodak... Je levai les yeux à la recherche d'un point de repère, quelque chose que la guerre n'avait pas effacé et qui pouvait me prouver que j'avais vécu des jours heureux jadis et que mes souvenirs n'étaient pas qu'un fantasme. Mais je ne vis que le ciel bleu, glacé, sans l'ombre d'un cerf-volant, car les talibans, dans leur folie, avaient aussi interdit le jeu le plus populaire parmi les enfants de la ville, et dont raffolait mon frère.

Soudain, ma mère me tira par le bras. Je poussai un cri, faisant sursauter deux femmes en burqas qui passaient par là.

— Qu'est-ce que tu fais ? me chuchota-t-elle nerveusement, à travers la grille bleue qui lui masquait les yeux. Dépêche-toi, voyons. Il ne faut pas se faire remarquer.

Parce que prendre quelques instants pour observer le ciel était interdit par la loi ? En fait, tout dépendait de l'humeur de ceux qui faisaient régner l'ordre : la plus petite chose pouvait être interprétée comme une offense à Dieu. Par chance, il n'y avait pas de talibans en vue. De toute façon, qu'auraient-ils pu voir ? Un homme vieilli prématurément ; une fillette au visage défiguré par les flammes, une femme en burqa. Nous ne déparions guère le sinistre décor de la ville.

Jadis, je me serais fait une joie de rentrer à la maison, de retrouver le divan que je partageais avec ma mère, et notre jardin plein des rires de Zelmaï. Mais ce jour-là, nos pas mal assurés nous menèrent jusqu'à une autre rue, loin de celle qui m'avait vu grandir.

— Nous allons chez ta tante prendre les petites et voir si nous pouvons séjourner quelque temps là-bas, m'expliqua ma mère.

Ma tante eut l'air surprise quand elle ouvrit la porte, et nous demanda ce que nous faisions là.

— Nous n'avons nulle part où aller, répondit ma mère en lui prenant les mains d'un geste suppliant.

Des sept enfants qu'avait eus ma tante, cinq s'étaient mariés et avaient fui le pays. Il ne restait plus qu'elle, un fils malade et un autre qui s'était marié depuis peu et qui souffrait de devoir se laisser pousser la barbe, car il n'aimait pas ça. Tous trois étaient sur le point de partir s'installer dans un appartement qui appartenait à la famille de sa belle-fille, et qui leur semblait plus sûr.

— Je suis désolée, dit-elle, mais l'appartement où nous allons est trop petit pour que nous puissions tous y loger. Restez ici si vous le voulez, et comme ça vous pourrez vous occuper de la maison.

N'ayant nulle part ailleurs où aller, nous séjournâmes là-bas trois jours, jusqu'à ce que je me remette de ma dernière opération. Mais ma mère et moi étions folles d'inquiétude à l'idée que des voleurs puissent s'introduire par effraction dans la maison de ma tante, car celle-ci nous aurait accusées de négligence.

C'est pourquoi, dès que mon visage eut commencé à désenfler un peu, nous nous mîmes en quête d'un nouveau logis. Cette fois, nous ne pouvions plus nous contenter d'un abri de fortune. Il nous fallait un logement durable qui puisse nous accueillir tous les cinq. Pour cela, nous demandâmes autour de nous s'il y avait des maisons vides, choisîmes celle qui nous semblait en moins mauvais état, ouvrîmes la porte d'un coup de pied et posâmes nos bagages.

Des milliers de familles avaient fui le pays, laissant à des parents ou des amis le soin de veiller sur leurs biens. Mais, bien souvent, ceux-ci avaient fui à leur tour au Pakistan ou en Iran. La famine sévissait partout et le pillage des maisons et des magasins était monnaie courante.

Nous-mêmes avions été victimes de telles exactions : quelques heures après que la bombe se fut écrasée sur notre maison, et alors que nous étions à l'hôpital, des gens de notre rue nous avaient cambriolés. Ils ne nous avaient rien laissé et les quelques ustensiles que nous avions en notre possession nous avaient été donnés par des âmes charitables pour nous dépanner. Pour toute nourriture, nous nous contentions de celle que nous avions trouvée dans la maison de ma tante. Pour le reste, nous faisions comme tout le monde : nous fouillions les maisons abandonnées. La propriété privée était devenue un luxe inaccessible et nous ne songions pas que nous redeviendrions un jour propriétaires. Nous vivions au jour le jour. Et nous devions nous protéger du froid et de la faim. En temps de guerre, demain n'existe pas.

Après plusieurs heures passées à errer et à demander, nous trouvâmes une grande maison de construction traditionnelle : un édifice rectangulaire en pisé avec une cour intérieure. Elle comportait six pièces, toutes en bon état, sauf la cuisine, qui avait brûlé, et les fenêtres dont les vitres avaient volé en éclats à cause des bombes. Il y avait des voisins autour, ce qui nous rassurait, car personne n'aimait se sentir seul. Nous décidâmes de nous y installer, et quand nous refermâmes la porte, je me sentis heureuse comme une fillette qui vient de recevoir une paire de chaussures neuves. Il y avait si longtemps que nous n'avions pas eu une maison à nous ! De plus, les combats ayant cessé, nous allions pouvoir y séjourner aussi longtemps que les propriétaires ne reviendraient pas. J'entrepris d'inspecter la bâtisse de la cave au grenier, fouillant chaque recoin, chaque armoire... Il y avait de tout, y compris une petite radio.

Mais le plus formidable, c'était le puits dans la cour et le potager où il restait des épinards et quelques pieds de tomate. Nous célébrâmes notre installation autour d'un repas de légumes cuits sur un feu de bois dans le vestibule. Comme la nuit était fraîche – l'automne était déjà bien avancé – nous dormîmes tous ensemble, bien serrés les uns contre les autres.

Le lendemain, j'entamai ma nouvelle vie.

Une vie inventée

Je ne savais presque rien des garçons. Le seul que j'avais vraiment connu était mon cher Zelmaï, qui rêvait de ressembler aux acteurs de Bollywood : beaux, forts et intrépides. Mon frère se moquait de moi et me traitait de poule mouillée, mais il était toujours là quand j'avais besoin de lui. J'avais aussi gardé le souvenir de mon père d'avant-guerre. Blagueur, mais malgré tout sérieux et responsable. Pas exagérément pieux, mais très droit et respectueux. Comment aurais-je pu prétendre ressembler à l'un ou à l'autre ?

Pour commencer, j'allais devoir sortir du giron maternel et affronter le monde scule. Il me fallait me fabriquer une carapace la plus solide possible, et effacer toute trace de ma féminité. Je n'avais pas une voix de garçon, mais je pouvais jouer sur l'intonation pour la rendre plus grave, et surtout plus impérieuse. Avec le temps, j'appris à me comporter avec brusquerie et rudesse. Je découvris que je pouvais jurer, et même devenir menaçante, voire agressive, quand on me provoquait. Je ne pouvais pas me battre au corps-à-corps, mais je savais lancer des pierres. Et quand je parvenais à inspirer de la crainte, je me sentais soulagée. Je n'aurais peut-être jamais d'amis, mais survivre passait avant tout le reste.

Tout cela fut un processus lent et difficile. La moindre incohérence, la moindre faille dans le personnage que je m'étais fabriqué risquait de me trahir et de me mettre en danger. Je ne pouvais pas m'accorder une seconde de relâchement quand je jouais au garçon. Et c'était épuisant.

Le premier jour, je ne pensais à rien d'autre qu'à enrouler mon turban de telle façon qu'il ne puisse pas se défaire. À partir de là, je ne le quittai plus jamais, même pour dormir. C'était un bout de grosse toile marron dont ma mère m'avait fait cadeau. Lorsqu'elle me le mit, la première fois, ce fut comme un rite de passage. Adieu fillette, bonjour garçon. Dans l'intimité de ce que nous n'osions pas encore appeler notre « maison », nous pûmes laisser libre cours à nos larmes. Puis ma mère déposa un baiser sur mon front en guise de bénédiction, et je sortis dans la rue pour tester mon nouveau personnage.

Aussitôt, je croisai un groupe de gamins qui tapaient dans un ballon en chiffon. Quand ils virent ma figure et mon corps enveloppés de bandages, ils s'arrêtèrent pour m'observer.

— Qu'est-ce que vous avez à me regarder comme ça ? lâchai-je. Vous ne savez pas qu'il y a eu la guerre ?

Les enfants détournèrent les yeux. Et un homme qui passait par là intervint :

— C'est vrai. Il a raison. Comment est-ce que tu t'appelles, petit ?

« Pense, pense vite ! » songeai-je, paniquée. Je n'avais pas songé à m'inventer un nom. Finalement, je lançai le premier qui me vint à l'esprit :
— Zelmaï.

Et c'est ainsi que j'adoptai le nom de mon frère. Et, par la même occasion, je tuai symboliquement Nadia pour que Zelmaï puisse revivre à sa place. Dans un premier temps, cette décision m'aida à m'inventer un personnage, parce que j'avais le modèle de mon frère en tête, mais ensuite j'eus plus de mal à endosser cette identité imaginaire, car ce Zelmaï-là me collait à la peau et à l'âme.

Ce premier jour, voyant que mon subterfuge avait fonctionné, je m'enhardis à aller plus loin et proposai aux garçons :
— Ça vous dirait de venir explorer le quartier avec moi ?

Tous refusèrent, prétextant que leurs parents ne voulaient pas qu'ils s'aventurent seuls dans les rues, de crainte qu'ils ne marchent sur une mine antipersonnel. Si bien que je partis seule en quête d'objets dont nous avions besoin dans notre nouvelle maison. Certaines rues avaient des allures de musées abandonnés. Parmi les ruines, subsistaient çà et là des pièces intactes qui, n'eût été la couche de poussière, auraient donné l'impression que leurs habitants étaient partis la veille. Dans l'une d'elles, je trouvai un album de photos. Je m'assis sur le sol et en tournai lentement les pages : une fillette aux nattes très serrées me regardait de ses yeux sombres et sévères ; un couple de jeunes mariés semblait perdu parmi une foule de gens qui riaient autour d'eux ; un garçon, qui devait être le marié, posant fièrement à côté d'une auto de marque soviétique ; une famille pique-niquait au bord d'un ruisseau... Des images qui illustraient la vie des habitants de cette maison – mais qui auraient pu aussi bien dépeindre ma propre famille – avant que tout ne vole en éclats. Ma mère me racontait qu'enfant elle allait au concert avec son père et que, plus tard, quand elle était devenue une jeune fille, elle avait continué d'y aller seule avec ses amies. Elles faisaient des excursions et allaient danser, et certaines d'entre elles étaient même allées à l'université.

Je reposai l'album où je l'avais trouvé, en me demandant ce qu'étaient devenus tous ces gens, et une pointe de nostalgie m'étreignit quand je songeai à cette vie que je n'avais jamais connue.

Je n'emportai qu'une veste pour ma petite sœur et un livre pour mon père. Les siens avaient tous été brûlés par les moudjahidines, sous prétexte qu'ils étaient « impies ».

Mon premier emploi

Il nous fallut un certain temps pour nous adapter au changement. À la maison, ma mère ne cessait de répéter, comme une litanie : « Zelmaï, Zelmaï, Zelmaï » ; et je pris l'habitude de ne pas ôter mes vêtements pour aller dormir, pas même mon turban. Quand j'étais déguisée ainsi, les gens voyaient en moi un garçon, mais, sans cet accoutrement, ils auraient tout de suite deviné que j'étais une fille.

Craignant que mes proches ne me trahissent par mégarde, je sortais le moins possible avec eux dans la rue, et ne me montrais pas quand nous avions de la compagnie. Mes sœurs n'arrivaient pas à se faire à l'idée que je n'étais plus Nadia. Quant à mon père, il lui prenait parfois l'envie d'évoquer sa si jolie fille aînée… Avec les petites, j'avais tout essayé. Je leur avais expliqué combien il était important qu'elles m'appellent Zelmaï, puis j'en étais venue à les menacer et même à les frapper quand elles commettaient un faux pas. Je n'avais aucun état d'âme à malmener ces deux petites pimbêches, si fières de leurs longs cheveux et de leurs oreilles délicates auxquelles elles accrochaient des anneaux… Si choyées et inutiles…

La jalousie m'aveuglait parfois au point de ne plus pouvoir me contrôler.

C'est donc à force de gifles qu'elles finirent par comprendre que je n'étais pas une grande sœur en qui elles pouvaient avoir confiance, mais un chef de famille, qui se comportait comme un homme. Elles apprirent à filer doux et à me fuir. D'autant qu'elles savaient que ma mère était de mon côté. Très proches de ma tante, elles prenaient chaque jour plus de distance avec nous. Et nous, d'une certaine façon, nous les abandonnions. Je ne voulais pas entendre parler de ces deux nigaudes. J'avais déjà bien assez de soucis comme ça.

Sans attendre, je partis en quête d'un emploi. Les zones agricoles étaient encore nombreuses dans les faubourgs de Kaboul. J'entrai dans une ferme non loin de chez nous et demandai à parler au régisseur. C'était un homme jeune qui se montra très aimable.

— Pourriez-vous m'employer ? Travailler dur ne me fait pas peur, je viens d'une famille d'agriculteurs d'Isomoli, dis-je, espérant le convaincre.

— Comment s'appelle ton père ?

— Pourquoi me demandez-vous cela ? Mon père est quelqu'un de très important ! mentis-je, aussitôt sur la défensive.

Non seulement j'avais encore beaucoup à apprendre sur l'art et la manière d'embobiner les gens, mais j'avais un sale caractère. Il scruta mon corps frêle et mes bandages crasseux. Je ne devais pas avoir l'air de quelqu'un de bien costaud.

— Et qu'est-ce que tu sais faire, mon garçon ?

— Tout ce que vous voudrez.

— Je vais réfléchir. Reviens demain et je te donnerai ma réponse.

Le lendemain, je fis la cueillette des tomates et des aubergines en me servant de mon unique main valide, et à la fin de la journée je rentrai à la maison avec cinq afghanis en poche. Ma mère, qui était en train de laver de vieux chiffons pour en faire des paillasses et des draps, me dit de les garder. Ma tante, avant de partir, lui avait donné un peu d'argent et pour l'instant cela suffisait.

Au bout de deux mois, je pris tous les sous que j'avais gagnés et allai faire des courses avec Fakir, un cousin handicapé qui venait souvent chez nous. Nous vîmes une petite génisse attachée à la porte d'une boucherie, et tombâmes aussitôt sous le charme. Pas question de la laisser finir en ragoût. Nous suppliâmes le boucher de nous la laisser : non seulement nous allions en prendre soin, mais nous lui donnerions son lait. L'homme nous expliqua patiemment qu'il ne pouvait pas nous en faire cadeau, mais qu'il pouvait nous la vendre. Je comptai l'argent dans ma poche et les piécettes de Fakir, mais nous étions loin du compte.

Tristes et déçus, mon cousin et moi rebroussâmes chemin. Cependant, nous ne pouvions nous empêcher de penser à la génisse et nous revînmes la caresser une ou deux fois. Le boucher ressortit de son échoppe.

— Je vous l'ai dit. Payez-la et elle est à vous.

— Je travaille à la ferme de M. Ali. Je ne pourrais pas vous l'acheter à crédit ?

— Non.

— Vous connaissez le magasin de tapis qui se trouve à côté du terrain de football ?
— Oui, je le connais.
— Eh bien, il était à mon père avant.
— Ah, ah ! Alors tu es riche !
— Non, parce qu'il n'est plus à lui.
— Je ne peux rien pour vous… !
Le brave homme commençait à perdre patience. Il finit par baisser son prix pour se débarrasser de nous. Nous rentrâmes à la maison avec les poches vides et la génisse au bout d'un licol, en marchant tout doucement. Ma mère se faisait un sang d'encre lorsque nous arrivâmes à la nuit tombée, mais, quand elle vit la génisse, son visage s'illumina à la pensée qu'on allait avoir du lait et plus tard de la viande.

Le lendemain, j'emmenai la bête au champ et l'attachai à un arbre. Quand vint l'heure de ma pause, je cueillis des mauvaises herbes pour les lui donner ainsi que la ration de lait de mon déjeuner, ne gardant pour moi que le pain. À la fin de la journée, alors que je m'apprêtais à ramasser mon tas de chiendent, un homme s'approcha et s'en empara. Je tentai de réagir, le sommant de me le rendre, mais il me gratifia d'une gifle si magistrale qui me fit tomber à terre.

Alerté par mes cris, le patron rappliqua.
— Ce garçon m'a insulté ! déclara l'homme. Il a insulté ma femme !
Je n'arrivais pas à y croire. Je frottais ma joue en feu en sanglotant.
— Apparemment, ses parents ne l'ont pas éduqué. Comment ose-t-il m'insulter ainsi ? Je me demande bien d'où il sort ?

Je tentai en vain de me défendre. M. Ali me licencia.

— Tu n'as pas honte ? Va-t'en ! C'était ton dernier jour ici. Dehors !

Assise entre les pieds de tomate, avec mes bras devant ma figure pour me protéger, j'observai l'expression outrée de l'homme. Corpulent et la peau sombre, il avait la tête rasée sous son béret et la barbe teinte au henné, à la mode pachtoune. Je pris peur en voyant le regard féroce dans ses yeux verts, et m'empressai de déguerpir avec ma génisse.

Dès qu'elle me vit, ma mère me demanda :
— Que s'est-il passé ? Pourquoi est-ce que tu pleures ?
— Parce que la vache n'a pas pu manger, maman...
— Oh, mais ce n'est pas grave, voyons ! Elle a juste besoin d'un peu de lait. Nous allons lui en trouver. Il ne faut pas pleurer pour ça !

J'appris à dissimuler mes sentiments comme l'aurait fait un garçon. Je ne disais à personne qu'on me faisait trimer comme une bête, déclarant que j'aimais travailler au grand air.

Je n'osais pas retourner à la ferme d'Ali, non seulement parce qu'il ne m'avait pas crue, mais parce qu'il avait menacé de me couper les jambes.

Le domaine de M. Bismillah

Le lendemain je me levai à l'aube, comme chaque jour. Je ne voulais pas que mes parents sachent que j'avais perdu mon travail, et il fallait que j'en retrouve un de toute urgence.

Je me dirigeai vers une zone agricole située non loin de chez nous, dans l'espoir de trouver à me faire engager comme journalier.

C'est ainsi que, vers midi, j'entrai dans une ferme. Du bétail vivait dans un enclos. Un jeune homme d'une vingtaine d'années était en train d'essayer d'attraper du poisson dans un étang, sous les yeux fascinés de trois ou quatre garçons. Non loin de là, un autre cueillait des tomates. Il releva la tête en m'entendant arriver.

— Salut ! lui lançai-je.

Au même instant, une des vaches s'échappa de l'enclos. La porte devait être mal fermée.

— Salut ! répondit nerveusement le garçon qui ramassait des tomates. S'il te plaît, aide-moi à rattraper la vache !

Sans y réfléchir à deux fois, je m'élançai derrière l'animal. En deux temps trois mouvements, le garçon et moi l'avions rattrapée et remise dans le corral. Le jeune homme de l'étang n'avait pas levé le petit doigt.

— Ce fils de pute ne fait jamais rien, il ne surveille même pas les bêtes, jura mon compagnon entre ses dents.

— C'est ton frère ? demandai-je.

— Uosé ? Il ne manquerait plus que ça ! C'est un employé. S'il te plaît, va à l'étang et dis-lui qu'Amid le demande.

J'allai porter le message au prénommé Uosé, qui ne sembla pas pressé d'obéir aux ordres. Et c'est ainsi que lui et moi nous prîmes en grippe l'un l'autre dès le premier instant.

Ensuite, j'allai chercher une grosse pierre pour Amid, qui était en train de lester la vache. J'en profitai pour lui glisser que j'avais cessé de travailler pour un autre maraîcher, parce que là-bas ils trouvaient que ma génisse mangeait trop.

— Bah, si tu veux la mener paître ici, tu peux, me proposa-t-il. Du moment qu'elle ne piétine pas les plantations…

Le lendemain, je revins avec elle, mais ne trouvai que Uosé, qui me dit que si je voulais qu'elle paisse je devais l'aider :

— Arrache les mauvaises herbes. Et grouille-toi, car le patron ne va pas tarder à arriver et il faut que tout soit fini à temps.

Je travaillais depuis quelques heures sous un soleil brûlant, quand je vis arriver un homme qui, aussitôt, remarqua ma génisse. C'était le patron.

— Comme elle est belle ! Elle va faire une bonne laitière. C'est une bonne race. Elle est à toi ?

— Oui, oncle. Hier, Amid m'a dit que je pouvais la mener paître ici...

— Tu sais ce que nous allons faire ? Demain, amène ta vache. Nous la mettrons dans le corral avec les autres. Toi, tu ramasseras des herbes pour toutes les bêtes. Et je te donnerai peut-être une pièce ou deux.

C'est ainsi que je décrochai un nouvel emploi qui allait durer quatre ans.

Il y avait une semaine que je travaillais chez M. Bismillah quand celui-ci apprit la naissance de son huitième enfant. Pour lui, c'était un vrai miracle.

— Zelmaï, je suis content comme tu n'as pas idée, dit-il en versant des larmes de joie. Après la mort de mon fils Aziz – ils m'ont tué mon brave petit, si gentil et généreux –, je ne pensais pas en avoir d'autre. Mon épouse est déjà vieille et à son âge, en principe, les femmes ne peuvent plus avoir d'enfants... Il faut dire que mon épouse est aussi ma tante. La sœur de mon beau-père, l'homme qui a épousé ma mère quand mon père est mort. Nous ne l'attendions plus, mais Dieu a voulu nous faire ce cadeau.

Dès le premier jour, Bismillah m'accorda toute sa confiance. Comme il soupçonnait Uosé d'être malhonnête, il décida que, dorénavant, ce serait moi et non pas lui qui se chargerait de vendre les légumes aux gens des environs. Son fils Amid prendrait ensuite la relève quand il rentrerait de l'école.

Furieux, Uosé se vengea, m'obligeant à exécuter les besognes les plus pénibles quand le patron, employé de bureau au ministère de l'Énergie, n'était pas à la ferme. Jusque-là, la vente des légumes avait permis à Uosé de se remplir les poches : il gardait toujours pour lui une part des bénéfices et, quand il lui en prenait l'envie, il proposait à un des gamins de le *payer en nature* dans un des appentis qui se trouvaient dans les champs.

Mon arrivée à la ferme ayant mis fin à son petit manège, il décida donc de me rendre la vie impossible.

Au début, il se contentait de me confier des travaux pénibles ; mais ensuite, il s'évertua à empoisonner les bonnes relations que j'entretenais avec la famille du patron. Ainsi, quand il découvrit que j'étais amie avec Ouassima, une des filles de M. Bismillah, il déclara que la prochaine fois qu'elle viendrait chercher des légumes, il la suivrait et l'embrasserait sur la bouche, de gré ou de force. J'eus beau faire, je ne parvins pas à le dissuader. Et, en effet, quand Ouassima vint chercher sa commande, Uosé la suivit sur le chemin du retour. Indignée, je m'emparai d'une faucille et le poursuivis.

Quand je le rattrapai, il tenait la fille par les poignets et cherchait à l'attirer à lui pour l'embrasser. Sans même songer aux conséquences, je lui mis la faucille sur la gorge et criai à Ouassima de s'enfuir.

Quand j'abaissai la lame, je crus qu'il allait me réduire en chair à pâté. Mais je l'avais pris par surprise et il se contenta de me menacer :

— N'espère pas t'en tirer comme ça, Zelmaï.

Ma colère se transforma subitement en peur. J'avais entendu dire des choses terribles à son sujet.

Le lendemain, quand j'allai travailler, je surpris une conversation entre Uosé et le patron : le garçon lui jurait ses grands dieux que c'était moi qui avais essayé d'embrasser sa fille. Comment osait-il ? Je ramassai une pierre pour la lui lancer, quand M. Bismillah m'aperçut.

— Qu'est-ce que tu as fait ? m'interpella-t-il. Tu as essayé d'embrasser ma fille ? Si c'est ainsi, il vaut mieux que tu t'en ailles.

Mais je n'étais pas d'humeur à laisser passer une telle injustice.

— Oncle, demandez plutôt à votre fille ce qui s'est vraiment passé. Je n'ai jamais cherché à vous faire du tort. Je n'ai pas embrassé Ouassima, et je refuse qu'on raconte des mensonges à mon sujet.

La tactique porta ses fruits. Le patron fit toute la lumière sur cette affaire et menaça Uosé de le dénoncer aux talibans. Pour finir, il lui pardonna : Uosé était un proche voisin et il ne voulait pas d'histoires avec les voisins. Si bien que j'allais devoir continuer de supporter mon ennemi qui, à l'évidence, me haïssait de toute son âme.

La faim

Après cet incident, je montai dans l'estime de M. Bismillah. Mais mon salaire, lui, resta inchangé. J'avais du mal à faire bouillir la marmite, surtout en hiver, car je ne pouvais même pas rapporter de légumes à la maison à part quelques pommes de terre. Parfois, ma mère et moi faisions bouillir des feuilles de choux-fleurs que je ramassais au marché. En principe, c'étaient des restes destinés au bétail, mais nous les dévorions avec autant d'appétit que s'il s'était agi de blettes. Nous ne pouvions pas nous permettre de faire la fine bouche : pendant la guerre, quand ma mère n'avait rien d'autre à m'offrir que des bananes trop mûres, je les mangeais en retenant ma respiration et en me concentrant sur la texture du fruit pour ne pas en sentir le goût passé, presque alcoolisé.

Cette faim permanente me joua des tours. Un jour que ma mère n'était pas à la maison, les voisins m'avaient apporté, comme le veut la coutume, une petite ration de pois chiches qu'ils avaient préparés. De retour de mon travail harassant dans les champs, je mourais de faim. Je n'y réfléchis pas à deux fois et

dévorai le ragoût avec du pain sans même songer à le partager avec mes sœurs qui criaient famine.
— On va le dire à maman !
— Allez au diable ! Moi, je m'échine du matin au soir, j'ai besoin de manger.
La colère de ma mère fut terrible. Elle me frappa avec un bâton. J'eus beau geindre, pleurer, supplier, elle cognait comme une sourde. Rosia et Orzo, effrayées par la fureur de ma mère, qui semblait enragée, coururent avertir les voisins.
— Pourquoi le frappes-tu ? Ce garçon rapporte des sous à la maison. Si tu n'es pas capable de pourvoir aux besoins de ta famille, il ne fallait pas faire d'enfants.
— Ne vous mêlez pas de ça ! riposta ma mère, hors d'elle.
Cependant, elle lâcha le bâton et fondit en larmes. Si ma vie n'était pas rose, la sienne ne l'était pas davantage. D'une certaine façon, elle avait perdu toute sa famille : son garçon était mort ; son époux avait perdu la raison ; ses filles cadettes la considéraient comme une étrangère ; et sa Nadia avait disparu pour devenir « l'autre », comme disait ma tante, un individu qui n'était ni vraiment une fille, ni vraiment un garçon. À la tête de cette étrange tribu, ma mère m'avait délégué le rôle de chef de famille, sans renoncer toutefois à exercer le sien… Résultat, on ne savait jamais vraiment qui détenait l'autorité chez nous : c'était tantôt elle, tantôt moi. Parfois, cependant, elle redevenait la mère affectueuse qui console sa fille, quand j'avais l'impression d'être au bout du rouleau.

— Mais non, voyons ! m'encourageait-elle. Tu verras, nous allons nous en sortir !

Je posais ma tête contre sa poitrine et elle séchait mes larmes d'une caresse, en disant :

— J'ai une fille qui à elle seule vaut autant que sept garçons ! Aujourd'hui, les voisins sont venus pour que tu leur donnes un coup de main, mon lion ! Ils ont beau n'avoir que des fils, ce sont tous des bras cassés !

Elle m'observait du coin de l'œil pour voir si je souriais, puis prenait mes mains dans les siennes et s'écriait :

— C'est pourtant vrai que tu es un lion ! Allons, viens donc, que je te taille les griffes.

C'était un soulagement quand ma mère m'autorisait à redevenir une fille, ne serait-ce que pour quelques instants !

Cependant, la colère maternelle après l'incident des pois chiches m'avait durement affectée.

Cet après-midi-là, quand je retournai à la ferme, je fus incapable de travailler. En plus d'être couverte de bleus, j'étais triste et honteuse d'avoir privé les miens de nourriture. L'idée me vint d'aller demander à la femme de M. Bismillah de me donner à manger chaque jour. Je ne perdais rien à essayer...

La brave femme accepta d'emblée, déclarant qu'une bouche de plus ou de moins ne faisait guère de différence. C'est ainsi que Ouassima m'apporta chaque midi un bol de lentilles ou de soupe à la viande ou aux légumes, du riz et du pain... Dès qu'elle tournait les talons, je filais à la maison avec mon bol de nourriture, auquel nous ajoutions de l'eau bouillante afin de le diluer pour qu'il y en ait assez pour cinq.

Un jour, Ouassima m'apporta mon déjeuner alors que j'étais en compagnie d'un groupe de garçons. Craignant que ceux-ci ne me dénoncent, je décidai de rapporter la nourriture chez moi plus tard et allai cacher le bol sous un plant d'aubergine. Mais quand je revins le chercher à cinq heures de l'après-midi, il était plein de fourmis et je dus le jeter.

À aucun moment l'idée ne m'effleura de demander à la femme du patron de me donner un peu plus de nourriture, ou même de lui dire franchement que j'emportais ses ragoûts chez moi pour les partager avec mes parents et mes sœurs. Ma mère nous avait appris qu'il ne fallait jamais quémander. Non seulement elle faisait en sorte que personne ne sache que nous avions faim, mais elle n'avait pas renoncé à la tradition de l'hospitalité, ce qui m'obligeait à courir demander une avance à mon patron pour que nous puissions offrir, au moins, du thé et des caramels aux hôtes de passage.

En ces temps de disette, je me serais battue pour un morceau de pain, mais, bientôt, j'allais m'arrêter de manger de mon propre chef.

Un long jeûne

Je n'avais que onze ans quand je commençai à travailler à la ferme. J'avais pour tâche de m'occuper des bêtes et de les mener au champ. Ce qui n'était pas une partie de plaisir, car elles prenaient un malin plaisir à m'échapper, piétinant les plants de patates et mangeant les choux. Il me fallut pas moins de deux ans pour apprendre à les dominer parfaitement. Entre-temps, j'avais grandi et forci, et, un jour que je menais paître le troupeau, je remarquai le regard insistant du fils du patron sur moi.

— Qu'est-ce qu'il y a ? demandai-je, sur la défensive.

— Eh, tu es plus grand que moi, Zelmaï !

N'importe qui d'autre aurait pris cela pour un compliment. Mais pour moi, c'était une catastrophe. À partir de ce jour, je décidai d'arrêter de manger. Ainsi, je resterais mince et frêle, et personne ne trouverait étrange qu'un garçonnet si chétif soit imberbe et n'ait pas la voix qui mue.

Le lendemain midi, M. Bismillah nous invita à manger chez lui, Uosé et moi.

— Merci, oncle, mais je ne peux pas car j'observe le jeûne, répondis-je alors que mon estomac criait famine.

Uosé me regarda comme si j'étais un Martien. Mon patron, surpris, se contenta de répondre :

— Dommage, ma femme a préparé un délicieux ragoût de pois chiches. Zelmaï, tu es sûr de monter au Ciel !

Et il s'éloigna, Uosé à sa suite, une moue dédaigneuse aux lèvres.

Ce jeûne forcé dura six mois. Je ne mangeais que le soir pour ne pas mourir d'inanition, mais j'étais constamment fatiguée et de mauvaise humeur, et si quelqu'un avait le malheur de me demander ce qui n'allait pas, je l'envoyais promener. Ma peau commença à se dessécher et je souffrais de maux de tête et d'estomac. Et tout cela pour rien, à part me faire passer pour quelqu'un de très pieux.

Ce qui ne fit qu'empoisonner encore un peu plus mes relations avec Uosé, qui ne perdait jamais une occasion de me tourmenter et faillit me démasquer, à cause de mes cheveux. Sous mon turban, je conservai l'unique relique de ma féminité : sur le côté droit de mon crâne, qui avait été épargné par les flammes, ma chevelure noire, épaisse et ondulée, continuait de pousser. Or, un jour, mon turban bascula légèrement en arrière, et Uosé remarqua que je portais une tresse. Les cheveux longs étaient interdits par les talibans, et même si personne ne découvrait que j'étais une fille, je risquais une punition.

— Zelmaï se laisse pousser les cheveux !

Je jetai des regards affolés autour de moi et aperçus une femme qui passait par là.

— Vise un peu cette fille ! J'ai bien envie de la suivre à la trace, improvisai-je, songeant que jouer les machos renforcerait mon image d'homme viril.

— Zelmaï, tu es complètement malade ! En plus tu as les cheveux longs. Je crois que je vais te dénoncer.

Sans perdre une seconde, j'enfourchai une bicyclette et filai chez ma tante. Une boule dans la gorge, je lui demandai de me raser le crâne. Avant même que les ciseaux n'aient fait « clic », je fondis en larmes. Quand je retournai à la ferme, avec mon turban mal posé afin de mettre bien en évidence mes cheveux courts, je dus faire un effort surhumain pour m'obliger à sourire. Et plus encore lorsque Uosé était en compagnie d'un homme dont on racontait qu'il était l'ami des talibans et qu'il pratiquait la délation. Tous deux échangeaient des messes basses en m'observant. En voyant la tête de Uosé lorsqu'il réalisa que mes cheveux avaient disparu, je souris pour de bon.

Après cet épisode, la haine qu'il me vouait décupla. C'était un individu pervers et dangereux. Il essaya de me faire chanter en me menaçant d'aller raconter à M. Bismillah que ses filles et moi nous voyions en secret – ce qui était vrai, mais sur une base purement amicale. Une fois, il alla jusqu'à lâcher un chien sauvage dans le petit abri où je dormais parfois, pour essayer de me tuer. La tension entre nous était devenue telle que je finis par tomber malade.

Un jour, mon cousin me trouva en train d'errer dans la rue comme une somnambule, et comprit que j'avais besoin de voir un psychiatre en urgence. Ma mère avait entendu parler d'un médecin établi en ville. Bien qu'elle craignît de devoir débourser des sommes folles, l'idée que je devienne instable et ingérable comme mon père lui était insupportable.

J'ai gardé un souvenir nébuleux de la pièce austère, séparée en son milieu par un rideau derrière lequel s'installaient les femmes, de la table et de la chaise, du diplôme accroché au mur, et de l'homme en costume de ville. De sa voix grave, il me demanda de lui expliquer ce que je ressentais, mais j'en étais incapable, car j'avais l'esprit embrumé et n'osais me confier à personne. Il ne nous fit pas payer la consultation et donna des comprimés à ma mère en lui faisant promettre de me les administrer sans faute, puis il me fixa un autre rendez-vous trois semaines plus tard.

Je guéris. Et quand je revins à son cabinet, je racontai au médecin les mauvais traitements que m'infligeait Uosé, sans parler des séquelles de mes brûlures et de mes terreurs profondes. Voyant que j'allais mieux, il me glissa sur un ton complice :

— Heureusement que tu n'es pas une fille ! Parce qu'alors, nous aurions de sérieux problèmes.

C'était une remarque qu'on me faisait fréquemment et qui me blessait profondément, mais cette fois je ris. Que pouvais-je faire d'autre ? Soudain, l'homme eut une idée. Il se mit à fouiller dans un tiroir.

— Je vais te donner quelque chose, déclara-t-il, mais tu ne dois en parler à personne.

C'est ainsi que ce psychiatre pas ordinaire me fit présent d'un des plus beaux cadeaux que j'aie jamais reçus : un *walkman*. À l'intérieur se trouvait une cassette d'Ahmad Zahir, l'idole de tous les jeunes

Afghans, en particulier les filles, qui le trouvaient irrésistible. Ses chansons romantiques nous faisaient rêver à des choses que nous n'aurions jamais : un fiancé séduisant et gentil qui nous dirait : « Toi et moi, unis contre le monde entier », et nous rendrait éternellement heureuses.

Ce fut ma meilleure thérapie. À midi, pendant la pause du déjeuner, je mettais les oreillettes et j'enfonçais la touche *play* pour m'évader quelques instants de mon travail et du reste du monde. Ses chansons les plus tristes me touchaient particulièrement : « Je suis seul au pied de la montagne, à l'écart du monde », « Je ne peux rien faire pour mon amour/ je ne peux aimer qu'une sculpture ». Ce chanteur à la voix vibrante semblait lire dans mon cœur. Ma vie était un mensonge, je ne pouvais me confier à personne, je n'avais ni amis ni amoureux, j'étais condamnée à la solitude…

Ahmad Zahir, mal vu par les plus conservateurs, mourut en 1979 dans des circonstances suspectes, et devint ainsi le premier martyr de la musique pop afghane. Sa tombe, où les paroles de ses chansons ont été gravées, était un lieu de pèlerinage aussi vénéré que les lieux saints de l'islam. Mes cousines étaient des fans de Zahir, et j'avais passé de longues soirées d'été à écouter ses chansons jusqu'à les connaître par cœur. Grâce au cadeau du psychiatre, je pus me les remémorer. Avec la musique, la vie était infiniment plus douce.

Froid été comme hiver

Arriva un moment où je dus me rendre à l'évidence : il était vain d'essayer d'empêcher l'inévitable. C'est pourquoi, plutôt que de m'esquinter la santé en jeûnant, j'imaginai d'autres stratégies pour ne pas me faire remarquer. Ainsi, je pris l'habitude d'enduire de suie le duvet qui poussait au-dessus de ma lèvre supérieure pour lui donner un aspect plus fourni. Dissimuler ma poitrine, qui poussait malgré toutes mes prières et mon jeûne, n'était pas aussi simple. Je la bandais au moyen d'une étoffe bien tendue par-dessus laquelle je portais une chemisette serrée qui me faisait souffrir sans pour autant dissimuler complètement mes seins. La seule solution était donc de porter plusieurs couches de vêtements, ce qui ajoutait encore une touche d'excentricité à mon personnage, car même en plein été, et alors que je trimais dans les champs, j'étais toujours trop couverte, au prétexte que j'étais malade ou que j'avais froid.

De même, je devais éviter à tout prix le contact physique, préférant passer pour une personne revêche et antipathique plutôt que de laisser quiconque m'approcher de trop près ou me donner l'accolade, comme le veut la coutume entre les hommes afghans.

Malgré tous mes efforts, je ne pouvais pas tout contrôler. La mauvaise alimentation et le manque d'hygiène avaient fini par prélever un lourd tribut sur nous tous. Ma mère avait de gros problèmes dentaires. Les médecins de sexe masculin n'avaient pas le droit de soigner les femmes qui, quant à elles, n'avaient pas le droit d'exercer un métier. Par chance, l'application de la loi n'était pas toujours aussi stricte. Tout dépendait, en réalité, du bon vouloir des responsables du quartier. Et comme j'entretenais de bonnes relations avec les nôtres, ma mère put consulter plusieurs fois sans s'attirer de problèmes.

Un jour que je me trouvais chez le dentiste avec ma mère, je fus prise de soudains maux de ventre. Voyant que ce n'était pas une douleur habituelle, je songeai que j'avais dû manger quelque chose qui m'avait donné la diarrhée et filai aux toilettes.

Je faillis tourner de l'œil en découvrant que du sang s'écoulait entre mes jambes. Lorsque je m'étais transformée en garçon, mon unique préoccupation était que les gens ne remarquent pas mes traits exagérément féminins, ma poitrine naissante, ma voix fluette, et mon absence de barbe. Mais c'était sans compter avec les règles. Et pour cause : j'ignorais leur existence ! Ce jour-là, je crus que j'étais gravement malade. Je ne comprenais pas d'où provenait ce flux de sang, car je connaissais à peine mon propre corps, mais il me semblait évident que je devais en parler à quelqu'un. Pas à ma mère, qui se trouvait sur le siège du dentiste avec la bouche ouverte. Je songeai alors à une de mes cousines, l'une des rares personnes qui connaissaient ma véritable identité et qui, ces derniers temps, avait pris l'habitude de me faire des confidences. Cette fois, c'est moi qui allais la mettre au fait de mon terrible secret.

J'enfourchai ma bicyclette et me mis à pédaler, tandis que le sang s'écoulait à travers mes vêtements rendant la selle poisseuse. Quand je fus seule avec ma cousine, je fondis en larmes. Sa stupeur prit fin quand, entre deux sanglots, je lui contai mes mésaventures.

— Allons, ne t'en fais pas. Tu n'es pas malade. Attends-moi ici.

Son calme me rassura. Je ne comprenais pas ce qui m'arrivait, mais le problème n'avait pas l'air d'inquiéter ma cousine. Elle revint avec une paire de collants découpés dans le bas et un morceau de toile. Ma première serviette hygiénique. Tandis que je l'enfilais, elle m'expliqua que cela allait m'arriver chaque mois et que, pour éviter les surprises désagréables, je devais faire en sorte de porter des vêtements sombres ces jours-là. Elle ne connaissait pas très bien le mécanisme de la menstruation, mais ce qu'elle me raconta fut pour moi une véritable révolution. Quand je repartis de chez elle, j'étais en possession de deux informations capitales : le sang s'évacuait chaque mois par le vagin, et à partir de là, on devenait une femme et on pouvait avoir des enfants. Tout cela m'épouvantait autant, sinon plus, que l'idée d'être gravement malade. Un problème d'ordre pratique se posait à moi en tant que garçon, sans parler de l'inconfort qui résultait des règles. Quant à la sexualité et la maternité, je préférais ne pas y songer.

Je retournai en quatrième vitesse au dispensaire où ma mère m'attendait, morte d'inquiétude. J'inventai une excuse quelconque. Je n'avais pas l'intention de lui dire que je venais d'avoir mes règles et que je savais de quoi il retournait. Elle ne m'avait jamais rien dit à ce sujet : l'intimité féminine ne faisait pas partie de nos conversations. Si bien que j'en fis mon secret : je me confectionnai des serviettes avec de vieux chiffons, que je lavais et mettais à sécher en cachette pendant la nuit. Et pour savoir quand je devais attendre mes règles, je faisais des marques sur un mur de la ferme où je travaillais. Je ne comprenais pas très bien comment fonctionnait mon cycle, mais je savais que le flux menstruel revenait tous les vingt-neuf ou trente jours.

Ma volonté ne pouvait rien contre le développement naturel de mon corps. Rien ni personne ne pouvait stopper l'horloge biologique.

Les puits

À la ferme, les commentaires désobligeants sur les femmes allaient bon train. Et quand j'entendais dire que les filles étaient des poules mouillées, je ne savais pas si je devais rire ou pleurer. J'avais commencé à travailler dans les champs à onze ans, et quand j'en eus treize je pris un deuxième emploi qui consistait à curer les puits. Je devais ôter la terre qui se trouvait au fond et la remonter au moyen de seaux qui pesaient un âne mort, afin que l'eau puisse jaillir à nouveau. Je n'ai jamais été d'une constitution très robuste, et le manque de nourriture et de sommeil n'arrangeait rien. Cependant, je n'avais d'autre choix que d'accepter les tâches qui m'étaient confiées et de m'en acquitter consciencieusement.

L'un de mes patrons était M. Osman, dit « le Commandant » ; un homme maigre, avec une longue barbe en broussaille et de petits yeux vifs. Il venait souvent à la ferme pour nous acheter des légumes. Mon compagnon de travail, Cheroga, et moi avions coutume de dire qu'il était riche, mais il ne devait pas l'être tant que ça car, de temps à autre, il lavait des carottes ou écossait les haricots de M. Bismillah pour pouvoir remplir son panier à l'œil. Pour autant, le Commandant n'avait pas l'air de souffrir de la faim. Il n'avait que sa femme et lui à nourrir et chiquait du tabac. En Afghanistan, les familles sont le plus souvent nombreuses, comme celle de Cheroga, second d'une fratrie de huit. Sa sœur aînée, devenue veuve, s'était remariée avec un homme qui avait refusé de prendre en charge ses enfants. Résultat, ceux-ci étaient allés vivre chez leurs grands-parents, et Cheroga, qui n'avait que vingt-cinq ans, devait cumuler les emplois pour pouvoir nourrir onze bouches à lui seul.

Un jour, s'étant mis en tête de se faire adopter par le Commandant afin de profiter de sa fortune supposée, il commença à le couvrir de louanges.

— Commandant, vous êtes un grand homme, un bon musulman. Je vous estime beaucoup ! Vous ne songez pas à avoir un fils ?

— Ma foi, si, Cheroga, répondit l'homme en levant les yeux au ciel. Mais tu es déjà un homme ! Que ferais-tu chez nous ? Tu ne serais pas heureux.

— Oh, mais si ! Je pourrais prendre soin de votre épouse, Commandant !

Le Commandant eut l'air d'hésiter. Ne pouvant supporter l'idée que Cheroga cherche à rouler ce pauvre vieux dans la farine, je lui coupai l'herbe sous le pied.

— Eh, Commandant, moi aussi, je pourrais faire un bon fils.

M. Osman sortit d'un coup de sa rêverie et, se tournant vers moi, s'écria en souriant :

— Mais oui, toi, je crois que tu ferais l'affaire, petit.

Je bombai le torse comme si on venait de me remettre une médaille, tandis que mon compagnon me décochait un regard assassin.

Au début, Cheroga m'en voulut à mort de lui avoir joué ce mauvais tour, mais petit à petit il se calma, imaginant toutes sortes de combines pour augmenter ses revenus. Ainsi, il me suppliait – en vain – de lui donner des légumes gratis ou de piocher dans la caisse que m'avait confiée le patron. Comme je ne cédais pas, ses frères se chargeaient de chiper eux-mêmes ce dont ils avaient besoin. Heureusement, ce n'étaient que de tout petits larcins qui ne m'attirèrent jamais d'ennuis.

Un jour, un des garçons de la ferme vint m'avertir :

— Eh, ton père est venu et il te cherche !

Depuis que M. Osman m'avait « adopté », les autres le surnommaient « père » pour me taquiner.

— Zelmaï, mon fils, disait le vieil homme, le puits de ma maison s'est asséché. Peux-tu venir le curer ?

— Bien sûr, Commandant ! Quand vous voulez. Simplement, je vous prendrai le prix d'une journée de travail, soit deux cents afghanis.

Je me demande encore aujourd'hui comment j'osai annoncer ce chiffre exorbitant sans piquer un fou rire.

— Je dois avouer que moi aussi j'aurais fait n'importe quoi pour gagner de l'argent. Car, à la maison, nous manquions de tout…

Je suivis M. Osman, qui habitait à dix minutes de marche de la ferme. Le soleil dardait et la tâche était rude ; c'est pourquoi mon père « adoptif » s'étonna que je ne me mette pas torse nu pour travailler, comme l'aurait fait tout un chacun. Mais mes vêtements étaient ma protection : sans eux, ma poitrine m'aurait trahie !

Je passai des heures à ôter du sable et des pierres du fond du puits, tandis que le Commandant, à l'extérieur, vidait les seaux. J'attendais à chaque instant que l'eau se mette à sourdre sous mes pieds, mais rien ne se passait. Je commençais à mourir de chaud et d'épuisement, mais, si j'arrêtais maintenant, je pouvais dire adieu aux deux cents afghanis dont j'avais tant besoin !

— Zelmaï, je dois faire une pause pour aller prier, me dit soudain M. Osman. Ma femme va venir me relayer, d'accord ?

Le Commandant s'éloigna et je l'entendis qui disait :

— Femme ! Vas-y doucement ! Il ne faudrait pas qu'il reçoive le seau sur la tête.

Cela me donna une idée.

— Bonjour, tante ! lui criai-je du fond du puits. Je prépare un seau !

Je nouai mal la corde exprès, et quand la femme commença à actionner la poulie, le seau tomba et me cogna le côté de la tête. Je poussai un cri comme si elle m'avait fracassé le crâne et la pauvre femme, affolée, alla chercher le Commandant. Elle marchait si vite que je crois bien qu'elle se prit les pieds dans sa burqa.

Je sortis du puits en gémissant, couverte de sable et de terre des pieds à la tête. Je devais offrir un piètre spectacle, car ils décidèrent de me régler la journée entière et me renvoyèrent aussitôt chez moi. Mon subterfuge avait fonctionné, moyennant un petit bleu au front.

Le meilleur de l'histoire fut la réaction de ma mère, quand je lui tendis fièrement les deux cents afghanis. C'était une si grosse somme qu'elle ne cessait de me demander comment je me l'étais procurée. Je lui répondis que c'était sans importance, car je ne voulais pas qu'elle sache que j'avais désensablé un puits – un travail jugé dangereux.

— Tu veux dire que tu les as volés !

— Mais non, maman, comment peux-tu imaginer une chose pareille ? Je n'ai jamais rien volé de ma vie et tu le sais.

— Mais alors, comment les as-tu gagnés ?

Mon père, bien que sous sédatifs, sursauta en entendant ma mère hausser le ton.

Je n'eus d'autre choix que de tout avouer.

— Aïe, Zelmaï, mais tu veux donc ma mort ? Tu ne sais donc pas que c'est un travail risqué ? Imagine que tu perdes connaissance, qu'ils te sortent du puits et découvrent que tu es une fille ?

Je restai sans voix. C'eût été la pire chose qui puisse m'arriver, pire encore que de mourir. J'imaginai le déshonneur pour ma mère, sans parler des représailles qui pouvaient s'ensuivre, et de l'impossibilité de retrouver du travail. Moi, je monterais au ciel à coup sûr, mais elle, qui se chargerait de la protéger ici-bas après cela ?

Le cinéma

Malgré la peur qui ne me quittait jamais et les risques encourus, je décidai de me faire plaisir.

Je dus presque me pincer pour y croire : dans ce pays soumis à la férule implacable des talibans qui nous interdisaient tout – et en particulier ce qui pouvait nous rendre heureux –, la musique de Bollywood résonnait à mes oreilles, tandis que des danseuses aux robes chamarrées se déhanchaient lascivement. Non, je ne rêvais pas. Les films indiens, avec leurs chansons envoûtantes, leurs histoires d'amour et de lutte, existaient vraiment. Pour moi, ils incarnaient mon enfance, le temps où régnait le bonheur et la paix.

Naturellement, ils étaient strictement interdits. Comment aurait-il pu en être autrement alors qu'ils donnaient à voir des femmes sans voile, qui, de surcroît, riaient, dansaient et tombaient amoureuses, et des hommes sans barbe, qui n'étaient ni leurs maris ni leurs pères ni leurs frères et qui dansaient eux aussi pour les séduire ? Autant de délits qui chez nous leur auraient valu la prison ou même la potence. Et pourtant, malgré la terreur qui régnait partout, il y avait des gens prêts à braver les lois pour s'offrir ne serait-ce qu'une minuscule parcelle de liberté. C'est ainsi qu'il existait à Kaboul quelques salles de cinéma clandestines, un négoce risqué mais juteux.

Depuis qu'un des clients de la ferme m'avait révélé leur existence (à voix basse et parce qu'il me faisait entièrement confiance), je m'y rendais chaque fois que je le pouvais. J'attendais avec impatience le vendredi. Ce jour-là, je me réveillais de bonne humeur et, même quand je devais travailler, bien que ce fût un jour férié, je mettais du cœur à l'ouvrage et m'arrangeais pour finir ma besogne au plus vite et filer au cinéma. J'en fréquentais plusieurs, mais tous avaient ceci en commun que c'étaient des lieux obscurs, crasseux et humides, le plus souvent installés dans des caves de maisons particulières. L'écran était celui d'un simple téléviseur posé sur un buffet de cuisine que l'on pouvait dissimuler derrière un rideau en cas de visite indésirable. Cependant, le cadre miteux et inconfortable n'entamait en rien l'enthousiasme des spectateurs : des hommes qui fumaient comme des cheminées et vociféraient des encouragements au protagoniste :

— Vas-y, frappe-le ! Plus fort !

Et quand le héros et l'héroïne échangeaient un regard langoureux, l'euphorie était à son comble.

Dans l'un des cinémas que je fréquentais, la télévision était alimentée par une batterie de voiture et il n'était pas rare qu'au beau milieu d'une scène émouvante l'écran s'éteigne brusquement.

— Oooh ! s'exclamait le public déçu.

Le propriétaire des lieux jurait tant et plus : nous allions devoir attendre que son frère passe avec son autobus pour changer la batterie.

Malgré l'atmosphère chaleureuse qui régnait dans la salle, sitôt la séance terminée chacun partait de son côté en faisant mine de ne pas connaître les autres. Nous étions tous sur le qui-vive, car nous risquions à tout moment d'être dénoncés. Pendant la projection, deux personnes montaient la garde devant la porte – au cas où des talibans surgiraient –, mais, une fois dehors, mieux valait s'esquiver en hâte. Personnellement, cela m'était égal, car je n'avais aucune envie de m'attarder et de nouer des liens avec ces gens que je trouvais vulgaires et grossiers ; des ratés à qui je n'avais pas envie de ressembler plus tard.

D'un autre côté, si la rumeur se répandait parmi les jeunes du quartier que je risquais ma vie en fréquentant assidûment les cinémas clandestins, ce n'était peut-être pas plus mal. Dès lors que je devais à tout prix ressembler à un garçon, une réputation de dur à cuire pouvait jouer en ma faveur. C'est ainsi que je prenais de la drogue – même si, en réalité, je ne le faisais que lorsque j'y étais contrainte, quand je me retrouvais avec un groupe qui fumait du haschich –, que je parlais des femmes avec mépris et insinuais à demi-mot que j'allais au cinéma. Je préférais m'attirer le respect de la racaille, car ainsi personne ne me chercherait d'ennuis.

Et je faisais exactement l'inverse avec les adultes. Avec eux, je me faisais passer pour un garçon pieux et respectueux de sa mère. Je jouais si bien mon rôle que de nombreux parents et grands-parents me citaient en exemple à leur descendance.

Lequel des deux Zelmaï étais-je ? Je préférais me dire que je ressemblais davantage au second, même si, comme tous les adolescents, j'avais le sang chaud et l'esprit rebelle. Si vous aviez posé la question à mes sœurs, elles auraient répondu sans hésiter que j'étais fruste et brutale. Et mon père aussi, sans doute. Depuis que j'avais revêtu mon accoutrement de garçon, mon rôle consistait à le faire manger, à lui tailler la barbe, mais aussi à le réprimander quand il faisait des bêtises. Ainsi, quand il faisait enrager ma mère, elle le menaçait :

— Quand Zelmaï va rentrer, je vais tout lui dire.

La cuisinière des talibans

Le fils de mon patron et moi nous entendions comme comme chien et chat. Peut-être était-il jaloux de la confiance que m'accordait son père ; toujours est-il que lorsque M. Bismillah n'était pas là il se comportait en despote. Et le jour où, après quatorze heures d'un travail harassant, il me frappa parce que je demandais à rentrer chez moi, je décidai de rendre mon tablier. Qu'il aille au diable !

Ce soir-là, je ne dînai pas, et allai me coucher sans rien dire à ma mère. Dans le lit qu'elle et moi partagions, je voyais bien qu'elle me lançait des regards inquiets. Mais je serrais les paupières, m'obligeant à chasser l'angoisse de me retrouver sans travail.

Le lendemain matin, quand le coq chanta, je m'éveillai en sursaut et tâtai mon turban pour m'assurer qu'il était bien en place. Je redoutai qu'il ne se défasse pendant la nuit, et plus encore, lorsque je me trouvais à l'extérieur. Je ne pouvais jamais baisser la garde et, quand quelqu'un me croisait en me dévisageant d'un drôle d'air, je saisissais sans même m'en rendre compte le petit couteau que j'emportais partout avec moi, non pas pour agresser quelqu'un mais pour pouvoir mettre fin à mes jours avant que les talibans ne le fassent eux-mêmes et de la pire façon qui soit.

Ce jour-là, cependant, je me jetai moi-même dans la gueule du loup. Sitôt levée, je me débarbouillai en vitesse, puis expédiai ma prière du matin, avalai mon thé fumant avec un morceau de pain et filai dans le centre de Kaboul, direction la place Chouk. C'est là-bas que se rendaient tous les hommes qui cherchaient du travail. Quand j'arrivai, bien qu'il fût assez tard, il y avait encore une trentaine d'hommes en train d'attendre. Les plus chanceux trouvaient à se faire engager pour un jour ou deux ou une semaine. Les négociations ne traînaient pas. Le travail était rare et, avec la faim qui sévissait, les patrons étaient assurés de trouver de la main-d'œuvre, quelles que soient les conditions.

La place commençait à se vider et la majorité de ceux qui n'avaient pas trouvé d'emploi étaient des vieillards... et moi, un freluquet au visage brûlé. Ça n'allait pas être facile, mais je devais coûte que coûte me faire embaucher. Pas question de rentrer chez moi les mains vides, et encore moins de supplier mon ancien patron de me reprendre. Soudain, quelqu'un cria en langue pachtoune :

— On cherche un cuisinier ! Un cuisinier !

Quand je vis l'homme qui avait fait l'annonce, mon sang se glaça : un taliban. Il était monté à l'arrière d'un de ces pick-up Toyota qui transportaient habituellement une dizaine de cerbères armés jusqu'aux dents. Mais, ce matin-là, le véhicule semblait « pacifique », presque vide. Les kalachnikovs étaient à l'épaule et non pas pointées sur les gens. Je m'approchai du camion d'un pas résolu.

— Moi !

Comme il n'y avait pas d'autres volontaires, l'homme me fit monter en marche. Je serrai les dents pour ne pas grimacer de douleur lorsqu'il me hissa à bord.

Il me toisa de la tête aux pieds et demanda :

— Tu sais cuisiner ?

— Bien sûr !

— Et qu'est-ce que tu sais faire ?

— Eh bien…

Je me remémorai les spécialités préférées des Pachtounes, et énumérai : ragoût de légumes, ragoût à la viande, gâteaux aux amandes et au miel…

La face du taliban s'illumina :

— C'est parfait ! On y va !

Sans même demander combien j'allais être payée, ni songer comment j'allais m'y prendre pour cuisiner tous ces plats alors que je ne savais même pas faire cuire un œuf, je m'installai dans le camion en évitant de croiser le regard des hommes qui se trouvaient là et qui se demandaient qui d'eux ou de moi avait été plus chanceux ce matin-là. Soudain, je compris que j'avais agi de façon impulsive, tandis que des histoires d'abus sexuels sur mineurs me revenaient à l'esprit… mais il était trop tard pour avoir des regrets.

Nous roulâmes pendant une vingtaine de minutes dans les rues défoncées de Kaboul, tandis que je me tenais agrippée d'une main au bat-flanc et que je retenais mon turban de l'autre. Enfin, le pick-up s'arrêta devant un grand édifice en pisé que je n'avais jamais vu. Les gardes ouvrirent les portes et nous entrâmes dans la cour intérieure. Quand nous pénétrâmes dans la maison, je suais à grosses gouttes, à la fois parce que j'avais les nerfs à vif et parce que je portai de nombreuses couches de vêtements.

L'homme qui m'avait recrutée m'expliqua que leur cuisinier avait été muté dans une autre caserne et qu'ils devaient le remplacer.

— Nous sommes une trentaine ici, et nous aimons bien manger.

Ma main tripotait nerveusement le couteau au fond de ma poche.

— J'aimerais bien rencontrer l'ancien cuisinier pour qu'il me mette au courant de vos goûts et de vos habitudes…

Le taliban réfléchit un instant.

— Tu as raison. Je vais le faire venir pour qu'il te montre la cuisine et t'explique comment tout fonctionne. Aujourd'hui, tu vas travailler avec lui et demain tu seras seul aux fourneaux.

Le cuisinier avait une mine patibulaire, avec une barbe qui lui arrivait presque à la taille et des yeux soulignés de noir et tellement brillants qu'ils semblaient larmoyants. Une fois seule avec lui, je jouai la franchise :

— Oncle, aide-moi. À la maison, nous sommes très pauvres et j'ai besoin de travailler. Apprends-moi à cuisiner, s'il te plaît.

Il me considéra un moment en silence, puis :

— Entendu, dit-il. Assieds-toi et regarde-moi faire, mon garçon. Demain tu vas devoir te débrouiller seul.

Ma main dans ma poche se détendit. J'étais sauvée.

Je passai la journée à éplucher des légumes et à plumer des poulets, tout en prenant mentalement note des gestes du cuisinier. Quand vint l'heure du déjeuner, il m'autorisa à goûter le ragoût que j'avais aidé à préparer. Pas mal, mais celui de ma mère était bien meilleur. Il allait falloir que je trouve un moyen de lui soutirer ses recettes sans lui dire à qui je les destinais. Elle avait une peur panique des talibans et se serait fait un sang d'encre.

Quand arriva la fin de la journée, une fois le dîner servi et la cuisine parfaitement récurée, on m'autorisa à rentrer chez moi avec dix pains pour tout salaire. Je regardai le gardien et demandai :

— Comment dois-je faire pour rentrer chez moi ? Ils m'ont pris place Chouk, mais je vis beaucoup plus loin !

L'homme alla parler avec celui qui m'avait recrutée le matin ct ce dernier décida de me raccompagner. Il me fit monter dans un des camions qui se trouvaient là et qui s'apprêtait à sortir faire sa ronde. Et c'est ainsi que tous les gens du quartier me virent rentrer escortée par des talibans qui me traitaient cordialement. Parmi les voisins présents se trouvait M. Bismillah, le fermier chez qui j'avais travaillé jusqu'à la veille. Le soir même, son fils vint me faire des excuses, et j'obtins la promesse d'être mieux traitée et mieux payée si je revenais travailler à la ferme. Quand aux talibans, ils n'allaient sûrement pas regretter un aussi piètre cuisinier.

Dieu était de mon côté.

En prison

Cependant, lorsque je fus de nouveau amenée à croiser les talibans, nos retrouvailles furent tout sauf amicales.

Parfois, je me rappelai ce cher Amin, le vieil ami de mon père qui venait dîner chez nous le vendredi et dont nous avions perdu la trace.

Quand nous étions dans le camp de réfugiés, ma mère s'était rendue un jour à Jalalabad pour faire réparer ses souliers. Or, le cordonnier se trouvait être un ancien inspecteur du gouvernement de Kaboul qui parlait le dari, comme elle. Ils avaient bavardé un moment et découvert qu'ils connaissaient tous deux Amin. Le cordonnier lui raconta que ce dernier avait perdu un œil et qu'une balle lui avait transpercé la joue alors qu'il combattait à Jalalabad et que lui et sa famille vivaient toujours dans cette même ville, où il travaillait comme mécanicien.

De retour au camp, ma mère en avait informé mon père, pensant qu'il se réjouirait de cette bonne nouvelle, mais il n'eut aucune réaction. Il ne semblait même pas savoir de qui il s'agissait. Malgré cela, nous nous lançâmes à sa recherche et, quelques jours plus tard, le vieil ami de mon père nous invita à manger chez lui. Le repas ne fut pas joyeux. Mon père, mal à l'aise, ne cessait de tirer sur la manche de ma mère pour lui faire comprendre qu'il voulait partir. Ma mère raconta à Amin toutes nos mésaventures et ce dernier pleura, la bouche tordue, sans pouvoir verser de larmes. Même les efforts de son épouse, toujours aussi attentionnée, ne parvinrent pas à l'apaiser. Quand nous prîmes congé, nous étions encore plus abattus qu'en arrivant.

De retour à Kaboul, nous perdîmes à nouveau la trace d'Amin, n'ayant pas d'adresse à lui donner ni de numéro de téléphone.

C'est pourquoi je restai sans voix quand, un jour que j'étais en train de travailler chez M. Bismillah, un inconnu vint me trouver pour m'annoncer qu'Amin était en prison à Kaboul et avait besoin d'aide. J'appris plus tard qu'il m'avait retrouvée par le biais de cousins qui vendaient des friandises à la gare routière. Sans doute ces mêmes cousins lui avaient-ils recommandé de ne pas demander Nadia mais Zelmaï.

Je n'étais jamais allée à la prison. On était alors en plein ramadan et j'arrivai juste au moment où le muezzin lance l'appel à la prière du soir. J'en profitai pour prier moi aussi, puis l'un des gardiens me demanda qui je venais voir.

— Je cherche mon oncle Amin, répondis-je. Il a perdu un œil et il a la joue droite arrachée.

On m'accompagna à la salle qui tenait lieu de parloir. Celle-ci était divisée en deux par un muret en pisé surmonté d'un grillage. Comme je n'étais pas bien grande, je devais me tenir sur la pointe des pieds pour pouvoir regarder de l'autre côté en prenant soin de ne pas tomber.

C'est à peine si je reconnus Amin quand je le vis, et lui aussi mit quelques instants avant de me remettre, car c'était la première fois qu'il me voyait déguisée en garçon. Émacié, avec une barbe en broussaille, il me décocha une grimace qui se voulait être un sourire.

— Je suis heureux de te voir, Zelmaï *jan*.

Tandis qu'il dévorait le pain de pommes de terre et les dattes de ramadan que je lui avais apportés, il me raconta qu'il avait été arrêté alors qu'il était venu chercher une commande à Kaboul.

On l'avait accusé d'utiliser des pièces de rechange russes dans son atelier. Si l'on ne faisait rien, il allait croupir dans cette prison jusqu'à la fin de ses jours. C'est pourquoi il me demanda d'aller trouver ses frères au plus vite, pour qu'ils le sortent de là, car il n'allait pas pouvoir tenir le coup bien longtemps.

Le lendemain, je demandai ma journée à M. Bismillah, ainsi qu'une avance sur salaire dont j'allais avoir besoin pour aider un ami de mon père. Puis je filai aussitôt prendre l'autobus pour Jalalabad.

Lorsque je me présentai chez ses frères, ceux-ci étaient en train de célébrer la noce d'un neveu et sur le point de se mettre à table. Je fus aussitôt dirigée vers la salle réservée aux hommes où l'on me convia au festin. Ce n'est qu'après avoir mangé tout mon soûl que je pus parler à l'un des frères d'Amin et lui exposer la situation.

— On trouvait aussi qu'il mettait du temps à revenir. Mais on s'est dit que les pièces qu'il avait commandées avaient peut-être pris du retard...

L'homme semblait très agité.

— S'il te plaît, ajouta-t-il. N'en parle à personne. Il ne faut pas gâcher la fête. Attends-moi ici, je reviens tout de suite.

Le frère d'Amin revint vêtu d'une *patou*, une pièce de laine dont on s'enveloppe comme d'une cape. Les nouvelles n'étaient pas bonnes.

— La route de Kaboul est coupée, m'informa-t-il. Les voitures particulières et les autobus ne peuvent pas passer.

— Ma mère ne sait pas que je suis ici. Je dois absolument rentrer chez moi !

— Ne t'inquiète pas, je vais trouver une solution.

Nous fîmes le trajet à bord d'une camionnette sans être inquiétées, moi cachée sous une montagne de choux-fleurs. Arrivés à Kaboul, nous déchargeâmes les légumes au marché, et Salim, l'un des amis du frère d'Amin, me raccompagna jusque chez moi.

Ma mère, une fois remise du choc de me voir revenir à la maison avec un inconnu, l'invita, ainsi que ses amis, à séjourner chez nous en attendant la libération d'Amin. En guise de gratitude, les hommes remplirent le garde-manger de viande et d'autres aliments, comme nous n'en avions pas vu depuis des années.

Trois jours plus tard, Salim et les autres durent retourner chercher des papiers susceptibles d'innocenter Amin à Jalalabad. Je leur fis la promesse de rendre visite à Amin pendant qu'ils étaient partis.

Cette fois, je trouvai Amin complètement abattu. En prison, les conditions de vie étaient trop dures pour quelqu'un d'aussi diminué que lui. Grimpée sur le muret de séparation, je m'efforçai de lui remonter le moral en lui racontant des anecdotes de l'époque où nous faisions des dîners interminables. À un moment, il me sembla qu'on annonçait la fin des visites, mais je n'y prêtai pas attention. Le rappel à l'ordre fut féroce : un coup de bâton sur les chevilles me fit tomber à terre. Furieuse, je ramassai une pierre tranchante et, sans réfléchir, la lançai contre le taliban qui m'avait frappée, puis me mis à détaler vers la sortie.

Hors de lui, l'homme me prit en chasse en jurant tout ce qu'il savait, mais par chance je parvins à me fondre dans la foule compacte des visiteurs qui sortaient du parloir. Une fois dans la rue, un commerçant qui m'avait vue me sauver me fit signe d'approcher et de me cacher derrière sa photocopieuse. Recroquevillée derrière la machine, j'attendis pendant un long moment, le cœur au bord des lèvres. Pour le commerçant, mon geste irréfléchi (lancer une pierre à un taliban dans une prison) était un acte de rébellion contre l'oppresseur, et il était heureux d'avoir pu m'aider. À ses yeux, j'étais un héros.

Quelques jours plus tard, les amis d'Amin parvinrent à le faire sortir de prison, et la première chose qu'ils firent fut de venir chez nous pour célébrer sa libération avec des gâteaux que ma mère avait préparés spécialement. Quand ils s'en allèrent, ils laissèrent notre garde-manger presque aussi plein qu'à l'époque où mon père et Amin festoyaient gaiement ensemble.

Une nouvelle famille pour Samira

La tranquillité fut de courte durée. Quelques semaines plus tard, alors que j'étais en train d'arracher des mauvaises herbes, j'aperçus une femme en burqa à l'orée du potager. Pour se frayer un passage parmi les buissons, elle était obligée de relever le bas de son lourd vêtement bleu. Elle s'approcha de moi et me souffla doucement :

— Zelmaï, mon frère !

C'était Samira, la deuxième fille de mon patron. Elle sanglotait et j'eus envie de la serrer dans mes bras pour la consoler, mais ne pouvant pas prendre un tel risque je répondis simplement :

— Asseyons-nous.

Nous nous installâmes l'une à côté de l'autre à même le sol, mais en observant tout de même une certaine distance, au cas où quelqu'un nous verrait. De temps à autre, elle relevait le « bonnet » de son tchadri pour essuyer ses larmes.

— Zelmaï, après-demain je vais me marier et partir très loin d'ici, au Pakistan... Je ne connais personne là-bas. Je vais me sentir si seule...

— Tes parents ont certainement choisi une bonne famille pour toi, ne t'inquiète pas… Et quand je le pourrai, je viendrai te rendre visite. Je te le promets !

Mais elle était inconsolable. Il était peu probable que je puisse jamais lui rendre visite et je n'avais pas la moindre idée de ce à quoi pouvait ressembler la nouvelle famille qu'elle allait devoir honorer et servir après s'être mariée. Je m'efforçai de lui changer les idées :

— Qu'est-ce que tu dirais d'aller faire un tour en ville demain pour t'acheter un cadeau ? Nous pourrions y aller avec ta sœur, Ouassima.

Elle se moucha et sécha ses larmes. Je pris cela pour un oui.

Ce jour-là, je demandai une avance sur salaire à son père et le lendemain nous fûmes autorisées à nous rendre toutes les trois en ville. Si jamais nous étions contrôlées par un taliban, je dirais que j'étais le frère des deux filles. Après avoir inspecté toutes les vitrines, Samira trouva une robe d'un beau rouge brillant qui lui plaisait énormément et je la lui achetai.

La fête était finie. Sur le chemin du retour, notre bonne humeur céda peu à peu au silence et à la morosité. J'étais tellement triste de perdre mon amie que, sitôt arrivée, j'allai me réfugier dans ma cachette, le champ de maïs. Là-bas, à l'abri des grands pieds de maïs je pouvais pleurer et geindre sans crainte d'être découverte. Le mariage n'était jamais une bonne nouvelle pour les filles et ma mère avait coutume de dire :

— Les femmes meurent deux fois : le jour de leurs noces et le jour où elles quittent ce monde. Chaque fois vêtues de blanc.

Quand je sortis du champ, après avoir pleuré tout mon soûl, je manquai d'entrer en collision avec Zarif, un voisin.
— Zelmaï ! Comment ça va ?
— Bien, mais je n'ai pas le temps, répondis-je en pressant le pas.
— Eh, Zelmaï ! T'aurais pas un peu forcé sur le cannabis, des fois ?
— Comment ça ? J'ai rien fumé !
— À d'autres ! Tu as les yeux rouges et la voix éraillée !
— Tu dis n'importe quoi. Fiche-moi la paix !
Heureusement, Zarif ne me chercha pas de poux dans la tête, même si mon allure pouvait effectivement prêter à confusion. De temps à autre, les talibans du quartier m'invitaient à fumer du haschich en échange du thé que me donnait la patronne pour mon déjeuner. Ces réunions me mettaient mal à l'aise, mais je ne pouvais m'y soustraire. Je devais suivre le sens du courant.

J'avoue qu'après la mauvaise nouvelle du mariage de Samira, planer un peu ne m'aurait pas fait de mal, mais je m'abstins. M. Bismillah m'avait confié le soin de veiller sur son potager et son bétail pendant qu'il était à la noce, et cela m'aida à combattre ma tristesse, car je n'avais pas le temps de penser.

Durant les épousailles de Samira, une autre chose sema le trouble dans mon esprit. Ouassima, la fille cadette de M. Bismillah, avait quatorze ans, comme moi, et elle était très belle et joyeuse. Quand le travail me pesait, que les journées n'en finissaient pas et que je me sentais prise au piège dans mon rôle de garçon, Ouassima était comme un souffle d'air frais. Presque chaque jour, nous trouvions un moment pour bavarder, cachées dans le champ de maïs, et j'oubliais mes soucis. Nous riions beaucoup ensemble et avions beaucoup d'atomes crochus. Elle ne faisait pas mystère de ses sentiments pour moi, et d'une certaine façon je ressentais la même chose. Nous parlions en secret du jour où nous nous marierions. Naturellement, je savais que c'était impossible, mais avoir un avenir commun et fonder une famille heureuse avec elle était tellement tentant que je préférais oublier que j'étais moi-même une fille. Je me mettais dans la peau du Zelmaï que j'avais inventé, qui avait grandi en moi, et qui l'aimait sincèrement.

L'après-midi de la noce de Samira, je me présentai chez mes patrons sous prétexte de leur rapporter la théière vide du petit-déjeuner. En réalité, je voulais jeter un coup d'œil à la mariée et voir à quoi ressemblait son mari. Quand j'entrai, j'entendis les chants joyeux et les rires des femmes. Alors que je longeai le couloir, une main me tira avec force : c'était Ouassima. Je réprimai un cri quand je la vis qui mettait un doigt sur ses lèvres pour m'intimer le silence. Puis, m'agrippant l'autre bras, elle me fit entrer dans une pièce vide et ferma la porte. Par terre, sur de petits napperons, étaient disposés divers plats de fête.

— Merci beaucoup, Ouassima ! Mais il me semble que tu devrais être avec les invités, et moi avec les vaches de ton père...

— On peut bien passer cinq minutes en paix, il ne va rien t'arriver. Allons, mange.

Ouassima était plus belle que jamais dans sa longue robe couleur turquoise, avec ses cheveux rassemblés en chignon, et un collier et des boucles d'oreilles en or. Elle portait du fard à paupières vert pâle et du rouge à lèvres. Elle me lançait des regards brûlants, et je me mis à transpirer à grosses gouttes.

— Je t'aime, Zelmaï, me dit-elle à voix basse.

Je manquai m'étrangler.

— Je ferais mieux de m'en aller, Ouassima. Il ne manquerait plus qu'on nous trouve ici tous les deux seuls...

Nous bavardâmes un moment à voix basse, mais je ne tardai pas à comprendre que Ouassima avait préparé cette rencontre dans les moindres détails et qu'elle n'était pas disposée à me laisser partir. La situation avait quelque chose d'excitant, mais d'un autre côté quelqu'un pouvait surgir à tout moment. C'est pourquoi je l'embrassai sur la joue et lui dis :

— Moi aussi, je t'aime, Ouassima, mais il faut que je parte. Je ne te toucherai pas tant que nous ne serons pas mariés.

Elle me sourit et, me prenant gentiment la main, murmura :

— Je ne t'en aime que davantage.

La tension s'était relâchée. D'une main agile, elle remballa les restes de nourriture et fit un baluchon qu'elle me donna.

Je m'installai dans un recoin abrité pour que personne ne me voie dévorer mon festin. Mon cœur continuait de battre à tout rompre, mais j'étais heureuse. La famille de Ouassima m'avait donné du travail et accueillie chez elle. Comme on dit chez nous, en Afghanistan, ils m'avaient donné « le sel et l'eau », et c'eût été pécher que de les offenser. Pour M. Bismillah, Ouassima et moi étions presque frère et sœur. Et il fallait que nous le restions.

Un peu plus tard, un de mes compagnons de travail que j'appelais Lala (« frère ») me demanda qui j'avais vu dans la maison. Je n'avais vu personne à part Ouassima, mais je jouai la comédie :

— Bouf ! Des femmes, belles comme des anges !
— Elles ne portaient pas le tchador ?
— Non, non, pas du tout, elles avaient la tête découverte.
— Il y a une fille qui m'a regardé, et je crois bien que je lui plaisais !

Je réprimai un rire, mais Lala était tellement exalté qu'il ne se rendit compte de rien.

— Il faut absolument que je voie ça.

Ce jour-là, Lala travailla d'arrache-pied. Et, le soir venu, je lui dis de monter la garde dans le potager, tandis que je retournais à l'intérieur de la maison pour parler avec le patron.

— Zelmaï, si je reste ici tout seul, je vais avoir peur...
— Écoute, voici ce que je te propose : on va s'attacher l'un à l'autre avec un fil, et si tu as peur tu n'auras qu'à tirer sur le fil et je viendrai te chercher.

Je m'en allai avec le filin attaché à ma ceinture.

Peu après, Lala entra dans la maison avec le fil roulé en pelote. Une fois à l'intérieur, il entreprit de servir à manger aux femmes en espérant que personne ne le remarquerait, mais M. Bismillah le surprit et le semonça vertement. Après quoi, il me convoqua :

— Zelmaï, ce garçon m'a dit que tu l'avais envoyé ici faire le service.

— Ce n'est pas vrai, répondis-je en m'efforçant de garder mon sérieux. Lala, je t'avais interdit de bouger du potager !

Une fois dehors, Lala et moi nous esclaffâmes :

— Alors, les filles, tu en penses quoi ?

— Elles sont bien roulées !

Voyage au Pakistan

Deux mois après le mariage de Samira, nous célébrâmes la fête de l'Aïd el-Kébir, ou Sacrifice de l'agneau. Trois jours durant on offre des cadeaux aux enfants, les gens se mettent sur leur trente et un tandis que parents et amis se réunissent pour tuer le mouton. Après quoi, on partage les morceaux avec les pauvres et les voisins les plus proches. C'est de loin la célébration préférée des gens de mon pays, et la plus importante, à l'égal de la Nativité chrétienne. Cependant, cette année-là, je n'avais pas le cœur à la fête et mon patron non plus. Je me rendis chez lui et le trouvai seul, en train de ruminer devant une tasse de thé. Voyant que je faisais une tête de six pieds de long, il me demanda :

— Zelmaï, qu'est-ce qui te rend si triste ?

— C'est de savoir Samira si loin, mon oncle.

— Je comprends, mon garçon, moi aussi elle me manque. Je pensais justement aller lui rendre visite avec mon fils cadet, Ahmed.

— Emmenez-moi avec vous ! m'écriai-je sans hésitation.

À ma mère, je dis simplement, en prenant l'air le plus détaché possible, que je ne rentrerais pas dormir à la maison pendant deux jours. J'étais tout excitée à l'idée de voyager ! Jamais je n'avais mis les pieds hors d'Afghanistan – et à peine hors de Kaboul. J'allais enfin voir à quoi ressemblait la ville frontalière de Peshawar, où s'étaient réfugiés des milliers de mes compatriotes, qui continuaient de vivre là-bas comme en Afghanistan, mais avec les libertés dont jouissaient les citoyens pakistanais... J'étais impatiente de voir Samira, mais aussi des vitrines pleines de nouveautés et des rues où les femmes pouvaient aller et venir en toute tranquillité ! De plus, je voulais savoir quelle route il fallait emprunter, au cas où ma famille et moi déciderions un jour de fuir.

Le problème de la valise fut vite résolu, car je ne possédais que deux tenues. Celle que je portais sur moi étant très sale et malodorante, je n'eus d'autre choix que d'enfiler la seconde, avec, par-dessus, mon unique veste grise au-dehors et jaune en dedans. Elle était vieille et râpée, mais je n'en avais pas d'autre pour me protéger du froid intense qui régnait alors et dissimuler ma poitrine naissante à la vue des curieux.

C'est ainsi que, sans hésiter, je me dirigeai d'un pas léger vers mon lieu de rendez-vous avec M. Bismillah et son fils Ahmed, âgé de deux ans. Le jour n'était pas encore levé, mais il régnait déjà une activité fébrile dans la gare routière. Ahmed chouinait parce qu'il voulait un chewing-gum, et moi j'avais de la peine pour les petits vendeurs des rues, qui étaient aussi pauvres que moi, mais désespérés et prêts à tout, y compris à mendier et à voler, pour ne pas mourir de faim.

Parmi le brouhaha ambiant, nous entendîmes une voix appeler le patron. C'était un jeune garçon en compagnie d'une femme en burqa.

— Oncle Bismillah ! Quelle chance de vous trouver ici ! J'allais accompagner ma mère à Peshawar pour qu'elle puisse voir sa sœur. Vous-même n'iriez pas là-bas, par hasard ? Si elle pouvait partir avec vous, cela m'épargnerait le trajet...

Et c'est ainsi que la femme, une parente éloignée de mon patron, se joignit à notre petit groupe. Si l'on nous demandait quelque chose, nous ferions semblant d'être une seule et même famille. À six heures du matin, l'autobus démarra.

Non seulement la route était défoncée par les bombes, mais il se mit à pleuvoir des cordes. Après un long moment passé à bringueballer entre les nids-de-poule, nous arrivâmes enfin au village de Surobi. Là se trouvaient quelques gargotes où il était possible de se restaurer ; un lieu étrange où les étals bordaient une sorte d'étang pareil à une oasis entourée de végétation au milieu de montagnes pelées et arides.

Je décidai de sauter le repas, n'ayant sur moi que quelques pièces que je voulais garder au cas où je trouvais quelque chose qui me fasse envie à Peshawar. Mon patron me proposa de m'inviter, mais ne voulant pas être une charge je lui dis que j'étais barbouillée et que je préférais me reposer. Pour tromper la faim, je m'amusai à lancer des pierres dans l'étang où des hommes à bord de canots pneumatiques tentaient d'attraper du poisson, sans grand succès. Résister aux délicieux effluves de brochettes, de ragoût et de riz aux pistaches, à la viande et aux raisins secs était un vrai supplice. Pour me consoler, je songeai qu'à notre arrivée Samira nous donnerait certainement à manger.

Quand nous atteignîmes la frontière, ma faim disparut d'un coup. Le bus n'allait pas plus loin et nous dûmes montrer nos passeports pour pouvoir accomplir le reste du chemin à pied jusqu'au Pakistan. Le problème est que ni la dame ni moi n'avions de papiers d'identité. Seul M. Bismillah fut autorisé à franchir la frontière avec son fils. Voyant la tristesse dans son regard, je lui fis un geste de la main pour le tranquilliser, mais mon cerveau travaillait à cent à l'heure. Il fallait que je trouve une solution. Pas question de faire marche arrière alors que je touchais au but !

Soudain, j'aperçus plusieurs garçons avec des charrettes à bras, qui transportaient les bagages des voyageurs afghans se rendant au Pakistan ou qui rentraient dans leur pays. Je tentai le tout pour le tout.

— Ma tante, auriez-vous vingt afghanis ?

La femme acquiesça.

— Dans ce cas, allons-y.

Je hélai un des porteurs qui, en échange de vingt afghanis, accepta de me prêter son tombereau, puis je dis à la femme de monter et de bien se cramponner, et sans perdre une seconde, je commençai à pousser la charrette en criant :

— Urgence ! Urgence ! Laissez passer !

Sans jeter un regard en arrière, je m'élançai sur le chemin des porteurs, sûre qu'aucun garde-frontière ne se risquerait à abandonner son poste pour me prendre en chasse. Et la chance nous sourit.

Quand nous rattrapâmes les autres, la mâchoire de M. Bismillah s'affaissa de stupeur, et la dame nous demanda d'aller lui chercher de l'eau pour se remettre de ses frayeurs.

L'après-midi, à cinq heures, nous arrivâmes à Peshawar à bord d'un autre bus. Ahmed s'était endormi sur les genoux de son père, les joues empoissées de jus de canne à sucre. Moi, en revanche, j'étais une vraie pile électrique. Je lançai des regards ébahis autour de moi : des femmes sans tchador, des posters de chanteurs afghans, des cassettes audio et vidéo ! C'était un rêve. J'abaissai la vitre autant que je le pus sans grelotter de froid, et laissai entrer ce qui m'avait tant manqué depuis cinq ans : la musique de la rue. J'étais folle de joie et ne cessais d'attirer l'attention de M. Bismillah qui souriait lui aussi de toutes ses dents. Je me mis à faire des calculs : est-ce que le peu d'argent que j'avais emporté me suffirait pour acheter une cassette que je me débrouillerais ensuite pour remporter avec moi incognito en Afghanistan ? J'aurais voulu tout acheter. Cette liberté, cette abondance m'enivraient.

Pour finir, nous nous séparâmes de la dame qui avait fait le voyage avec nous et nous présentâmes chez Samira juste au moment où elle était en train de faire sa prière du soir. Nous attendîmes quelques instants à l'extérieur, mais ensuite sa belle-mère ne laissa entrer que son père et Ahmed. Je mourais d'envie de la serrer dans mes bras, mais les parents de son mari, ne voyant en moi qu'un garçon qui n'était même pas membre de la famille, se méfiaient. Pour finir, Samira insista tellement, arguant qu'elle et moi avions grandi comme frère et sœur, que ses beaux-parents nous laissèrent échanger un bref salut – sans le moindre contact physique, naturellement. Mais je fus comblée, car Samira était resplendissante, ce qui signifiait que tout allait bien pour elle dans sa nouvelle famille.

Ensuite, on me fit entrer dans la salle des hommes où, peu après, on apporta des plateaux couverts de mets fumants et odorants. Les émotions du voyage m'avaient fait oublier la faim, mais brusquement je retrouvai l'appétit : il y avait plus de douze heures que je ne m'étais rien mis sous la dent ! Je partageai le plateau avec mon voisin, un garçon qui devait avoir quatre ou cinq ans de plus que moi. J'avais honte de mes manches crasseuses, mais je ne pouvais pas ôter ma veste sous peine de dévoiler le galbe de ma poitrine ; c'est pourquoi je m'efforçai de manger lentement – au lieu de me jeter sur les monceaux de viande et de riz que réclamait mon estomac affamé. Mais le garçon insistait pour que je me repaisse :

— Allons, ne sois pas timide ! Mange, mange donc !

Tant et si bien que je finis par me détendre et profiter de l'atmosphère joyeuse qui régnait dans ce foyer prospère. Quand on nous apporta le thé et les gâteaux, le garçon, qui était un cousin du mari de Samira et se prénommait Marouf, déclara :

— Ça tombe bien que vous soyez là ! Demain, c'est l'Aïd et nous allons abattre une vache et sortir distribuer la viande aux voisins. Comme ça, Zelmaï, tu pourras voir un peu à quoi ressemble Peshawar et en particulier notre quartier, qui est à cent pour cent afghan.

Je mourais d'envie d'aller me promener, et surtout d'écouter de la musique, mais c'était impossible dans cette maison, car le beau-père de Samira était un homme très pieux. Cependant, Marouf me glissa à l'oreille :

— Demain, quand mon oncle sera parti, je te montrerai mes cassettes !

Décidément, ce garçon et moi allions nous entendre comme larrons en foire.

Quand les femmes eurent débarrassé, nous nous étendîmes à même le sol pour dormir. La nuit fut agitée. Nous étions sept et les garçons n'arrêtaient pas de rire et de se moquer des deux plus vieux, qui ronflaient bruyamment. L'atmosphère décontractée me plaisait, mais je ressentis malgré tout un pincement au cœur à l'idée que ma propre famille avait perdu sa joie de vivre, peut-être pour toujours.

Le lendemain, peu après le lever du soleil, un autre garçon plus jeune arriva et lui, Marouf et moi sortîmes faire un tour en ville. Tous deux avaient émigré quand ils étaient enfants, et préparaient leur baccalauréat. C'était un autre monde. Ils parlaient de leurs études et de leurs camarades de classe, mais je ne les écoutais qu'à moitié, car mes cinq sens étaient absorbés par le spectacle qui s'offrait à moi. Tout ici me semblait familier et étranger : la ville ressemblait au Kaboul que j'avais connu dans mon enfance, avec des immeubles debout, des boutiques bien garnies et de la musique à chaque coin de rue. Je n'avais pas assez d'yeux pour tout voir et décider de ce que j'allais acheter avec les quelques afghanis dont je disposais. Pour finir, je découvris un roman sentimental, *Nashma de Chiraz*, qu'il me semblait avoir vu à la maison des années auparavant. Quand mon oncle le lisait à voix haute, ma mère s'offusquait, déclarant que c'était immoral, mais nous rions sous cape quand l'héroïne se rendait au hammam et que son bien-aimé soupirait : « Si seulement j'étais une savonnette ! »

Comme j'avais honte qu'ils me voient acheter un livre qui, de toute façon, ne parviendrait pas à franchir la frontière, je cherchai un objet tranchant avec lequel découper la doublure de ma veste pour y cacher le roman. Une vieille cuillère rouillée que je trouvai à terre fit l'affaire. J'étais aux anges quand j'allai rejoindre Marouf et l'autre garçon, qui se demandaient où j'étais passée.

Nous passâmes le jour de l'Aïd à flâner dans les rues en liesse. Les commerçants vantaient leur marchandise, et il y avait une fête foraine comme celle où m'emmenaient mes parents quand j'étais petite, et où les enfants s'amusaient avec des œufs durs peints comme c'était la coutume. Les gens se félicitaient les uns les autres avec un grand sourire : « *Aïd Moubarak Saïd !* » (« Joyeux Aïd et que Dieu te bénisse ! »), puis ils donnaient une ou deux roupies à leurs enfants pour qu'ils essaient de gagner une petite voiture ou une cassette à la tombola, tandis que les haut-parleurs déversaient de la musique à plein volume.

J'assistai au sacrifice de la vache par la belle-famille de Samira, signe d'aisance et de prospérité – car peu de foyers pouvaient se permettre de tuer un animal de cette taille –, après quoi j'aidai à la distribution de la viande aux voisins. Et le soir, je participai à un nouveau banquet composé de viande et de nombreux autres mets dont je n'avais pas vu la couleur depuis des années.

C'était comme un rêve, mais je ne pouvais malheureusement pas m'attarder : si je prolongeais mon séjour, ma mère se ferait du mauvais sang. De sorte que le lendemain du second jour, ayant pris congé de mes hôtes et de M. Bismillah et Ahmed, je me dirigeai vers la gare routière. Je m'étais juré d'absorber chaque détail des rues que nous allions emprunter jusqu'à la frontière, mais la fatigue eut raison de ma détermination et je ne tardai pas à sombrer dans le sommeil.

Je me réveillai quand nous arrivâmes aux portes de Torkham, la ville frontière. Celle-ci grouillait de taxis et de minibus, et de marchands ambulants proposant tout ce dont un voyageur peut avoir besoin. Au-delà, en guise de bienvenue au pays, une brigade de talibans fouillait les bagages, détruisant méthodiquement tout ce qui leur semblait immoral, comme les cassettes de musique qu'ils fracassaient pour les rendre inutilisables.

À l'instar des drapeaux blancs, symboles de la domination talibane, les bandes magnétiques arrachées aux cassettes ondoyaient dans le vent. Chaque fois que l'occasion se présentait, je les ramassais. Pelotes de rubans bruns, cassettes brisées… je les glissais furtivement dans ma poche et, une fois rentrée chez moi, je me livrais à une minutieuse reconstitution pour tenter de sauver ce qui pouvait l'être. Avec le vernis à ongles de mes sœurs, je recollais les quelques centimètres de ruban encore utilisables, puis je les enroulais patiemment à l'intérieur d'une cassette à peu près entière, avant de les introduire dans mon vieil appareil Toshiba. J'enfonçais alors la touche *play* d'une main fébrile. Le résultat était, invariablement, une suite de mélodies hachées, mélange de chansons romantiques et de rythmes stridents, ponctués de « crac, crac », quand la tête de lecture passait sur les raccords et que j'étais obligée de faire avancer la bande avec le doigt. C'était malgré tout de la musique, et la musique, c'était la liberté.

Nous étions nombreux à Kaboul à vouloir écouter de la musique à n'importe quel prix. Ainsi, j'avais acheté mon vieux Toshiba chez un revendeur clandestin très connu en ville. La majorité des appareils d'occasion étant des rescapés des contrôles talibans, il fallait les retaper avant de les remettre en circulation. Les gens les ayant enterrés pour les cacher, la plupart étaient remplis de sable. En l'absence de pièces de rechange, il fallait faire preuve d'ingéniosité : si un appareil fonctionnait mais qu'une partie de la coque était cassée, on la recouvrait avec une housse fabriquée avec les moyens du bord. Ainsi, pour le même prix, nous avions des radiocassettes personnalisées. « Customisées », en quelque sorte.

J'eus de la chance le jour où je rentrai du Pakistan. On ne trouva pas le roman caché dans ma doublure, et je parvins à récupérer deux ou trois cassettes exploitables. Tandis que j'attendais le bus qui devait me ramener à la maison, j'entendis un bruit de verre brisé, puis les lamentations d'une femme que son compagnon agrippait par le bras pour l'entraîner rapidement au loin. C'était une bouteille d'huile parfumée. Sans y réfléchir à deux fois, je m'en aspergeai copieusement, manquant presque glisser dans la flaque qui s'était formée par terre. N'ayant jamais mis de parfum, j'étais aux anges, d'autant que cela me permettrait de cacher l'odeur âcre de ma transpiration. Mais je ne tardai pas à comprendre que c'était une mauvaise idée. D'une part parce que l'huile attirait la poussière, et que je me retrouvai encore plus sale qu'avant, et d'autre part parce que, dès que je montai dans l'autobus, quelqu'un s'écria :

— Pfiou, ça empeste le parfum de femme, ici !

Mon cauchemar : je risquais d'être démasquée !
Quand l'autobus fit une halte, je cherchai une fontaine pour essayer de me laver. En vain : l'huile résistait obstinément à l'eau. La seule solution était de m'acheter un autre vêtement. C'est pourquoi je décidai de me rendre à Jalalabad, que je connaissais bien pour avoir séjourné dans le camp de réfugiés, et où je savais comment me procurer des habits pas chers. Ce ne fut pas facile : le chauffeur du car insista pour que je paie le trajet jusqu'à Kaboul, et moi je ne voulais payer que pour le trajet effectué. Pour finir, je ne lui laissai que la moitié du prix du billet et me sauvai en courant. Pourquoi tout était-il si compliqué ?

Pour me calmer et retrouver ma bonne humeur, je gagnai le marché aux oiseaux. Je passai un moment à admirer les perroquets qui criaient dans leurs cages : « Salam ! Salam ! Tu as un gros nez ! », et sans m'en rendre compte je me mis en retard. Il fallait que je trouve des vêtements de rechange et un bus pour rentrer au plus vite.

Pour finir, je me mis en route à la nuit tombée, et d'une façon très risquée : afin d'économiser le prix du billet, je demandai au chauffeur de me laisser voyager sur le toit du bus. Tout d'abord il refusa, parce que c'était trop dangereux, puis il finit par accepter.

Il faisait nuit noire quand nous arrivâmes à Kaboul. J'étais transie de froid et de peur après avoir résisté aux secousses, qui à tout moment menaçaient de me faire chuter sur la route. Les autobus avaient fini leur service et je ne voulais pas payer un taxi pour rentrer chez moi, de sorte que je me mis à courir. Mes souliers en plastique s'enfonçaient dans la glaise, mais je ne voulais pas m'arrêter. Alors que j'avais presque atteint la maison, les chiens de nos voisins se lancèrent à ma poursuite en aboyant. Je leur jetai des pierres, comme me l'avait appris ma mère, et ils me laissèrent tranquille.

J'étais d'une saleté repoussante et complètement débraillée quand je franchis le seuil. Après m'être lavée avec l'eau de la vaisselle – qu'on réutilisait autant de fois qu'on le pouvait –, je racontai mes aventures à ma mère : la joie, les banquets et l'abondance de Peshawar. Tout cela me semblait déjà si loin, irréel.

Malgré une furieuse envie de dormir, je pris le temps de rafistoler les bandes magnétiques glanées à la frontière, témoins de mon premier voyage à l'étranger.

Mollah Zelmaï

Certains bruits associés à mon enfance s'immisçaient dans mes cauchemars. Ainsi le sifflement des bombes qui explosaient nuit et jour durant la guerre civile. Quand je les entendais, une douleur lancinante me traversait tout le corps, tandis qu'une peur panique, paralysante s'emparait de moi. Plus tard, à l'époque des talibans, vinrent s'ajouter les gémissements terrifiants des voleurs à qui l'on coupait les mains, généralement en place publique ou dans des stades désaffectés, à l'issue d'une parodie de jugement. Ces châtiments étant censés avoir une valeur éducative : si le public venait à manquer, il était réquisitionné d'office. Tels des chiens en meute, les talibans sortaient chasser leurs proies, et celui qui avait le malheur de passer par là, le vendredi soir après la prière, n'avait d'autre choix que de les suivre. Ils nous menaçaient à l'aide de bâtons, comme on mène les moutons à l'abattoir. Ce jour-là, ils mutilaient un inconnu, mais ç'aurait pu être n'importe lequel d'entre nous. Mon cœur battait furieusement dans ma poitrine lorsqu'on amenait les malheureux condamnés, livides et implorant grâce, au centre de la place. Mais les talibans, soldats de Dieu autoproclamés, appliquaient sans état d'âme la loi du talion. Après avoir récité un passage du Coran, et une fois la sentence prononcée, des médecins encapuchonnés et munis de grands couteaux aiguisés coupaient les mains des condamnés. Les mains étaient ensuite suspendues aux fils électriques pour que personne n'oublie ce qu'il en coûtait de défier la loi. Quand je passais à bicyclette et voyais ces restes de membres à demi pourris, je frémissais d'horreur, et me mettais à pédaler de toutes mes forces sans toutefois parvenir à oublier les plaintes déchirantes des victimes.

J'étais très en colère contre Dieu. Comment Allah, qui occupait une place aussi importante dans nos vies, pouvait-il tolérer tant d'injustice et de cruauté ? Si les talibans appliquaient effectivement la loi divine, alors plutôt renoncer à la religion.

Sauf que c'était impensable, surtout à l'époque. Tous les garçons étaient obligés de suivre des cours de religion à la mosquée dans ce qui tenait alors lieu d'école. La majorité d'entre eux en ressortaient aussi incultes qu'ils y étaient entrés. Tout au plus avaient-ils appris à déchiffrer quelques passages du Coran, sans comprendre leur signification et sans se poser de questions. Mais moi, je voulais apprendre et aller plus loin.

Le premier jour de classe, je crus que je n'y parviendrais pas. Quand j'entrai dans la salle, je vis une foule de garçons répartis par tranches d'âge (ou tout au moins par ordre de taille), et assis bien sagement. Tous lisaient le Coran ouvert devant eux en se balançant d'avant en arrière. L'effet général était celui d'un bourdonnement incessant. On se serait cru dans une ruche, le mollah trônant, telle la reine des abeilles, face à ses ouvrières bien disciplinées.

Je ne savais rien de rien. Ma mère, quoique très pieuse, n'avait jamais trouvé le temps de m'enseigner la religion. Sans compter que j'étais censée être un garçon – un territoire qui lui était interdit. Je n'eus donc d'autre choix que de demander au mollah de m'apprendre à devenir un bon musulman. Je commençai par l'observer pendant plusieurs jours afin de m'assurer qu'il était digne de confiance. J'étudiai ses manières, son aspect. C'était un vieil homme affublé d'une longue barbe blanche et toujours vêtu de blanc. Jamais il ne grondait ou ne frappait quiconque. Il parlait peu et semblait affable. Pour finir, je me décidai à l'approcher, même si j'avais remarqué que, d'ordinaire, seuls les plus grands avaient ce privilège.

Il avait les yeux fermés, comme s'il était en train de dormir, c'est pourquoi je lui dis tout doucement :

— Maître… Monsieur le mollah, s'il vous plaît, j'ai une requête. Quelle prière dois-je réciter quand je fais ma toilette ?

Quand il ouvrit les yeux, je fus surprise par leur éclat, bien qu'ils ne fussent pas soulignés de khôl comme c'était la coutume parmi les religieux. Il me sourit gentiment et son visage s'illumina. Je me rendis compte que j'avais eu de la chance. Bien qu'appartenant à la vieille école, il n'était pas borné. Érudit et bienveillant, au lieu de se fâcher – comme je l'avais craint – il mit un point d'honneur à répondre à mes questions. Patiemment, il m'enseigna les rites en me reprenant quand j'apprenais des sourates du Coran. Il prit également la peine de traduire pour moi de nombreux passages de l'arabe au dari, ma langue maternelle. C'est ainsi que, comme je l'avais supposé, je découvris que Dieu n'ordonnait pas que les femmes qui marchaient dans la rue sans être accompagnées soient battues, qu'il n'interdisait pas les cerfs-volants, le rire ou les chansons, qu'il ne prônait pas la violence... J'en vins à me dire que ceux qui disaient le contraire étaient soit des ignorants, soit de mauvaises personnes.

Et je fis la paix avec Dieu.

J'aimais étudier le Coran et je ne manquais jamais de me rendre à la mosquée, avant le lever du soleil, pour m'entretenir avec le mollah. Je devins l'un de ses élèves préférés. À tel point que son assistant en vint à me jalouser. Il craignait de perdre ses privilèges à mon profit : un lieu où dormir, en plus de la nourriture que les fidèles apportaient à la mosquée. Il me fallut beaucoup de temps pour le convaincre que je ne cherchais pas à lui ravir son poste. Je voulais juste apprendre, m'imprégner de la belle voix grave du mollah qui me donnait espoir...

Un jour que j'étais sortie acheter à manger, j'entendis une voix d'enfant crier :

— Mollah Zelmaï, mollah Zelmaï !

Je songeai en moi-même : « C'est curieux, je ne connais pas ce mollah qui porte le même nom que moi. » Je n'eus pas le temps de me retourner qu'une main se posa sur mon épaule. C'était le fils du marchand qui venait de me vendre des lentilles pour le dîner :

— Mollah Zelmaï, tu as oublié ta monnaie, me dit-il en me tendant des pièces.

— Oh... merci, balbutiai-je.

Mollah ? Moi ? Le lendemain, je racontai mon aventure au mollah en riant, mais lui ne rit pas.

— Tout le monde sait que tu es très pieux et que tu as ma confiance. De plus, tu connais mieux le Coran que la plupart de tes camarades, Zelmaï. Veux-tu me donner un coup de main aujourd'hui ? J'aimerais que tu sois là quand je dirigerai la prière du matin. J'ai mal aux genoux et je ne pense pas pouvoir faire toutes les prosternations. Tu les feras à ma place.

Je m'acquittai du mieux que je le pouvais de ma tâche. J'étais très émue de me trouver là, devant tous ces hommes, et aux côtés du mollah. Pendant tout le temps que dura la prière, je m'efforçai de garder une contenance digne.

Plus tard, il alla même jusqu'à me confier la clé de la mosquée. Cependant, il arriva un jour où cette marque de confiance eut de fâcheuses conséquences. Alors que je me trouvais dans la mosquée en train de lire le Coran, je vis deux talibans s'approcher du mollah. Sans relever les yeux de mon livre, et sans cesser de murmurer, je tendis l'oreille.

— Mollah, as-tu fini de dresser la liste des hommes du quartier ?

— Oui, je l'ai ici.

— Dans ce cas, dis à ton assistant de les faire tous entrer pour la prière du matin.

— Mon assistant a plus de quatre-vingt-dix ans, je ne crois pas qu'il puisse pourchasser quelqu'un...
— Mais tu as bien des assistants, non ?
— Oui, j'en ai, répondit le mollah avec une lenteur qui ne lui était pas coutumière, comme s'il cherchait à gagner du temps, ou à mettre ses interlocuteurs sur les nerfs.
— Eh bien, appelle-les, dépêche-toi !
— Entendu... Zelmaï ! Hawad ! Siddig !

Je levai les yeux, feignant la surprise. Les trois hommes m'observaient, ainsi que les autres garçons.
— Venez !

Je marquai ma page et me levai. Quand je m'approchai, un des talibans me mit un bâton entre les mains, puis il fit de même avec mes compagnons.
— Allez chercher tous les hommes et les garçons du quartier, et donnez un bon coup de bâton sur les cuisses à ceux qui ne veulent pas vous suivre. Nous allons vous accompagner pour que personne ne vous tienne tête.

Je regardai le mollah, cherchant son approbation, et vis qu'il gardait les yeux baissés, comme si cet ordre le mettait mal à l'aise.

C'est ainsi que je me retrouvai à prêter main-forte à la police religieuse. Le gourdin à la main, et investie d'une mission sacrée, je pus sentir ce que le titre de Serviteur officiel de Dieu, du Bien, et le pouvoir qui va avec ont d'enivrant. Dans ces moments-là, je ne craignais plus les talibans, et les gens n'osaient pas se moquer de moi parce que j'étais pauvre ou défigurée. Je voulais croire que je faisais le bien, mais surtout j'aimais sentir que tout le monde me respectait. Pour une fois, la peur avait changé de camp. J'allai même jusqu'à me venger avec un bon coup de bâton sur les mollets des garçons qui s'étaient moqués de moi. Et je n'avais plus honte de me retourner quand on m'appelait « mollah Zelmaï ».

Bien sûr, ce n'était pas là ce que j'aimais en Allah. J'avais recherché un Dieu de paix, d'amour et de justice, et je m'étais laissée séduire par ce qui salissait son image. Je faisais partie de ceux qui usaient de la force pour imposer la religion. Les musulmans vaniteux, despotiques et violents. Je refusais de l'admettre, mais j'étais à nouveau perdue.

Ce fut Khalil, le frère de mon patron, qui m'ouvrit les yeux. Khalil faisait partie d'une confrérie soufie, une branche mystique de l'islam qui, bien que n'étant pas du goût des talibans — les soufis échappant à leur contrôle en cherchant le contact direct avec Dieu —, était tolérée dans la mesure où ils la considéraient comme pure.

Amid, le fils de mon patron, m'expliquait de temps à autre certaines choses au sujet des soufis, et nous riions ensemble de leurs étranges pratiques. Amid imitait les sons gutturaux qu'ils produisaient lors de leurs cérémonies.

— Gnnn ! Gnnn ! Gnnn ! On dirait qu'ils s'étranglent !

Amid n'était pas quelqu'un que j'estimais, mais sur cette question j'étais d'accord avec lui. Je me méfiais de ces hommes qui passaient des heures à accomplir des rites aussi bizarres.

Un matin tôt, M. Khalil en personne me parla du soufisme. C'était l'été et il m'avait embauchée pour surveiller l'immense récolte de blé qu'il venait de moissonner. Il craignait les voleurs et avait besoin de quelqu'un pour monter la garde toute la nuit. C'était une tâche bien payée mais risquée, car la moindre étincelle pouvait mettre le feu à la grange, de sorte qu'il n'avait trouvé personne pour s'en charger. Dans ces cas-là, il savait qu'il pouvait compter sur moi. Le coût de la vie avait considérablement augmenté depuis la fin de la guerre et, comme j'avais besoin d'arrondir mes fins de mois pour pouvoir nourrir ma famille, je ne disais jamais non à un travail payé en nature : un sac de blé, un bidon d'huile, un paquet de sucre ou un peu de viande séchée de mouton ou de veau. Heureusement que nous n'avions pas d'invités à la maison, sans quoi nous aurions dû nous priver du peu qui nous permettait de tenir.

Cette nuit-là, tout était tranquille et, malgré le manque de sommeil, je n'étais pas mécontente de me trouver à l'air libre à l'heure où la température commence à diminuer et la terre à se reposer. Il ne faisait ni chaud ni froid, et pour passer le temps je contemplais les étoiles dans le ciel limpide de juillet. C'est alors que je vis M. Khalil s'approcher. Je me mis aussitôt sur mes gardes. Que me voulait-il à une heure pareille ? Je passai mentalement en revue toutes les mauvaises raisons qu'il pouvait avoir de venir me voir en pleine nuit : avait-il découvert que j'étais une fille et voulait-il me faire chanter ? Avait-il une préférence pour les garçons et escomptait-il abuser de moi... ? J'étais tellement nerveuse que, après l'avoir salué aussi poliment que je le pouvais, je lui dis que je devais prier et lui demandai de m'excuser.

Les mains tremblantes, j'étalai mon *patou* sur le sol, à quelques mètres de Khalil, et me prosternai. Je fis semblant tout au moins, car je ne cessais de penser : « Que me veut cet homme ? Que dois-je faire s'il cherche à m'agresser ? »
Cependant ses intentions envers moi n'avaient rien de malhonnête.

— Zelmaï, tu es un garçon très spécial. Tu m'as dit que tu étais le plus jeune de quatre frères mais que tu devais malgré tout travailler pour aider ta famille. Tu es vraiment quelqu'un de très pieux, qui prie et observe le ramadan sans que personne ne t'y oblige. J'ai remarqué que, même en période de jeûne, tu travailles d'arrache-pied et tu es capable de rester éveillé la nuit…

Je l'écoutais… Où voulait-il en venir ?

— J'ai parlé de toi au maître de ma secte, la *tariqa*. Et il m'a dit qu'il aimerait te rencontrer, parce qu'il pense que tu es touché par la grâce de Dieu, un *baraqat*. C'est pour cette raison que tu peux manger et dormir peu et travailler beaucoup. Tu accomplis des miracles, grâce à Dieu.

Je me souvins que Khalil me vouait un respect proche de la vénération.

— Viens donc un jour à la *tariqa*, s'il te plaît. Et si tu as besoin de quoi que ce soit, n'hésite pas à venir me voir.

— Je n'ai besoin de rien, répondis-je du ton bourru qui m'était coutumier.

— Oui, bien sûr. Tu n'as besoin de rien dès lors que tu es le protégé de Dieu, mais je veux que tu saches que tu peux compter sur moi. Je n'ai pas d'enfants...

M. Khalil se mit à pleurer d'émotion. Je pleurai moi aussi, et il songea sans doute que ses paroles m'avaient bouleversée. Mais non : je n'avais pas du tout l'impression d'être touchée par la grâce de Dieu. Je n'étais qu'une fille de quatorze ans qui avait une envie furieuse de dormir.

La maison aux bougies

À partir de ce jour, M. Khalil se mit à me saluer avec une déférence qui aurait pu donner à croire que lui et moi partagions un secret. Il n'en fallut pas davantage pour susciter la curiosité de mes compagnons de travail, et me placer dans une situation inconfortable. Je n'avais aucune envie d'attirer l'attention sur moi, ni qu'on me prenne pour un saint, et encore moins d'aller faire la connaissance du maître de la *tariqa*. Mais le destin en décida autrement et, peu de temps après, au sortir de la mosquée, je croisai un vieux camarade de corvée, qui, ravi de me revoir, m'invita à participer à une assemblée de sa *tariqa*. Après m'être assurée qu'il ne s'agissait pas de la même confrérie que celle de Khalil, j'acceptai.

Le vendredi matin, je me rendis à l'adresse que m'avait indiquée mon ami. Située dans le centre, la bâtisse en pisé semblait avoir été épargnée par les bombardements. Je frappai et un homme édenté et au visage ridé vint m'ouvrir.

— Bonjour, monsieur. Je suis Zelmaï, un ami de Massoud.

— Sois le bienvenu, Zelmaï, entre, je te prie.

L'homme me toucha légèrement l'épaule de sa main osseuse et me mena jusqu'à une salle aux fenêtres masquées par d'épais rideaux rouges. Quand mes yeux se furent accoutumés à la pénombre, je vis qu'il s'agissait d'une pièce de dimensions modestes, dotée d'un plafond à poutres et garnie de tapis qui avaient perdu leur lustre depuis belle lurette. Les murs étaient décorés d'affiches et de textes religieux, et une odeur suave de bougies fraîchement éteintes flottait dans l'air. J'eus envie de tremper mes doigts dans la cire tiède, mais je n'en eus pas le temps, car les quatre hommes qui se trouvaient là se levèrent du tapis pour me saluer, le sourire aux lèvres. Je ne connaissais que Massoud, le plus jeune du groupe, mais cela n'empêcha pas les autres de m'accueillir avec effusion, comme si nous nous connaissions depuis toujours. L'un après l'autre, ils me prirent les mains et me remercièrent d'être venue. Étant habituée à la rudesse des mœurs campagnardes, une telle gentillesse me fit chaud au cœur, et j'eus l'impression d'entrer dans un autre monde où, d'emblée, je me sentis à mon aise. J'eus honte à la pensée qu'Amid et moi nous étions moqués des *tariqa* en décrétant que les soufis étaient une bande de fous. Jamais je ne m'étais sentie aussi bien qu'en ce lieu.

Après les présentations, ils m'invitèrent à m'asseoir en cercle avec eux tandis qu'ils racontaient les visions qu'ils avaient eues pendant la nuit. Ils s'étaient réunis à minuit et avaient commencé à scander leurs prières en cadence, sans s'arrêter, comme s'ils récitaient des mantras, et au bout d'un moment ils avaient atteint un état mental qui leur procurait des sensations très particulières. Au lever du jour, et après avoir déjeuné pour reprendre des forces, ils se contaient leurs expériences : celui-ci avait vu un homme entièrement vêtu de blanc, qui irradiait la paix, cet autre était bouleversé de s'être vu couvert de sang... Le maître de la confrérie – celui qui m'avait ouvert la porte – interprétait chaque rêve et en donnait la signification. Certains racontaient des choses vraiment stupéfiantes, mais personne ne riait : chacun écoutait parler les autres avec une grande déférence, et semblait apaisé lorsque le maître lui livrait ses commentaires.

Je voulais moi aussi vivre une expérience spirituelle intense, et sentir que je faisais partie de cette confrérie, ne serait-ce qu'une fois. C'est pourquoi je demandai au maître de me laisser venir le jeudi soir suivant. Il m'expliqua qu'en principe les enfants devaient être accompagnés par leur père ou leur grand-père, et qu'ils n'étaient de toute façon pas autorisés à passer toute la nuit à prier avec les autres. Il me recommanda donc de me coucher de bonne heure ce soir-là et de me présenter à la réunion du lendemain vers quatre ou cinq heures du matin.

Laissons parler nos cœurs

Ma mère sursauta quand elle m'entendit me lever à deux heures et demie du matin.
— Maman... tout va bien, lui murmurai-je. Il faut juste que j'aille travailler plus tôt que d'habitude. Je serai de retour à l'heure habituelle.
— Mais...
Je ne voulais pas lui dire où je me rendais, de crainte qu'elle ne s'y oppose. J'avais moi-même des doutes, car même si les membres de la confrérie avaient l'air de braves gens, leurs rituels me semblaient étranges. Bien que très ancien, le mouvement soufi pouvait paraître effrayant à des personnes comme moi, pour qui le monde était divisé entre le bien et le mal, le religieux et l'impie, l'ordre et le chaos. Pour nous, tout était blanc ou noir, et tout ce qui se situait en dehors de ces limites bien définies nous faisait peur. Nous craignions de pécher ou de commettre un délit, et avions peur du châtiment divin autant qu'humain, ce qui bien souvent revenait au même. À la confrérie, j'avais entendu parler de la communion directe avec Dieu, d'expériences intenses, de paix et d'amour. Il n'y avait pas eu de textes à apprendre par cœur ni

de coups de bâton ou de regards furieux. C'était une invitation à vivre l'expérience spirituelle librement, une notion qui me procurait à la fois émotion et vertige.

Désertes à cette heure matinale, les rues détruites de Kaboul offraient une vision fantasmagorique. Cependant j'étais habituée depuis longtemps au spectacle de la désolation, et ce jour-là je n'aspirais qu'à une chose : vivre une expérience qui allait peut-être changer ma vie. Je désirais me trouver à nouveau en harmonie avec le monde, avec moi-même. J'avais une dette envers Dieu et j'espérais que cette *tariqa* m'aiderait à me rapprocher de lui.

Ce fut le maître en personne qui m'ouvrit, comme la semaine précédente. Cette fois, il me sourit, mais sans proférer un mot, tandis qu'il me faisait entrer. À mesure que nous nous approchions de la salle de réunion, le son grave et rythmique de la prière des hommes nous parvenait. C'était un son guttural, intense, et j'eus l'impression de pénétrer dans un sanctuaire très ancien. Le groupe, assis à même le sol et les yeux fermés, récitait sans relâche son étrange mantra. À chaque « mmm », les hommes se penchaient en avant en expirant avec force par les narines. Je passais à côté d'eux sans faire de bruit, de crainte de les déranger. Ils semblaient très loin du monde, perdus en eux-mêmes.

Le maître me fit signe de le suivre jusqu'à un recoin. Nous nous assîmes face à face, l'air grave. Au bout de quelques minutes, il me dit :

— Zelmaï, merci d'être venu. Pourquoi es-tu là ? Que cherches-tu ?

— Je voudrais me rapprocher de Dieu.

— Ce n'est pas facile, et je ne crois pas que tu en sois capable.

— Si, je suis sûr que j'y arriverai.

— Mais c'est très, très difficile.

— J'y arriverai.

— Je ne suis pas quelqu'un d'important. Je ne peux que te parler de mon expérience. Dis-moi ce que tu veux.

— Je veux être quelqu'un de bon ! Je ne veux plus me mettre en colère et maltraiter les autres. Je veux cesser de crier sur mes sœurs, de tout leur interdire, de faire souffrir ma mère, de faire du mal à tout le monde.

— Concentre-toi et ferme les yeux. Tu peux entrer en communion avec Dieu et lui demander ce que tu veux. Dieu est avec toi, et il est partout.

Le maître m'expliqua que, pour parvenir à communier avec Dieu, je devais répéter sans cesse : « Dieu est unique, Dieu est unique, Dieu est unique... »

— Mais pas avec la bouche : avec le cœur. C'est pour cela qu'on n'entend pas les paroles, juste le son qui sort de l'intérieur.

Cette répétition incessante, d'après lui, nous aidait à nous libérer momentanément du monde matériel et des préoccupations quotidiennes pour aller plus loin, vers le spirituel. Exactement ce dont j'avais besoin.

Au début, j'eus du mal à me concentrer. J'avais peur de ne pas faire les choses correctement et de perdre le rythme, mais au bout d'un moment, la récitation commença à sortir d'elle-même, et je cessai de penser. Ce fut comme d'entrer dans un rêve léger : j'entendais les psalmodies des autres, mais j'oubliai leur présence et la mienne, et j'eus l'impression que mon âme se mettait à flotter doucement. Ce murmure hypnotique, apaisant, fonctionnait.

Plus tard, quand je ressortis de la maison en pisé que les bombes avaient épargnée, j'avais trouvé la paix intérieure.

Les quatre-vingt-dix-neuf noms de Dieu

À l'extérieur, cependant, régnait toujours la même hostilité, et la sérénité que je ressentais ne dura pas. La semaine suivante, démoralisée, j'allais trouver le maître.

— Je suis méchant, maître. Les gens ne me comprennent pas, ils me traitent mal, et quand ils me cherchent des noises je n'arrive pas à me contrôler et je les agresse. Je les insulte, leur lance des pierres...

— Dieu nous interdit de faire le mal. Il faut répondre par le bien. Et, quand ton sang se met à bouillir, souviens-toi que c'est la faute du démon. Pense à Dieu et contrôle-toi. Pour cela, tu répéteras l'un des nombreux noms de Dieu.

Selon l'islam, Dieu a quatre-vingt-dix-neuf noms. Chacun étant un attribut : le Clément, le Miséricordieux, le Pacificateur, l'Indulgent, le Juste, le Sage, l'Aimant... Le maître me conseilla de choisir celui qui s'accordait le mieux à chaque situation et de le répéter avec conviction, afin que Dieu me donne la force nécessaire :

— Zelmaï, si tu souffres parce que tu es très pauvre, ne laisse pas le démon te pousser à envier les autres. Pense à Al-gani, *le Riche*, et tu te sentiras mieux. Quand tu te sens faible, songe à Al-qabi, *le Fort*. Et si tu as le sentiment que les autres se comportent égoïstement, prononce Arrhamon, *le Généreux*.

Avec tous ces noms, je me fabriquai une sorte de remède, que j'avalais comme un sirop pour parer le coup lorsque quelqu'un me rabaissait. Je laissais le nom de Dieu se répandre dans ma bouche, jusqu'à ce que la rage et le désespoir soient passés.

Après ce premier maître, j'en eus d'autres, dans d'autres confréries moins mystiques. Toutes avaient en commun d'être des lieux où chacun était bienvenu et respecté, où l'on croyait en un Dieu d'amour qui prônait la paix. Je fis la connaissance de sages et je me sentis acceptée, même si la plupart des fidèles étaient des gens aisés et que j'étais vêtue comme un misérable tâcheron.

De temps à autre, je m'autorisais à laisser de côté mes préoccupations religieuses et mes responsabilités de chef de famille, et je faisais ce que bon me semblait, comme tous les adolescents. Le vendredi, je jouais avec les colombes que nous élevions à la maison, ou je sortais me promener avec mes amis. Nous aimions bien faire des blagues ensemble, et parfois même nous sortions nos cerfs-volants, sans que les mollahs qui contrôlaient le quartier y trouvent à redire. Leurs enfants à eux aussi aimaient y jouer, et puis nous étions loin du centre... Bien sûr, nos jeux n'avaient rien à voir avec les compétitions que l'on organisait jadis, avec des cerfs-volants perfectionnés, en présence de tout le quartier, mais c'était malgré tout des cerfs-volants et nous étions heureux.

Al-gafur, *celui qui pardonne tout.*

Quatre kilos de yaourt

C'est la toute première phrase que j'écrivis, à ma grande satisfaction. En principe, j'aurais dû commencer par apprendre à écrire des mots simples, comme « maman » ou « papa », ou même mon nom, comme le font les petits enfants qui apprennent à écrire. Cependant, à quinze ans révolus, je n'étais plus une petite fille. J'avais déjà un corps de femme.

En Afghanistan, les trois quarts de la population sont analphabètes. Ma mère, qui n'avait jamais appris à lire ou à écrire, faisait partie de cette écrasante majorité. Elle traitait les livres de mon père comme les bibelots qui ornaient les étagères, sans qu'ils éveillent sa curiosité. Ma mère faisait également partie d'une vaste majorité de personnes qui considèrent qu'il ne sert à rien d'étudier quand on est une femme. En Afghanistan, les ménagères ne sortent pas de chez elles, pas même pour aller faire les courses, prérogative traditionnellement masculine, et n'ont donc pas besoin de savoir lire les étiquettes, de comparer les prix, et encore moins d'apprendre un métier, étant donné qu'elles ne travailleront jamais à l'extérieur du foyer. Pour faire la cuisine et élever les enfants, les conseils des mères, sœurs et belles-mères suffisent. Quant aux autres qualités requises – être soumise et toujours bien disposée envers son époux, gérer efficacement sa maisonnée tout en restant invisible pour le reste du monde –, elles ne nécessitent pas l'obtention d'un diplôme. Comme dit ma mère : « Si on te dit que le lait est noir, c'est ainsi et il ne faut pas chercher à discuter. »

Chez nous, il allait de soi que Zelmaï devait s'instruire, et mon père mettait toute son énergie à combattre la paresse naturelle de mon frère. Quant à moi, on m'envoya à l'école par facilité, parce que mon frère y allait, mais j'en tirai malgré tout un grand bénéfice. Même ma mère s'enthousiasma pour l'étude et essaya de me donner un coup de main, quoique sans succès malgré sa bonne volonté, ce qui lui valait des railleries de la part de mon père.

Cette première étape scolaire ne dura pas. La guerre y mit fin, mais elle me suffit pour découvrir que j'aimais apprendre et que je le faisais avec facilité. Et puis, à mesure que je grandissais, je comprenais que l'instruction, plus qu'un plaisir, était une nécessité. En tant que garçon, et surtout en tant que femme qui aspirait à la liberté, il fallait que j'étudie à tout prix. Et si possible que j'aille un jour à l'université. Mon père disait souvent que l'ignorance était la cause de tous les maux et des guerres. Et moi, j'ajoutais : de la marginalisation et de la duperie.

Toujours est-il que, pendant des années, l'école fut pour moi un rêve inaccessible. Quand je voyais quelqu'un écrire, j'étais en admiration. Quelle chance de savoir se servir d'un stylo !

Je me sentais ignorante, même parmi la demi-douzaine de gamins qui couraient jouer dans les champs au sortir de la madrassa, l'école religieuse, la seule autorisée par les talibans. Ils m'appelaient « Commandant », et je faisais tout pour leur en imposer, même si, au fond de moi, je les enviais de pouvoir étudier, fût-ce sous la férule de mollahs bornés... Sitôt de retour aux champs, ils ôtaient leur turban, blanc ou noir, qu'ils devaient porter à l'école coranique, et parfois même, le vendredi, ils s'en servaient comme de baluchons pour transporter les dattes que je faisais tomber à terre depuis la cime du palmier.

J'aimais leur demander ce qu'ils avaient étudié ce jour-là, et ils me récitaient les prières qu'ils avaient apprises par cœur, ou ils me lisaient les devoirs qu'on leur avait donnés à faire. Je les écoutais avec beaucoup de sérieux, comme si je leur faisais passer un examen, mais, intérieurement, j'étais mortifiée. Tous se plaignaient de devoir aller à l'école et m'enviaient de passer mon temps à la ferme, alors que j'eusse mille fois préféré être à leur place. Je menais une vie très dure et parfois je ne savais pas comment venir à bout des problèmes sans recourir à la violence. C'est pourquoi ces enfants, mes compagnons de jeu, m'avaient affublée d'un autre surnom : « le garçon fou ».

Un jour, Amid me dit que son cousin, arrivé de Kaboul, savait écrire le nom des gens en anglais. J'en fus toute bouleversée et, quand le garçon vint à la ferme, je le saluai avec beaucoup de respect et lui demandai d'écrire mon nom en anglais : « Zel-maï. »

Me voyant les mains vides, le garçon s'écria :

— Tu n'as ni papier ni stylo ! Comment veux-tu que je fasse ?

— Tu pourrais l'écrire par terre en te servant d'un caillou ? Et moi je le recopierai sur un bout de papier.

J'encerclai ensuite avec des pierres le mot qu'il avait tracé pour le protéger… mais plus tard, quand je revins avec un stylo et une feuille de papier, quelqu'un l'avait piétiné.

Marouf

C'est un membre de la famille de M. Bismillah qui me mit sur la voie des études : Marouf, le garçon dont j'avais fait la connaissance au Pakistan. Lui et moi vivions dans deux mondes séparés : sa famille avait de l'argent, il avait grandi et étudié au Pakistan. Pour autant, ces différences ne nous empêchèrent pas de sympathiser et de devenir amis. J'étais fière que quelqu'un comme lui, qui avait étudié, s'intéresse à un misérable journalier comme moi ! Marouf n'était pas prétentieux pour deux sous.

Quelques mois plus tard, il revint à Kaboul avec sa famille pour y passer les grandes vacances. Il venait souvent me voir, au grand dam d'Amid, qui était jaloux. Marouf ne tarda pas à s'apercevoir que lui et moi avions des relations tendues.

— Je ne sais pas comment tu fais pour supporter Amid et ce travail, me disait-il. Tu te fais honteusement exploiter !

Il ne mâchait pas ses mots et m'acceptait telle que j'étais.

Tout cela était nouveau pour moi et me ravissait. En fait, je l'ignorais encore, mais ma vie était sur le point de prendre un nouveau tournant.

Marouf n'hésitait jamais à retrousser ses manches pour nous donner un coup de main à la ferme. Quand nous travaillions ensemble, nous pouvions parler pendant des heures. C'est pourquoi j'eus le cœur brisé quand il m'annonça que son père n'aimait pas qu'il se tourne les pouces et que, dès le lendemain, il allait devoir s'occuper d'une petite échoppe qu'il avait ouverte exprès pour lui. Je n'étais pas disposée à perdre mon premier véritable ami et, quand j'appris par M. Bismillah que nous allions fournir la boutique de Marouf en yaourt, je me proposai pour le lui apporter. Cependant je le fis sur un ton détaché, presque blasé, même si, en dedans, je bouillais d'impatience. Si le chef acceptait, je pourrais quitter la ferme de temps à autre et passer un peu de temps avec Marouf... Loin d'Amid ! Malheureusement, la femme du patron ne faisait du yaourt que deux ou trois fois par semaine, quand elle ne recevait pas d'invités et qu'il lui restait du lait.

Tous les matins, ma première tâche consistait à mener paître les deux vaches, l'âne et les quatre moutons dans la campagne. Comme je partais de bonne heure, l'épouse du maître me donnait mon petit-déjeuner dans une besace : du thé, un peu de sucre et de pain. Chemin faisant, je devais veiller à ce que les bêtes ne s'échappent pas, tout en prenant soin de ne pas renverser ma théière. Ce n'était pas chose facile, car les vaches étaient irrésistiblement attirées par les champs de maïs ; les moutons n'en faisaient qu'à leur tête et se querellaient sans cesse ; quant à l'âne, il se mettait subitement à détaler en direction de la ferme. Ce n'est qu'une fois notre but atteint, et les animaux solidement attachés, que je pouvais enfin chercher une grosse pierre sur laquelle m'asseoir pour déjeuner.

Quand nous avions tous l'estomac plein, je reprenais le chemin du retour et allais frapper à la porte de la patronne :

— Tante ! Vous avez du yaourt à livrer à Marouf aujourd'hui ?

S'il y en avait, ma face s'illuminait, même si je savais que la tâche qui m'attendait allait être aussi dure, sinon plus, que de mener les bêtes au pré. Le yaourt se transportait dans une sorte de seau métallique très lourd dont l'anse me sciait les mains, et la boutique se trouvait à un quart d'heure de marche.

Quand j'arrivais enfin, à bout de souffle, Marouf m'accueillait d'un joyeux :

— Ah, mon ami Zelmaï est venu ! Et combien de yaourt m'amènes-tu aujourd'hui ?

Notre yaourt frais du jour avait beaucoup de succès dans la petite boutique de mon ami. Il le versait dans une grande jarre en terre cuite posée sur une table basse et servait aux clients la quantité souhaitée dans des sacs en plastique. Quand je lui annonçais le nombre de kilos (trois, quatre, cinq…), Marouf le notait.

Pendant qu'il faisait ses comptes, je m'installais sur les gros coussins confectionnés avec des chutes de tissus et contemplais la petite boutique aux murs de terre crue. Le père de Marouf, menuisier de métier, avait fabriqué des étagères avec des cageots. À l'intérieur, soigneusement rangés, s'empilaient des paquets de biscuits, des briques de crème fraîche importées du Pakistan, du sucre, des baudruches… Mais c'était surtout la jarre remplie de bonbons qui attirait mon regard. Non pas à cause des bonbons, mais parce que derrière se cachait un lecteur de cassettes que nous mettions en marche quand il n'y avait pas de clients. Cette boutique était une sorte de refuge, un lieu accueillant, où je me sentais bien. Avec Marouf, j'étais détendue, parce que je savais qu'il appréciait ma compagnie et ne me jugeait pas. Si seulement j'avais pu être vraiment moi-même, sans mensonges ni faux-semblants !

Les bombes sont de retour

— Sais-tu ce qu'on raconte, Zelmaï ?
Ce jour-là, M. Youssouf, un habitué de la mosquée du quartier, semblait préoccupé.
— Des Arabes ont lancé une attaque sur des gratte-ciel aux États-Unis et il y a eu beaucoup de morts.
— Ah ?
Pour nous, qui vivions dans un climat de mort et de destruction permanent, ce genre de nouvelles n'avait guère d'effet. Nous ne savions pas qu'il s'agissait d'Al-Qaïda, nous n'avions jamais entendu parler de Ben Laden et ignorions tout de la politique internationale. C'est pourquoi les conversations déviaient tout naturellement sur les horreurs auxquelles nous avions assisté et qui étaient restées gravées sur nos rétines :
— Un jour, j'ai trouvé un bras de femme arraché juste devant chez moi, après une explosion.
— Et moi... j'ai vu un ruisseau de sang s'écouler dans la rue, tant il y avait de morts et de blessés.
— Moi, c'était bien pire... Je n'en dors plus la nuit. Vous voyez les cernes sous mes yeux ?

Ignorant l'ampleur du conflit, nous étions loin de nous douter qu'il aurait des conséquences directes pour nous. En quoi étions-nous concernés par ce règlement de comptes entre un richissime émir et les États-Unis ?

Les semaines suivantes, le bruit se mit à courir que les États-Unis voulaient nous libérer et que, sous leurs airs bravaches, les talibans n'en menaient pas large. Pour ma part, n'ayant jamais vu un Américain de ma vie et, ne sachant pas de quelle libération il était question, je n'écoutais ces histoires que d'une oreille distraite, sans me sentir concernée.

Peu à peu, nous comprîmes que l'Afghanistan devrait payer le prix fort pour cet attentat. Les talibans, qui avaient accueilli le cerveau de l'attaque, étaient les méchants de l'histoire, et les Américains allaient se venger. Ils les chasseraient du pouvoir et nous, le peuple, pourrions enfin vivre heureux. C'est du moins ce qui se disait, et qu'on y ait cru ou non, les faits étaient là : les bombes recommencèrent à s'abattre sur le centre de Kaboul.

Comme chaque fois qu'un nouveau gouvernement prenait le pouvoir, ce fut un bain de sang.

Ces bombes-là, contrairement à celles de l'époque des moudjahidines, étaient larguées du ciel, ce qui les rendait d'autant plus meurtrières, car on ne savait jamais où elles allaient tomber. Persuadée que je ne m'en sortirais pas vivante, j'allais trouver refuge chaque fois que je le pouvais à l'intérieur de la mosquée. Là-bas, le mot d'ordre était : résister et prier. Un matin, le mollah nous annonça que les talibans avaient abdiqué, non parce qu'ils craignaient pour leurs vies, mais pour éviter que des enfants innocents ne soient massacrés. C'était du moins la version officielle.

Et c'est ainsi que, du jour au lendemain, nous découvrîmes que nous étions libres.

Cependant, les rues avaient toujours le même aspect : des femmes voilées de la tête aux pieds, des enfants occupés à jouer ou à travailler, des voitures cabossées, des charrettes et des bicyclettes zigzaguant entre les nids-de-poule de la chaussée défoncée. Je ne notai qu'un seul changement : un air de musique s'échappait de l'épicerie du coin ! Je ne résistai pas à l'envie de faire remarquer au patron que la musique était interdite :

— Vas-y, cours me dénoncer à la police ! rétorqua-t-il, comme si une mouche l'avait piqué. Ce n'est pas de la musique, voyons, c'est la radio officielle !

Je n'avais jamais eu l'intention de le dénoncer – je n'aurais pas même su comment m'y prendre – mais je me rendis compte à quel point le mode de pensée taliban avait déteint sur moi. Comme la majorité des Afghans.

Mais voilà que ce gouvernement, si solide en apparence, avait subitement été mis à bas... Les gradés avaient aussitôt pris la fuite, mais le menu fretin – comme certains de mes voisins – avait simplement ôté le turban, s'était rasé la barbe ou avait cessé de se farder les yeux ; d'autres, espérant sans doute un retournement de situation, n'avaient rien changé. Peu après, tous ces gens se retrouvèrent à parader de nouveau dans les rues, mais cette fois sous l'uniforme de la nouvelle armée afghane.

La transition se fit très lentement. Le pays sortait peu à peu de son inertie, mais la corruption et l'insécurité reprirent de plus belle et, à quelques rares exceptions près, les femmes continuèrent de porter la burqa. L'État policier s'était enraciné dans les mentalités et la peur continuait de sévir.

Hassan, un voisin qui avait servi sous les moudjahidines et avait dû vivre caché à l'époque des talibans, se présenta un jour à la ferme au volant d'une belle voiture. Il souriait d'une oreille à l'autre.

— Ces cinq années de prison ont pris fin pour moi, Zelmaï ! me dit-il. Si tu as besoin de quoi que ce soit, tu n'as qu'à me le demander.

Il ignorait que, pour exaucer mon vœu le plus cher, il eût plutôt fallu une lampe magique, pas une grosse voiture.

Tout continue comme avant

Peu à peu, les écoles commencèrent à rouvrir, de même que les instituts et les cybercafés. La culture avait cessé d'être une activité clandestine. Des étrangers nous avaient ouvert les portes du monde : un vent nouveau soufflait sur l'Afghanistan. Cependant, j'avais des sentiments partagés. Les talibans m'avaient obligée à vivre dans le mensonge, mais une partie de moi-même se refusait à accepter ce changement politique.

Pour être tout à fait franche, en tant que garçon, je n'avais jamais eu de difficulté à vivre dans cette société aux normes rigides, certes, mais prévisibles. Celui qui évitait de se frotter à l'autorité ne s'attirait pas d'ennuis. Les talibans avaient mis fin à la corruption, aux abus et à l'insécurité. J'avais appris à les connaître, et une fois dominée ma peur d'être démasquée, je me sentais comme un poisson dans l'eau.

Ils étaient arrivés au pouvoir quand j'avais onze ans, et j'en avais seize quand ils en furent chassés. Entre-temps j'avais grandi. J'avais du mal à me souvenir de la vie d'avant et ne savais qu'attendre de l'avenir. Le personnage que j'avais endossé faisait dorénavant partie de moi. Je ne pouvais pas simplement échanger mes habits de garçon pour ceux d'une fille, et déclarer : « À partir de maintenant, je suis Nadia. » C'eût été rompre tous les liens que j'avais tissés. J'aurais perdu mon emploi et je me serais mise au ban de la société, sans parler du déshonneur que cela supposait pour ma famille.

En tant que Zelmaï, ma vie valait quelque chose. Mon opinion comptait, je pouvais me rendre utile et j'avais ma place dans la société. J'étais libre de faire ce que je voulais. Comment aurais-je pu renoncer à tout cela ? Comment aurais-je pu porter un tchador, vivre enfermée chez moi pour m'occuper de ma famille, sans avoir jamais voix au chapitre ? En Afghanistan, les femmes sont considérées comme des êtres inférieurs. Je ne pouvais tout simplement pas m'y résoudre.

Je devais continuer de faire semblant, jusqu'à la fin de mes jours s'il le fallait.

B.a.-ba

Un jour, je demandai à Marouf de m'apprendre à écrire le nombre de kilos de yaourt que je lui avais apportés. Avec beaucoup de difficulté, je traçai le chiffre trois. Tordu, énorme. Et inversé.

Marouf me considéra un long moment en silence, à ma grande honte, car je pensais qu'il se moquait de moi. Mais il me dit soudain :

— Zelmaï, pourquoi est-ce que tu ne t'inscris pas à l'école ?

Mon rêve ! Le gouvernement avait lancé une vaste campagne d'alphabétisation. Mais comment faire ? Où m'adresser ? Allait-on me mettre avec les petits ? Avec des garçons ou des filles ? Marouf coupa court à mes hésitations :

— Je vais t'aider. Maintenant, retourne au travail et n'en parle pas autour de toi. Nous en discuterons la prochaine fois que tu viendras.

En regagnant la ferme, j'étais sur un petit nuage, tellement heureuse que je me mis à fredonner.

— Qu'est-ce que tu fais, Zelmaï ? Tu chantes ? me dit Uosé, qui m'avait entendue.

— N'importe quoi ! Je suis en train de prier !

Après cela, chaque fois que j'allais à la boutique, Marouf m'apprenait à lire et à écrire. De cette façon, quand je commencerais l'école, j'aurais acquis les bases et on ne me mettrait pas avec les tout-petits. Et c'est ainsi qu'un beau jour je pus écrire : « Quatre kilos de yaourt », ma première phrase. Ce jour-là, j'eus l'impression d'avoir fait un grand pas vers la liberté. J'étais capable de lire les étiquettes, les panneaux de signalisation, les titres des livres... C'était comme si, jusque-là, j'avais été myope et que, d'un seul coup, je m'étais mise à porter des lunettes. Le monde n'avait plus le même aspect. Ou était-ce moi qui avais changé ?

Comme on était en hiver et qu'il y avait peu de travail à la ferme, à part donner le fourrage au bétail, nettoyer l'étable et épandre le fumier dans les champs, le patron ne voyait pas d'inconvénient à ce que je passe du temps à étudier avec Marouf.

Le soir, j'aurais aimé continuer à m'exercer, mais nous n'avions qu'une unique lampe à huile qui, de plus, était très sollicitée. De sorte que nous allions nous coucher dès la nuit tombée ; une nuit qui nous semblait interminable en hiver. Quand je lui disais qu'il nous fallait une vraie lampe, ma mère me répondait que nous n'avions pas l'argent pour cela. Mais ma patience était à bout. L'obscurité me déprimait.

Je décidai d'aller offrir mes services à ma tante, qui avait une grande maison, dans l'espoir de récolter quelques sous supplémentaires. Elle me proposa de secouer ses tapis : une tâche ingrate et pénible, car ils étaient pleins de poussière. Mais je ne pensais à rien d'autre qu'à la lampe qui allait changer nos soirées.

Cependant, lorsque j'eus fini, ma seule récompense fut... un grand sourire de gratitude. J'étais tellement déçue que je faillis fondre en larmes. Songeant que ma mère allait se mettre en colère, je demandai à ma tante de me donner l'argent dont j'avais besoin. Tout d'abord, elle refusa, puis finit par me promettre que je l'aurais la semaine suivante.

Elle tint parole, et quand nous eûmes enfin notre nouvelle lampe, nous l'installâmes au milieu de la chambre. Nous étions impatients qu'il fasse nuit pour pouvoir l'allumer, et ne cessions de regarder par la fenêtre pour voir si le ciel s'obscurcissait. Une allumette à la main, je demandais à tout bout de champ :

— J'y vais ?
— Non, c'est trop tôt.
— ... et maintenant ?
— Non, attends encore un peu !

Ce soir-là, tandis que je m'exerçais à l'écriture, mes sœurs dessinaient dans leurs cahiers et ma mère admirait notre nouvelle lampe. Nous étions aux anges.

Une séance mémorable

La soif de films était si grande que, peu de temps après la chute des talibans, le premier vrai cinéma à rouvrir ses portes à Shahr-e Naw fit salle comble dès la première séance. Je mourais d'envie de voir mes acteurs bollywoodiens préférés sur un grand écran et de pouvoir ensuite commenter le film sans être inquiétée par les autorités. J'aurais aimé y aller avec des amis, dont Marouf, mais compte tenu du risque élevé d'attentat il y aurait sans doute des vigiles chargés de fouiller les spectateurs pour s'assurer qu'ils ne portaient pas d'armes cachées sur eux. Or, pour moi, une fouille corporelle eût été trop risquée. C'est pourquoi je proposai à mes camarades de les retrouver pour la séance de l'après-midi, et, sans rien dire à personne, je me rendis seule à la séance du matin pour voir si je courais le risque d'être démasquée. Tandis que je faisais la queue à la porte, je me mis à suer à grosses gouttes : comme je l'avais craint, un homme armé s'assurait que personne n'entrait dans la salle avec de mauvaises intentions. Par chance, il n'était guère pointilleux, et n'inspectait les gens que superficiellement. J'étais sauvée.

Je n'avais jamais mis les pieds dans un vrai cinéma car, même si les cinémas existaient avant l'époque des talibans, mes parents ne m'y avaient jamais emmenée. Marouf, qui y était déjà allé à Peshawar, m'avait expliqué deux ou trois choses :

— La salle est très grande et remplie de sièges, et aussi très sombre. Il ne faut pas avoir peur !

Je n'eus pas peur le moins du monde : je savourai chaque seconde de la projection. Et le soir venu, je me retrouvai à nouveau devant la porte avec Samim et Sharif. Ils trépignaient d'impatience, même s'ils avaient grandi au Pakistan, comme Marouf, et qu'ils n'avaient pas été privés d'images comme nous autres, les Afghans restés au pays. Ils parlaient en faisant de grands gestes, tandis que je me mettais à suer à grosses gouttes, toute tremblante à l'idée que le vigile risquait de remarquer mes seins et de me dénoncer devant tout le monde.

Dix minutes plus tard, nous nous retrouvâmes devant l'homme qui m'avait déjà contrôlée le matin même. Il me reconnut d'emblée :

— Allons bon ! Le film t'a donc plu tant que ça pour que tu sois déjà de retour ?

— Qu'est-ce que tu racontes ? rétorquai-je sur un ton agressif. Je ne t'ai jamais vu de ma vie !

Puis me tournant vers mes amis, je levai les yeux au ciel, l'air de dire : « Ce type est cinglé, ne faites pas attention. » Heureusement, le cinglé en question avait trop à faire pour songer à insister. Je payai pour la deuxième fois ce jour-là les cinquante afghanis du billet d'entrée. Une fois dans la salle, tandis que tout le monde se mettait à frapper frénétiquement des mains et des pieds, je poussai un soupir de soulagement.

À l'école

Je progressais rapidement dans l'apprentissage de l'alphabet et j'avais hâte de commencer la classe. Quand arriva le printemps, la radio se mit à déverser des annonces gouvernementales en faveur de l'éducation des enfants. Le moment était venu ! Ce fut Marouf qui rédigea pour moi ma demande d'inscription : « Moi, Zelmaï, fils de Gulham, demande à intégrer cette école. » Tout était parfait, à l'exception d'un détail : je ne voulais pas aller à l'école en tant que Zelmaï, qui était un prénom masculin. Je voulais étudier sous mon identité de fille. C'est pourquoi j'achetai une feuille blanche – nous n'en avions pas à la maison – et m'efforçai de recopier exactement le texte écrit par Marouf, mais en remplaçant « Zelmaï » par « Nadia ». J'eus beau m'appliquer tant que je le pouvais, je me trompai, et dus aller acheter une autre feuille le lendemain pour recommencer. Cette fois, je m'en sortis mieux. Je rangeai soigneusement le papier dans une enveloppe marron que je posai à côté du lit.

J'avais mis tous mes espoirs dans ce bout de papier ! Le lendemain, après avoir bu mon thé, je rangeai la lettre dans ma poche de gilet et me rendis à bicyclette à l'école que j'avais choisie. On disait que c'était un bon établissement, mais il était surtout suffisamment éloigné de chez moi pour que je ne risque pas d'être reconnue. Dans mon quartier, pour le moment, et peut-être pour toujours, je n'avais d'autre choix que de continuer à être Zelmaï.

Devant la grille se tenaient une foule de parents d'élèves et des fillettes qui piaffaient d'impatience sous leurs foulards blancs d'écolières. Depuis l'autre côté de la rue, j'observais, tout émue, le spectacle qui s'offrait à moi : je rêvais de me retrouver parmi ces gamines insouciantes qui allaient faire leur entrée à l'école.

Mais mes espoirs firent bientôt place à une cruelle désillusion.

J'attendis patiemment que la foule se disperse pour entrer à mon tour et m'inscrire.

Quand je franchis le seuil, je me retrouvai nez à nez avec une enseignante : sans burqa et avec du rouge à lèvres ! Il y avait des lustres que je n'avais pas vu une femme comme celle-là, et elle me parut très belle... Cependant, ses sentiments à elle semblaient plus mitigés. Quand elle me vit, elle sursauta en étouffant un cri de stupeur, et courut se réfugier dans une salle de classe.

— Attendez ! S'il vous plaît ! m'écriai-je.

Mais la porte se referma dans un claquement. Ça commençait très mal.

Je restai plantée là pendant plusieurs minutes qui me parurent une éternité, jusqu'à ce que la porte s'entrouvre, à peine, et que le visage de l'institutrice reparaisse, pour voir si j'étais toujours dans le couloir.

Je m'approchai rapidement, de crainte que la porte ne se referme à nouveau.

— S'il vous plaît, s'il vous plaît ! Je voudrais vous parler, je veux étudier !

La porte s'ouvrit un peu plus. Est-ce par peur, ou parce qu'elle avait pris en pitié ce paysan misérable, au visage brûlé, qui se présentait dans une école de filles ?

Je m'approchai en m'efforçant de maîtriser l'émotion qui me submergeait.

— S'il vous plaît.

— Attends-moi là.

La femme disparut et j'attendis. J'étais sur des charbons ardents, car je n'avais pas la moindre idée de comment tout cela allait finir. Au bout d'un très long moment, on me fit entrer dans le bureau de la directrice, où se trouvait également la secrétaire.

— Que veux-tu, mon garçon ?

— Je veux m'instruire. Je suis... je suis une fille.

La directrice se tint coite, comme si elle réfléchissait. La secrétaire était sur ses gardes :

— Et pourquoi t'habilles-tu en garçon, dans ce cas ? Qu'est-ce que tu veux au juste ? Qui es-tu ? Pourquoi est-ce que tu te fais passer pour un garçon ?

Et moi, je répétais sans cesse le même refrain : je veux étudier, je suis une fille et je veux m'inscrire dans une école de filles. Voyant que cela ne servait à rien, je rendis les armes :

— Je veux juste m'instruire. Mais si vous ne voulez pas de moi, je m'en vais.

— Eh bien, va-t'en ! me lança la secrétaire tandis que la directrice demeurait impassible.

J'avais le cœur gros, mais je séchai mes larmes avant d'entrer dans la ferme, et quand je vis M. Bismillah, je lui annonçai d'une voix résolue que je rendais mon tablier.

— Mais pourquoi, Zelmaï ? Tu es comme un fils pour moi... Allons, tu es de mauvaise humeur aujourd'hui, mais ça te passera. Attends d'être plus calme avant de prendre une décision.

— Non, non, je suis désolée, mais c'est ainsi. Je veux changer de vie.

Je dus faire un gros effort pour ne pas me mettre à courir quand je sortis de cette maison, qui m'avait accueillie et nourrie pendant toutes ces années. Je ne regrettais pas mon choix, mais j'avais du chagrin à l'idée de quitter ces gens que j'aimais et qui étaient pour moi une seconde famille.

Une fois ma liberté retrouvée, je me rendis au mausolée d'Ali Malang. C'était un de mes refuges préférés, un lieu tranquille au sommet d'une colline, où j'aimais aller quand j'avais besoin d'être seule. J'étais tellement désespérée qu'aussitôt assise au pied d'un arbre la première pensée qui me vint fut de me laisser mourir.

À quoi m'avaient servi tous ces efforts, toute cette souffrance ? J'avais enduré les pires douleurs physiques et morales, je n'avais pas eu d'enfance, seulement des soucis et des responsabilités ; je m'étais sacrifiée pour pouvoir nourrir ma famille ; j'avais dupé des dizaines de braves gens pour protéger ceux que j'aimais, et voilà que l'occasion de sortir enfin de ce puits noir m'était refusée.

Je fermai les yeux et m'efforçai de me calmer en attendant que mes souffrances prennent fin. La mort me semblait plus enviable que la vie.

C'est alors qu'une conversation interrompit le fil de mes pensées : un groupe d'hommes, non loin de l'endroit où je me trouvais, parlaient d'un vol qu'ils venaient de commettre. Je pris soudain peur qu'ils ne veuillent se désaltérer à la fontaine à côté de laquelle j'étais assise. Sans doute étais-je plus attachée à la vie que je ne l'imaginais, car la terreur qu'ils m'inspiraient coupa court à mes idées de suicide.

Je rentrai chez moi, fatiguée mais résolue à continuer de me battre. Il n'était pas question que je baisse les bras.

Le lendemain, je retournai à l'école et attendis la pause de midi pour entrer directement dans le bureau de la directrice. Comme si de rien n'était, je m'approchai d'elle et lui remis ma lettre. À ma grande surprise, celle-ci me dit :

— Eh bien ? Tu veux t'inscrire dans une école de filles ?

— Bien sûr, puisque je suis une fille.

— Dans ce cas, tu devras t'habiller en fille.

— Mais pourquoi ?

Pour elle, c'était à prendre ou à laisser. Mais, pour moi, c'était un sujet sensible. J'explosai :

— Pourquoi faites-vous tant de battage autour de l'éducation si vous ne nous donnez pas notre chance ? Pourquoi est-ce que vous ne voulez pas m'aider ?

Je donnai un grand coup de poing sur la table de verre, qui céda et se rompit. Mon cœur se brisa, lui aussi, et entre deux sanglots, je proférai de vaines menaces :

— Si vous ne me laissez pas m'inscrire, je vous tuerai, je ne laisserai pas les autres étudier, je casserai tout ! Et si je deviens une criminelle, ce sera de votre faute, parce que vous ne m'avez pas laissée m'instruire !

Je fis demi-tour et m'essuyai les yeux avec le pan de mon turban. C'est alors que je sentis la main de la directrice sur mon épaule.

— Attends.

Elle me fit asseoir et m'expliqua qu'elle n'était pas contre me laisser étudier, mais qu'elle craignait que les familles, pensant qu'un garçon allait en classe avec leurs filles, ne décident de les inscrire ailleurs.

— Dans ce cas, je n'assisterai pas aux cours, seulement aux examens.

— Dans ce cas, tout est réglé.

Et c'est ainsi que, huit ans après avoir été forcée d'arrêter ma scolarité, je fis mon retour sur les bancs de l'école.

Des cahiers et des bicyclettes

J'eus beaucoup de chance. Après m'avoir fait passer un examen, on m'inscrivit directement en dernière année de primaire, dans un groupe de sept filles, des adolescentes comme moi, qui non seulement m'accueillirent de bon cœur, mais devinrent des amies. Nous étudiions et nous amusions beaucoup ensemble, et il nous arrivait même de jouer au ballon dans la salle de classe, dont le sol était en terre battue.

Mes camarades venaient de familles aisées ; sous les talibans, n'ayant pas accès à l'éducation, les filles qui pouvaient se le permettre prenaient des cours avec des professeurs particuliers. Deux de mes camarades étaient des filles d'enseignants, et d'autres étaient allées à l'école au Pakistan. J'étais la seule autodidacte et, n'ayant pas les moyens de m'acheter des cahiers, je les confectionnais moi-même avec du papier kraft vendu au poids. Au début, les institutrices voyaient d'un mauvais œil ces fournitures rudimentaires, mais très vite je gagnai leur estime, car je m'appliquais et faisais toujours en sorte de rendre des devoirs impeccables.

Avoir des amies riches présentait des avantages. À leur contact j'appris à parler un langage plus châtié que celui qui est en usage à la campagne. Je découvris des mondes très éloignés du mien, comme celui de Susan, qui parlait anglais, rêvait d'épouser un étranger aux cheveux blonds et aux yeux bleus, et était fan de Shakira ; ou celui de Mariam, dont la mère était pharmacienne, et qui avait sa propre télévision dans sa chambre ; une rareté à cette époque.

Cela m'aidait aussi à subvenir aux besoins de ma famille, car mes camarades me donnaient le pain qu'elles recevaient chaque jour à la cantine et qui n'était pas assez blanc à leur goût. Mais, pour moi, c'était une bénédiction de recevoir quotidiennement sept petits pains. Certains jours, ils représentaient, pour mes parents et moi, notre seule nourriture.

Pour la première fois, je faisais partie d'un groupe de filles, et cela m'enchantait, même si, en sortant de l'école, quand j'échangeais mon foulard blanc contre mon turban, les soucis revenaient au galop : tandis que mes amies allaient déjeuner copieusement, faire la sieste et regarder des clips vidéo sur MTV India, j'avalais en hâte quelques bouchées de pain, puis partais chercher du travail. Le plus souvent, on me proposait de curer des puits. De sorte que chaque jour j'arrivais en classe épuisée, courbaturée et les mains pleines d'ampoules qui m'empêchaient d'écrire correctement.

Mariam, une de mes meilleures amies, s'en rendit compte et me demanda :

— Pourquoi es-tu aussi fatiguée, Nadia ?
— Parce que j'étudie trop...

Elle me lança un regard incrédule, car nous n'avions pas beaucoup de devoirs et, quand elle me prit la main, je sursautai de douleur. Je ne voulais pas que mes camarades sachent ce que j'endurais, mais elle insista pour savoir à quoi j'occupais mes après-midi.

— Pourquoi est-ce que tu ne te lances pas dans le commerce, au lieu de déboucher des puits ? C'est moins dangereux et moins fatigant !

— Oui... j'aimerais bien ouvrir un atelier de réparation de vélos, sauf que je n'ai pas le premier sou pour acheter un local et du matériel...

Le lendemain, Mariam arriva à l'école un peu plus tard qu'à l'ordinaire. Quand nous fûmes toutes assises, elle me décocha un sourire en coin et me fit signe qu'elle voulait me parler après les cours. Quand la classe prit fin, elle m'annonça :

— Ma mère est d'accord pour te prêter de quoi monter un atelier. Elle aimerait que tu passes la voir pour que vous puissiez en discuter.

La maison de Mariam était un vrai palais. Quand j'entrai dans le salon et vis le grand écran de télévision, je ne pus en détacher les yeux. Je me serais volontiers assise en compagnie des sœurs de mon amie pour regarder des dessins animés, mais je n'osais pas.

— Nadia, tu m'écoutes ?

— Oui... euh, non, merci, je ne veux pas d'argent, répondis-je, hypnotisée par les images.

Voyant que je ne l'écoutais pas, la mère de Mariam éteignit le poste et m'obligea à la regarder.

— Nadia, je vais te prêter des sous pour que tu puisses ouvrir un atelier. Tu me rembourseras quand tu le pourras.

J'acceptai.

Les jours suivants, je me mis à la recherche d'un local. Je finis par le trouver dans une grande artère que j'empruntais chaque jour pour aller à l'école : c'était une échoppe en planches, toute simple, installée sous un arbre auquel était suspendue une pancarte : « À vendre ». La rue, un va-et-vient constant de personnes, voitures, autobus, bicyclettes, ânes et vaches, offrait un bon potentiel commercial.

Il me fallut négocier âprement avec le propriétaire avant de parvenir à un accord satisfaisant pour tous les deux. Sans même m'en rendre compte, j'étais devenue chef d'entreprise. Je courus à la maison pour rassembler tout le matériel dont j'allais avoir besoin : un tournevis, une clé anglaise, une bassine dans laquelle plonger les pneus pour repérer les crevaisons, et une caisse en bois sur laquelle faire asseoir les clients pendant qu'ils attendaient. La seule chose que j'achetai était une pompe à air pour gonfler les pneus. Je confectionnai une pancarte « Réparation de bicyclettes » avec un bout de carton trouvé dans la rue.

Le premier jour, je n'eus pas un seul client et je perdis espoir. À supposer que mon commerce ne décolle jamais ? Heureusement, des camarades avec qui je travaillais dans les champs vinrent me tenir compagnie.

— Du calme, Commandant ! Je suis sûr que tu vas faire fortune !

Le lendemain, j'empochai cinq malheureux afghanis pour le gonflage de deux roues, desquels je dus déduire le thé qu'un de mes amis était allé chercher dans le salon de thé voisin pour l'offrir au client. Mais du moins avais-je étrenné ma pompe à air.

Le troisième jour, j'eus ma première réparation digne de ce nom : un garçon me chargea de graisser sa bicyclette neuve. Rasola, un de mes « apprentis », me donna un coup de main, et en quelques heures le tour était joué. Le client, très content de la rapidité et de la qualité du travail, nous donna deux cents afghanis. Ce jour-là, Rasola reçut son premier pourboire.

Dans l'euphorie de l'instant, je décidai d'investir ce qu'il me restait des sous prêtés par la mère de Mariam dans un cours de calligraphie. Dans un pays où les ordinateurs sont, même encore de nos jours, une rareté – l'électricité est un luxe que seule une minorité peut s'offrir –, avoir une belle écriture est une qualité très appréciée et recherchée.

Le cours avait lieu chaque jour et durait une heure. Je ne tardai pas à découvrir que j'avais des facilités. Contrairement à Khalil, mon voisin de pupitre : le malheureux suait sang et eau pour former des lettres. Ce n'était clairement pas son fort. En revanche, il était imbattable en réparation de vélos – une bénédiction pour nous deux. Je lui demandai de m'enseigner ce qu'il savait, mais il eut une meilleure idée :

— Qu'est-ce que tu dirais de t'associer avec moi ? Tu pourrais t'occuper de l'atelier quand tu sors de l'école, et moi je travaillerais le matin. Comme ça, nous serions toujours ouverts et nous ne perdrions pas de clients. Je pourrais apporter des outils. Et on se partagerait les bénéfices. Je t'apprends la mécanique et toi, tu m'apprends la calligraphie. Comme ça, j'économise le prix des cours. Je viens de me marier et ma femme est enceinte, alors on est un peu juste...

Khalil se révéla un excellent associé. Honnête et travailleur, il devint rapidement le pivot de l'entreprise et celui qui nous ramenait le plus de clients. Jamais il ne se plaignait. De toute façon, l'atelier nous rapportait tout juste de quoi vivre, et jamais je ne pus rembourser l'argent que m'avait prêté la mère de Mariam.

Le vélo

Après la calligraphie, je suivis des cours d'anglais, gratuitement, grâce à mon ami Marouf, qui semblait décidé à faire de moi une personne instruite. Waiss, le professeur et directeur de la petite académie, était son ami.

Après le premier cours, et alors que j'avais la tête pleine de *I am, you are, he is, she is*, M. Waiss me demanda :

— Qu'en penses-tu ? As-tu l'intention de continuer ?

— Oh, oui, j'ai adoré, merci beaucoup…

— Où habites-tu, Zelmaï ?

Sa question, en d'autres circonstances, m'aurait mise sur mes gardes. Mais Waiss était un ami de Marouf, de sorte que je ne voyais pas de raison de mentir ou de m'esquiver. C'est pourquoi je le lui dis sans hésiter et en éprouvai un immense soulagement.

Nous vivions tous les deux dans le même quartier, et il me proposa de faire la route ensemble, chacun sur sa bicyclette. Il pédalait avec précision ; moi, de façon chaotique et mal assurée, m'arrêtant fréquemment de crainte d'avoir un accident. En réalité, je n'étais pas très à l'aise sur mon vélo, même si je le possédais depuis un certain temps déjà et qu'il était de loin mon bien le plus précieux.

Je l'avais acheté sur un coup de tête, un jour que je m'étais fâchée pour la énième fois avec le fils du patron. Il m'avait frappée parce que j'avais laissé s'échapper deux vaches. Furieuse, je l'avais planté là, et j'étais partie chercher du travail ailleurs. Une fois mon salaire de la journée empoché, j'avais pris la direction du marché aux vélos. À Kaboul, c'était le principal mode de transport, car très peu de gens avaient les moyens de s'acheter une voiture. Je songeai que ce serait pratique pour me déplacer et bon pour mon image.

Après d'âpres négociations, j'obtins une magnifique bicyclette pour un prix avantageux. Gris métallisé, elle était équipée d'un siège arrière pour transporter un passager. Quand le vendeur me proposa de l'essayer, je fis mine de l'examiner avec soin avant de me décider. Puis je l'emportai. À pied. J'étais aux anges quand les garçons de la ferme m'aperçurent et s'écrièrent :

— Eh, Commandant ! Tu as un vélo ! Montre-nous comment on s'en sert !

Vite, je me baissai et ouvris la valve pour dégonfler la chambre à air. Ainsi, j'avais une bonne excuse pour ne pas enfourcher ma bicyclette devant les gamins que je cherchais à impressionner. À part le tricycle que m'avait acheté mon père quand j'étais enfant, je n'étais jamais montée sur un véhicule à pédales et j'avais peur de me ridiculiser devant tous ces gosses, qui, bien que beaucoup plus jeunes que moi, savaient monter à bicyclette.

Le lendemain, je me levai à l'aube et sortis m'exercer dans les rues encore désertes. Me servant d'une grosse pierre comme d'un marchepied, je me hissai sur la selle et m'efforçai de coordonner mes pieds et mes mains pour rouler à peu près droit. Jamais je n'aurais cru qu'il m'en coûterait tant : je tombai des dizaines de fois avant d'apprendre à me tenir en équilibre sur la selle. Le plus dur, à part le démarrage, était de descendre de la bicyclette. Je pris la direction du stade de football. En cours de route, je percutai un homme qui portait une caisse de bananes, puis une femme. Tous deux me couvrirent d'injures, mais je continuai de pédaler, incapable de m'arrêter. J'étais heureuse !

Plus tard, comme je passai près de la ferme, je me retrouvai nez à nez avec M. Bismillah et dus freiner sec.

— Zelmaï ! Pourquoi est-ce que tu n'es pas venu travailler ce matin ?

— Amid ne vous a rien dit ? Je suis désolée, mon oncle, mais hier il m'a maltraitée et m'a frappée. Alors j'ai décidé de ne pas revenir.

— Que veux-tu ! Mon fils est un âne !... Je vais lui parler, mais reste, s'il te plaît. Entre donc boire un verre de lait, et ensuite tu resteras pour déjeuner.

Amid arriva sur ces entrefaites, et son père l'incendia.

— Amid, Zelmaï va revenir travailler demain, et il va falloir que tu changes d'attitude. Tu as vu sa bicyclette ?

— Oui... Félicitations, Zelmaï.

Tout s'était passé mieux que prévu.

Je passai les jours suivants à décorer mon vélo avec des morceaux de papier brillant et une bande de tissu vert qui ondoyait au vent quand je prenais de la vitesse. J'achetai même une sonnette dont la musiquette irritait les vieux du quartier, mais qui me transportait de joie. Je l'actionnais à tout-va pour que tout le monde sache que Zelmaï arrivait... Et, un hiver, j'allai jusqu'à fabriquer des « chaînes » au moyen de cordes en plastique afin de pouvoir rouler sur la neige. Ma bicyclette était reconnaissable entre toutes.

Avec le temps, j'appris à prendre des passagers. J'emmenais souvent mes cousines chez le médecin ou ramenais des amis qui attendaient le bus et n'avaient pas les moyens de se payer un taxi... Parfois même je prenais deux personnes avec moi.

Quelques années plus tard, en pédalant côte à côte avec Waiss, je me rendis compte que j'avais une façon peu commune de monter à vélo, et décidai de progresser dans ce domaine-là aussi.

Quand vient l'amour

Dès le deuxième cours d'anglais, je tombai amoureuse.

Quand je pénétrai dans la salle de classe aux murs de béton brut et m'assis sur la seule chaise vide, j'aperçus un garçon qui n'était pas là la fois d'avant. À la façon effacée dont il me rendit mon salut, je songeai qu'il devait être très timide.

Habituée que j'étais à côtoyer des hommes frustes, son attitude m'intrigua, et je me mis à l'observer du coin de l'œil. Il était beau, mince, avec la peau claire, le nez retroussé et de grands yeux expressifs. Il était vêtu avec soin d'un pantalon bleu marine et d'une chemise bleu ciel, parfaitement repassés. Il ne lui manquait que la veste... Pour autant, il n'avait pas des mains de garçon de bonne famille, comme Marouf. Les siennes étaient calleuses, comme celles d'un travailleur. Il ne semblait pas non plus avoir beaucoup de facilités pour l'anglais, mais il s'appliquait. Il devait être un peu plus âgé que moi, qui venais de fêter mes dix-sept ans.

À la fin du cours, Waiss me présenta à Ahmal, déclarant que j'étais un ami à lui et à Marouf. Ils plaisantèrent un moment, puis Ahmal se tourna vers moi et me dit en souriant :

— Tu as une belle écriture.

Son compliment m'alla droit au cœur.

Quelques minutes plus tard, tandis que nous pédalions en direction de la maison, Waiss m'expliqua qu'Ahmal tenait une cordonnerie avec son frère et que, étant très occupé à la boutique, il n'avait guère le temps d'étudier. Il me dit également que le vendredi ils allaient faire un tour ensemble ou boire un verre, et que, si je le souhaitais, je pouvais me joindre à eux. J'acceptai en affectant un air blasé, pour dissimuler ma joie.

Le vendredi, après la prière, nous convînmes de nous retrouver devant la porte de la mosquée. Là, je fis la connaissance d'un autre membre du groupe : Afzal. Sympathique, intelligent et blagueur, il était le plus âgé de la bande. Quand il ne venait pas au cours, il travaillait comme tailleur.

Comme tous les autres, il était vêtu à l'occidentale : jeans et chemise, cheveux courts et propres, sans couvre-chef. Pour ma part, en revanche, je portais mes habits usés et mon turban, à la mode des gens de la campagne. Cela me mettait mal à l'aise, mais ils n'avaient pas l'air de s'en apercevoir. Marouf proposa :

— Qu'est-ce que vous diriez d'aller manger un hamburger ?

Instinctivement, je comptai les afghanis que j'avais gagnés ce jour-là et commençai à réfléchir à une excuse pour ne pas les accompagner.

— C'est moi qui invite ! s'écria Ahmal.

Afzal nous emmena dans sa Toyota Corolla blanche, l'une des quatre automobiles dont il disposait, son père étant propriétaire d'une petite entreprise de taxis. De nous tous, il était le seul à posséder un permis de conduire, mais tous les autres, moi comprise, avions une photocopie dudit permis dans notre portefeuille avec notre propre photo et pouvions ainsi conduire sans problème. Si nous nous faisions arrêter par un policier, nous lui donnions un bakchich et poursuivions tranquillement notre chemin.

Je n'avais jamais mis les pieds dans un fast-food et ne me souvenais pas d'avoir jamais mangé un hamburger ou même d'avoir déjeuné au restaurant. À cause des brûlures que je portais au visage, peu d'établissements acceptaient de me laisser entrer, car je ne leur inspirais pas confiance. Et je craignais d'être éconduite par le vigile et humiliée devant mes amis. Mais tout se passa comme sur des roulettes. Ces garçons bien habillés et bien nourris, joyeux et insouciants, étaient bien reçus partout, et je ne parvenais pas à comprendre pourquoi ils m'avaient accueillie dans leur groupe. Je ne parlais ni ne m'habillais comme eux, nous n'avions pas les mêmes préoccupations, mais je faisais malgré tout partie de leur bande.

J'ignore ce qu'ils me trouvaient, mais moi je savais ce que j'aimais en eux : à leur contact j'apprenais une autre manière de vivre, plus solidaire, dépourvue de préjugés, de reproches ou d'obligations. Jamais ils ne me demandèrent d'où me venaient mes brûlures ni ne me firent de remarques sur ma façon de m'habiller. Dès le premier instant, ils accueillirent ce Zelmaï, qui était moi sans l'être vraiment. Et si quelqu'un me cherchait des noises, ils prenaient toujours ma défense. Pour la première fois, je menais une vie de jeune de mon âge, et je ne me sentais pas seule.

C'est ainsi que le simple fait de sortir en compagnie de Marouf, Waiss, Ahmal et Afzal changea le regard que les gens portaient sur moi. Ils ne s'arrêtaient plus à mon turban ou à mes traits abîmés. Peu à peu, je pus pénétrer dans des lieux qui jusque-là m'étaient interdits, et faire la connaissance de personnes qui bavardaient aimablement avec moi, sans me toiser avec dédain. L'une de ces personnes était un ami d'Ahmal, un pharmacien chez qui nous allions fréquemment prendre le thé. Là-bas, j'étais reçue avec le sourire et invitée à prendre un siège confortable, moi qui n'avais jamais pu franchir le seuil d'une pharmacie. Je les écoutais parler de médicaments et de maladies avec autant de plaisir que s'ils avaient parlé d'amour.

Leurs bonnes manières me subjuguaient. Waiss et Ahmal avaient beau être des amis intimes, ils s'adressaient l'un à l'autre avec une telle déférence que j'avais du mal à croire qu'ils ne le faisaient pas pour plaisanter. Entre eux, ce n'étaient que « merci », « s'il te plaît », « après toi », « professeur »… Je ne savais si je devais en rire ou m'en inspirer, mais tout cela était si différent de la façon dont les choses se passaient à la maison, sans cérémonie aucune !

Mes amis découvrirent eux aussi un autre monde grâce à moi, dès le premier jour où nous allâmes au fast-food. Entre deux gorgées de Pepsi, et au son de la musique bollywoodienne qui jaillissait en beuglant du téléviseur, je leur racontai les blagues que nous faisions à la ferme. Ma vie aux champs avait quelque chose d'exotique pour eux et, à ma grande joie, je constatai non seulement qu'ils ne me méprisaient pas, mais qu'ils insistaient pour que je leur conte mes aventures.

Et c'est ainsi que, tandis que j'admirais leurs bonnes manières, eux se régalaient de mes histoires de paysan. Une de nos besognes les plus courantes – et dégoûtantes –, à Lalah et moi, consistait à aller récupérer les excréments des voisins pour les répandre ensuite comme engrais dans les champs. Bien souvent, en les versant dans la brouette, nous nous éclaboussions. Nous prenions à la rigolade ces « bombes de caca » ou cette « mitraille odorante » :

— Eh bien, Lalah, disais-je. Tu t'es pris combien de bombes aujourd'hui ?

Pour mes nouveaux amis, de la part d'un grand brûlé comme moi, c'était de l'humour noir, mais pour nous autres, les garçons qui n'avions pas reçu d'éducation, c'était notre quotidien.

Bien sûr, je savais que je ne pourrais pas tout leur dire. Et comme j'étais obligée de mentir sur les choses importantes, je leur donnai une version édulcorée de mon quotidien pour qu'ils ne me prennent pas en pitié : au lieu de leur avouer que mon ventre criait famine, je me contentais de dire que je ne gagnais pas beaucoup d'argent, mais que j'avais autant de nourriture que je voulais. Je leur fis également croire que j'avais des frères qui gagnaient de l'argent, mais que je travaillais car je ne voulais pas être une charge pour ma famille. Je me forgeai ainsi une image de garçon indépendant, doué de caractère, et prêt à me plier à tous les sacrifices nécessaires pour obtenir ce que je voulais. Cela me valut leur respect, car, au contraire de moi, tous dépendaient financièrement de leurs parents.

Nous nous voyions autant que nous le pouvions, mais il y avait des endroits où je ne pouvais pas les accompagner, comme les bains publics. Mes amis aimaient bien s'y rendre tous ensemble, mais chaque fois je déclinais leur invitation, prétextant que je préférais me laver chez moi, car je trouvais les bains publics sales. Cependant, un jour, je me risquai à les accompagner dans un bain privé. À la différence des bains arabes, ceux-ci étaient équipés de cabines de douche individuelles. Comme tous les autres, j'achetai mon petit morceau de savon et mon gant à l'entrée, mais, une fois dans ma cabine, je n'osais pas me déshabiller de crainte que l'un de mes compagnons ne fasse l'idiot et ne décide de m'épier depuis la cabine voisine. Je me contentai d'ôter mon pantalon pour qu'on voie mes pieds nus sous la porte, et me mouillai la tête.

Ce fut une souffrance plus qu'autre chose et, à compter de ce jour, je décidai de m'y rendre chaque semaine, en prenant soin d'y aller aux heures où je ne risquais pas de rencontrer les garçons du groupe. Chaque fois que je le pouvais, je m'arrangeais pour y aller juste avant que nous nous retrouvions pour sortir, afin qu'ils remarquent que je venais de me doucher ; un geste censé renforcer ma « virilité ». Ainsi la fois où, dans le fast-food, j'avais écarté le rideau de séparation entre les garçons et les filles, pour entendre les éclats de rire admiratifs de mes amis et les protestations des demoiselles.

Mais ce qui me faisait vibrer plus que tout, c'était les yeux d'Ahmal quand nos regards se croisaient.

Le collège

Cette année-là, tout changea pour moi. Pour la première fois, je découvris que des gens m'admiraient : mes professeurs, mes camarades de classe, mes nouveaux amis. Et cela me donna la force de persévérer, même si faire bouillir la marmite chaque jour supposait de gros sacrifices de ma part.

En novembre, lorsque s'acheva l'année scolaire à Kaboul, je fus admise dans le secondaire, et après les vacances d'hiver j'entrai dans un collège tranquille du quartier huppé où habitait mon amie Mariam. Le premier jour, quand je pénétrai dans la salle de classe, toutes les filles se mirent à hurler en se précipitant vers la sortie. Certaines mêmes allèrent jusqu'à crier :

— Il y a un démon dans l'école !

Cependant, loin de chercher à calmer les esprits ou à me venir en aide, l'enseignante renchérit :

— Qui donc a laissé entrer cet individu défiguré au risque de traumatiser les filles ?

Alertée par les cris, la directrice rappliqua aussitôt. Sa réaction fut encore plus cruelle :

— Ouste ! Sors d'ici ! Tu fais peur aux autres.

J'avais l'impression d'être Frankenstein. Dépitée et abattue, je ressortis en emportant avec moi les cahiers que j'avais confectionnés avec tant d'enthousiasme.

Le lendemain, je me présentai de nouveau au collège, quoique sans grand espoir. Afin d'éviter de provoquer la panique, j'entrai directement dans la salle de classe au lieu de me rendre dans le préau où se réunissaient chaque matin élèves et professeurs, et priai le ciel de toutes mes forces. En pure perte : dès qu'elles me virent, les filles s'enfuirent en courant. En larmes, je les suppliai de revenir, déclarant que j'allais m'en aller. Puis je m'effondrai dans le couloir, anéantie. Plusieurs filles, animées par une curiosité morbide, s'approchèrent. Je sanglotais à fendre l'âme, perdue et à bout de forces, quand je sentis que quelqu'un me prenait dans ses bras. C'était la tante de mon amie Mariam. Elle enseignait au collège et m'avait reconnue. Bouleversée, elle expliqua aux autres élèves que j'étais une personne bonne et intelligente. Les filles finirent par se calmer, tandis que je reprenais peu à peu contenance. Peu après, les curieuses se dispersèrent et seule une fille resta à mes côtés pour me consoler et m'offrir son amitié. C'était une élève du cours supérieur, et, curieusement, elle aussi s'appelait Mariam.

À partir de ce jour, je pus aller en classe sans trop de difficulté. Mes camarades ne m'adressaient que très peu la parole, mais elles ne s'enfuyaient plus en hurlant quand elles me voyaient entrer. Très vite, elles comprirent que j'étais inoffensive et, constatant que je ne désirais rien tant que d'étudier, elles finirent par s'habituer à ma présence. Cependant, dès que nous sortions dans la cour de récréation, le violent rejet des premiers jours était de retour. Les filles se mettaient à pousser des cris dès qu'elles me voyaient paraître, et aucune ne voulait boire après moi à la fontaine. J'étais une pestiférée.

Ce fut l'une des périodes les plus pénibles de ma vie. Je songeais en moi-même : « Qu'est-ce que tu t'imaginais ? Que tous tes problèmes allaient disparaître d'un coup ? »

Tous les bienfaits de l'année précédente semblaient partir en fumée. J'allais devoir souffrir à nouveau pour que me soient pardonnés des péchés que je n'avais pas commis. J'avais fait un pas en avant, et voilà que j'en faisais deux en arrière. J'étais désespérée.

Six mois après mon entrée au collège, je vécus l'une des scènes les plus humiliantes de ma vie, en classe de physique.

Quand la professeure entra, nous nous levâmes toutes pour la saluer, comme le veut la coutume. Lorsque nous nous rassîmes, la femme me montra du doigt et dit :

— Toi, lève-toi.

Oh, non ! Ne pouvait-on me laisser en paix ne serait-ce qu'un seul jour ?

— Ceci est une école pour filles, tu le sais. Si tu veux rester, tu vas devoir donner la preuve que tu en es une, toi aussi. Déshabille-toi.

J'eus l'impression de recevoir un coup de poignard. Et de fait, je ressentis une douleur aiguë dans la poitrine.

— Je ne peux pas, je suis désolée. Pas devant tout le monde.

Soixante-dix paires d'yeux étaient fixées sur moi. Soixante-dix visages impatients, et qui se demandaient : va-t-elle le faire ?

— Je préfère ne plus venir en cours plutôt que de me déshabiller devant tout le monde.

— Dans ce cas, va-t'en.

Je ramassai mes affaires et commençai à me diriger vers la porte, quand soudain – miracle ! – quelques filles prirent ma défense, reprochant à l'enseignante ses méthodes humiliantes.

Zelmaï, lui, aurait frappé cette femme cruelle, mais Nadia, elle, ne pouvait rien faire. J'étais réduite à l'impuissance, submergée par la rage et la frustration.

La professeure me suivit dans le couloir. Elle n'avait pas l'intention de me faire des excuses, mais elle se montra malgré tout plus conciliante et me fit une proposition :

— Pourrais-tu rédiger un résumé de ta vie ? Je ferai des photocopies et ainsi tout le monde saura pourquoi tu viens à l'école ainsi attifée, et pourquoi tu es défigurée.

Si ce papier atterrissait entre les mains de quelqu'un qui me connaissait en tant que garçon, j'étais fichue. Je devais à tout prix maintenir ma double identité, mais je ne pouvais pas me dérober. C'est pourquoi, de retour chez moi, je jetai quelques lignes sur un bout de papier.

Cela n'eut aucun effet sur mes camarades de classe, qui continuèrent à m'éviter. Mais une semaine plus tard, la professeure vint me trouver en s'écriant, tout excitée :

— Nadia, tu ne devineras jamais qui est venu dîner chez nous vendredi dernier ! Un ami de mon mari qui est cinéaste...

Mais pourquoi diable me disait-elle tout cela ?

— Je lui ai raconté ton histoire et montré ton papier. Il désire absolument te rencontrer.

Voilà que mes pires craintes se réalisaient : la situation était en train de m'échapper. La femme insista pour me présenter le cinéaste, mais je refusai. Il était hors de question qu'il fasse un documentaire sur moi.

Deux ans plus tard, j'appris qu'un long métrage avait été réalisé qui n'était pas sans rappeler ma propre histoire.

— Savais-tu qu'un film vient de sortir à propos d'une fille afghane qui se fait passer pour un garçon ? me demanda un jour mon ami Waiss.

Mon cœur bondit dans ma poitrine, mais je rétorquai, mine de rien :

— Ces gens nous prennent vraiment pour des imbéciles ! Une fille déguisée en garçon se ferait immédiatement repérer ! Celle-là n'a pas de poitrine, peut-être ?

Waiss aussi trouvait la chose improbable.

— C'est vrai...

J'enfonçai le clou.

— C'est une pure invention, comme les films de Bollywood. Si je croisais une fille déguisée en garçon, je le saurais tout de suite.

En rentrant chez moi, j'étais une boule de nerfs. Je n'avais aucune envie de voir ce film au dénouement tragique, qui s'intitulait *Osama*, et qui serait primé dans le monde entier.

Les étrangers

Pour nous, l'Europe et l'Amérique étaient d'autres planètes. Tout ce qui venait du Pakistan, de l'Iran, et plus encore de l'Inde, était méconnu, mystérieux et attirant. Les étrangers qui se rendaient en Afghanistan se retrouvaient face à un peuple à la fois méfiant et curieux. Quand l'un d'eux daignait s'intéresser à nous, nous nous sentions honorés et supérieurs, même si cela nous attirait des problèmes avec la police et les voisins. C'est précisément ce qui m'arriva sans que je fasse quoi que ce soit pour le provoquer. Des journalistes en quête de reportages intéressants voulaient absolument faire ma connaissance après que mes professeures leur eurent parlé de moi. J'étais devenue une bête de foire.

Un jour, la secrétaire déboula sans crier gare en plein cours de sciences.

— Mademoiselle Nour ! Permettez-vous que Nadia s'absente un instant ? Il y a des gens qui aimeraient la rencontrer !

— Ça ne finira donc jamais, songeai-je en lâchant mon stylo.

Je me levai sans hâte, sous le regard anxieux de la secrétaire. Chaque fois, c'était la même rengaine : des étrangers, tout sourire, venaient pour me photographier et m'interroger sur ma vie. Au début, j'acceptais sans discuter, car je croyais qu'il s'agissait de savants ou de gens importants, riches ou célèbres... Je les considérais comme une race supérieure dont j'aurais été l'obligée. À aucun moment l'idée ne m'effleura qu'il pût s'agir d'individus ignorants, malveillants ou intéressés. Quand ils me posaient des questions ou me prenaient en photo, je croyais qu'ils s'intéressaient sincèrement à moi. Mais, petit à petit, je découvris que la plupart étaient des journalistes qui entendaient divulguer mes photos et mon histoire dans le monde entier. Ils me mentaient sans vergogne, me racontant ce que j'avais envie d'entendre, avec la complicité absolue de mes professeures, qui se souciaient bien moins de me protéger que d'apparaître sur les clichés :

— Rassure-toi, il ne dira rien à personne et ne montrera les images qu'aux membres de sa famille...

Quand je finis par comprendre à quel jeu ces gens se livraient, je cessai de répondre de bonne grâce à leurs questions. Je n'allais pas jusqu'à faire la tête, mais je leur demandais de me laisser tranquille et je fondais en larmes. Certains, trouvant que ma réaction ajoutait du piquant à la scène, me mitraillaient sans états d'âme avec leurs appareils photo. Mes camarades de classe m'observaient avec envie. Je devais être quelqu'un d'important pour que des étrangers désirent faire ma connaissance.

C'est ainsi que je rencontrai des hommes et des femmes de nombreux pays, et que mon portrait fut publié dans toutes sortes de revues et de magazines que personne ne se donna jamais la peine de m'envoyer. Cette expérience me fit prendre conscience de la nécessité de contrôler l'utilisation qu'ils faisaient de mon image. Dès lors que ces journalistes gagnaient de l'argent grâce à moi, n'était-il pas normal que je reçoive aussi ma part ? Mais aucun d'entre eux n'était disposé à faire la moindre concession. Comment cette gamine issue d'un patelin paumé dont elle ne sortirait jamais osait-elle exiger quelque chose ? Sans doute estimaient-ils que la notoriété qui m'était offerte constituait un dédommagement suffisant. Ces gens venus de pays riches me traitaient comme ils n'auraient jamais osé le faire avec leurs concitoyens.

Cependant, l'indiscrétion de mes professeures et de mes amies me valut de me faire remarquer par une ONG appelée WfWI. Bien qu'étant fière de gagner mon pain à la sueur de mon front, je ne dis pas non quand on me proposa de me donner un petit coup de pouce.

De la fièvre et des couleurs

Je portais toujours sur moi un petit papier qui m'avait été confié par une de mes professeures du collège, et sur lequel figurait le nom, l'adresse et le numéro de téléphone de la responsable de l'ONG. Je me méfiais des organisations humanitaires depuis mon séjour dans le camp de Jalalabad, où personne ne venait en aide aux veuves et aux orphelins sans ressources.

Cependant, à l'été 2003, je me décidai à déplier le petit papier. Ce jour-là, en me rendant à l'école, je sentis mes jambes flageoler. Bien qu'il fît un soleil de plomb, je tremblais de froid et, dès que j'entrai en classe, mon amie Mariam se rendit compte que quelque chose n'allait pas.

— Mais, Nadia, tu es brûlante de fièvre ! s'écria-t-elle en me tâtant le front. Que se passe-t-il ?

— Rien. Ne t'inquiète pas.

— Il faut que tu rentres chez toi.

— Oui, oui, je vais rentrer, la rassurai-je.

Mais j'étais tellement habituée à n'en faire qu'à ma tête que j'ignorai ses conseils. Je ne pensais à rien d'autre qu'à me faire embaucher pour la journée, car l'atelier de réparation de bicyclettes ne me rapportait pas beaucoup d'argent, et j'avais besoin d'un complément de revenus.

C'est pourquoi je me rendis à la bourse aux journaliers. Ce fut en pure perte. Je grelottais de la tête aux pieds, mon haleine était brûlante et j'avais mal dans tout le corps. Je savais de quoi je souffrais : deux ou trois fois par an, j'avais une crise de paludisme. Comme tous les gens qui travaillaient en plein air sans protection, j'étais une proie toute désignée pour les moustiques, vecteurs de la maladie. Ce jour-là, je rentrai chez moi sans un sou en poche. Je n'avais qu'une envie, me coucher et fermer les yeux.

Quand la sensation de froid cessa enfin, je me mis à transpirer jusqu'à tremper mes vêtements. Après les avoir remplacés par l'unique tenue de rechange que je possédais, ma mère entreprit de faire la lessive. Comme chaque fois, elle vida mes poches et en déposa le contenu sur l'étagère. C'est alors que j'aperçus le petit bout de papier : j'avais l'impression qu'il m'appelait. Même malade, du moment que j'étais assise et dans un lieu fermé, j'aurais pu travailler, songeai-je. Puis je sombrai dans le sommeil.

Le lendemain, ma mère eut beau insister pour que je reste couchée, j'enfourchai ma bicyclette et me rendis en ville. Étourdie et la bouche pâteuse, je n'avais qu'une envie : boire un jus de fruits bien frais. Sur les étals, les jus de grenade ou de cerise venus d'Iran ou du Pakistan semblaient me narguer sur leurs lits de glace. Malheureusement, je ne pouvais me permettre de dépenser ne serait-ce qu'un afghani. S'il m'arrivait parfois de dérober un morceau de glace et de le sucer avidement, ce jour-là, je décidai de m'en tenir à l'eau du robinet que les marchands tenaient à la disposition des passants pour étancher ma soif.

Je parvins malgré tout à atteindre le siège de l'ONG. J'avais parcouru un long chemin et, quand j'arrivai enfin, j'étais fatiguée comme si je venais d'escalader l'Hindou Kouch. Mes jambes en coton se mirent à flageoler de plus belle à la vue des deux vigiles qui montaient la garde devant la porte.

Anéantie par la fièvre, je renonçai à persuader ces deux molosses de me laisser entrer, et m'endormis, affalée sur mon guidon. Je fus tirée du sommeil par une bande de gamins qui m'avaient lancé une boîte de conserve vide, pensant sans doute que j'étais droguée ou folle... Le moment était venu de tenter ma chance. Avec toute la détermination dont j'étais encore capable, je tendis le bout de papier à l'un des gardes en déclarant sèchement :

— Pour Simin.

— Quelle Simin ? Il y a beaucoup de gens ici, me répondirent-ils, laconiques.

— Vous avez son numéro de téléphone ici.

Au bout de quelques minutes, le vigile revint avec deux femmes qui me firent entrer. J'avais réussi ! Je passai fièrement devant les deux plantons, mais, une fois à l'intérieur, submergée par l'épuisement, je perdis à moitié connaissance.

— Oh, mon Dieu... que se passe-t-il ? Vite, dans le bureau ! entendis-je comme en sourdine.

Des mains m'empoignèrent et l'on me fit entrer dans une grande salle lumineuse. Là, je m'effondrai sur une chaise. Les murs jaunes semblaient avoir été peints de frais ; la table avait l'air neuve, et il y avait… une bibliothèque pleine de livres. À l'évidence, on ne manquait de rien ici.

— Je… je…, balbutiai-je.

— Ne parle pas, et reste assise.

Je n'eus pas besoin de me le faire répéter deux fois : j'étais si faible que j'aurais été incapable de lever le petit doigt.

Celle qui avait parlé était la responsable. Grande, la quarantaine, elle avait l'assurance d'une femme habituée aux situations difficiles. Ses assistantes, en revanche, me regardaient comme si elles avaient vu atterrir un ovni.

— Aidez-la à revenir à elle. Apportez-lui un jus d'orange bien frais. Ensuite, vous nous laisserez seules.

Des livres, un jus de fruits et des gens aimables ! J'aurais voulu ne jamais quitter cet endroit.

— Je sais qui tu es, Nadia. Ta professeure m'a parlé de toi.

La responsable se montra pleine d'attention et rassurante. Elle m'expliqua que la WfWI venait en aide aux femmes victimes de la guerre partout dans le monde, par le biais de subventions et d'ateliers de formation. Je l'écoutai en m'efforçant de ne pas me laisser distraire par les bruits qui nous parvenaient : conversations, rires, et surtout le « tap-tap-tap » joyeux des chaussures à talons qui martelaient le sol. Penser que les femmes qui portaient ces talons n'avaient pas la tête couverte me remplissait de joie. Peut-être que la liberté était en train de revenir pour de bon à Kaboul…

Je racontai brièvement mon histoire à la responsable et lui demandai de m'aider, car je ne voulais pas retourner travailler dans les champs. Elle me dit qu'elle allait m'inscrire dans un de ses groupes et que tout allait s'arranger. Je jetai des regards admiratifs autour de moi. Tout était si propre et accueillant. Par la fenêtre, on apercevait la cour, pleine de roses, une fontaine. Si j'avais cru aux contes de fées, j'aurais eu l'impression d'avoir touché le gros lot... sauf que je n'y croyais pas. Et mon corps dévoré par la fièvre me mettait au supplice. C'est pourquoi, au lieu de sauter de joie, je me contentai de répondre :

— Merci beaucoup.

— De rien. Voici comment nous fonctionnons : nous formons des groupes de quinze à vingt femmes qui ont une histoire semblable à la tienne. Elles se rencontrent en présence d'une psychologue, et racontent ce qu'elles ont vécu. Chaque femme se voit assigner une correspondante américaine qui lui envoie quinze dollars chaque mois.

Ce programme ne me plaisait pas du tout.

— Je n'ai pas envie de raconter ma vie à des inconnues. Merci, mais je préfère m'en aller.

D'un geste courtois mais impérieux, elle m'interdit de me lever de ma chaise. J'ajoutai :

— Vous n'avez pas l'air de comprendre ma situation !

Elle me promit que mon histoire ne sortirait jamais de ces murs et je finis par me laisser convaincre. En guise de cadeau de bienvenue, je reçus un bidon de deux litres d'huile végétale, un stylo et – comble de bonheur – un coffret de peinture à la gouache et trois grands cahiers. Sans doute avait-elle remarqué que je les contemplais avec envie.

Quand je ressortis, j'avais déjà oublié les réunions de groupe, les correspondantes américaines, les dollars et le jus d'orange : j'avais la tête pleine de souvenirs de l'époque où Zelmaï et moi dessinions de petites figurines dans nos cahiers, sans nous douter qu'un jour les crayons de couleur et le papier deviendraient des articles de luxe. J'étais si heureuse qu'au lieu de rentrer chez moi je m'assis par terre et me mis à peindre avec toutes les couleurs contenues dans ma boîte.

Des bijoux

— Maman, devine quoi ? Je vais avoir une amie américaine qui va m'envoyer de l'argent.

Ma mère me scruta longuement, comme pour s'assurer que la malaria ne me faisait pas délirer.

— Je vais tout à fait bien, maman. Regarde ce qu'on m'a donné !

Je lui montrai le bidon d'huile, les cahiers et tout le reste, et lui proposai de venir avec moi à la WfWI, en lui affirmant qu'elle apprécierait les gens qui travaillaient là-bas et qu'ils pourraient la mettre, elle aussi, en contact avec une Américaine.

— Parce que tu t'imagines que je vais parler à une étrangère !... Et maintenant, fais-moi le plaisir de nettoyer le pigeonnier. Il empeste et ton père n'est pas content.

La conversation avec ma mère était close sans que j'aie réussi à la convaincre. Je considérai mon père. Il était assis, comme toujours, l'air prostré. Une tentative de contact visuel avec lui était peine perdue. Je sortis nettoyer les fientes de pigeon, sans rien dire.

Lors de ma première réunion à la WfWI je revécus une scène bien connue : me voyant vêtue en garçon, les femmes assises en cercle sur le tapis se mirent à pousser des cris d'effroi.

— Du calme. C'est Nadia. C'est une fille, expliqua la conseillère.

Je me sentais mal à l'aise et guère disposée à raconter ma vie à des étrangères qui auraient pu divulguer mon secret, et encore moins à des femmes de mon quartier que je connaissais de vue. Tandis que la conseillère nous parlait d'hygiène, je songeai : « Comment veut-elle que nous nous lavions alors que nous n'avons même pas de savon ? Si seulement nous pouvions disposer d'une douche et de shampoing, comme quand j'étais petite ! » Lorsque je le lui fis remarquer à voix haute, elle se contenta de m'exhorter à la patience. La patience, vous parlez d'un conseil...

Je lui demandai de bien insister auprès des autres pour qu'elles ne m'adressent pas la parole si elles me croisaient dans la rue. Mais ce fut peine perdue. Dès le premier jour, quand nous sortîmes de la réunion, me voyant enfourcher ma bicyclette, deux de mes compagnes me demandèrent où j'allais.

En principe, je devais assister à deux réunions par semaine, mais, après cette première expérience, je ne revins qu'une seule fois. Cependant, les gens de la WIWF tinrent parole : au début du mois, je reçus quinze dollars. Moyennant quoi, je dus écrire une lettre de remerciement, qui me fut pour ainsi dire dictée, à cette amie dont je ne connaissais que le nom, Christina, et la ville de résidence, Chicago.

Je ne tardai pas à constater que ce programme ne me convenait pas. Les réunions ne m'étaient d'aucune utilité – bien au contraire – et l'argent que m'envoyait cette inconnue du bout du monde ne résolvait pas mes problèmes. J'allai trouver la responsable, qui me proposa de suivre une formation de tailleuse de pierres semi-précieuses. Ainsi, je pourrais justifier le petit salaire qui m'était versé.

Et c'est ainsi que je commençai à travailler au siège de la WfWI. Seul problème, le petit salaire en question était dérisoire. Au début, j'étais plutôt satisfaite de recevoir quinze dollars pour l'apprentissage d'un métier qui ne me demandait que deux heures de travail par jour. Mais, plus tard, quand je fus promue assistante du professeur, ma charge de travail s'alourdit sensiblement sans que je sois augmentée. Travailler tant pour quinze dollars par mois n'en valait pas la chandelle.

Je n'étais pas la plus assidue des élèves – car je ne venais pas en cours quand je trouvais du travail mieux payé ailleurs –, mais j'avais malgré tout beaucoup appris, et mes professeurs me trouvaient douée pour la taille des pierres. J'aimais voir ces petits cailloux couverts de terre se transformer en améthystes ou en turquoises. Ils avaient fait beaucoup de chemin : extraits des montagnes afghanes par des seigneurs de guerre, ils étaient ensuite vendus au Pakistan avant de revenir en Afghanistan pour être taillés, transformés en bijoux, puis montés en parures.

M. Saïd avait deux autres assistantes : une femme très consciencieuse, qui avait du mal à élever ses enfants et qui insistait pour que nous fassions valoir nos droits, et une fille plus jeune et aux antipodes de moi, très féminine et coquette, qui portait du maquillage et un petit foulard élégant par-dessus son opulente chevelure bien coiffée. De temps à autre, elle déclarait :

— Ça, je ne peux pas le faire, sinon je vais m'abîmer les ongles !

C'était si consternant que nous ne songions même pas à protester et la laissions se charger des tâches les plus délicates. Heureusement, elle nous faisait beaucoup rire.

Quand M. Saïd, marié et père d'une famille nombreuse, essayait de flirter avec elle, elle le rembarrait sans ménagement :

— Ma parole, vous vous prenez pour un acteur de Bollywood !

Lorsqu'il était bien luné, M. Saïd nous offrait des caramels, qu'il achetait par paquets d'un kilo, et que nous aimions tant qu'il nous arrivait d'en chiper quand il avait le dos tourné.

Ce n'était pas un simple caprice : je traversais une période de famine. À la fin des cours, la bonne odeur de viande grillée qui s'échappait des cuisines me faisait saliver. Cependant, n'étant pas titulaire, je n'y avais pas droit, et je devais me contenter le plus souvent d'un morceau de pain en espérant qu'une camarade repue daigne me céder les restes de son déjeuner.

Il était de notoriété publique que M. Saïd touchait cinq cents dollars par mois. Et moi qui n'en recevais que quinze, je devais supplier le trésorier de l'association, homme tyrannique qui prenait plaisir à m'humilier, pour qu'il daigne me payer. Dans ces cas-là, je me mettais en colère et le menaçais, déclarant que j'allais placer une bombe sous sa chaise. Bien sûr, il savait que je n'en ferais rien, mais j'étais tellement enragée que, si j'avais eu une grenade à la main, je crois bien que je la lui aurais lancée sans réfléchir.

Au bout de quatre mois passés à apprendre, puis à enseigner la taille des pierres et la confection de colliers vendus sur Internet, je finis par me lasser. Un jour, la directrice m'annonça qu'elle ne pouvait plus me payer. Un temps passa avant qu'elle ne change d'avis et ne décrète qu'elle me verserait cent dollars par mois. Je ne compris la raison de ce brusque revirement que quelques jours plus tard, lorsqu'on nous annonça que le responsable international venait d'arriver des États-Unis et souhaitait s'entretenir avec les employés.

C'est ainsi que je restai à la WfWI. Dans un premier temps, les cent dollars mensuels me semblèrent une fortune. J'achetai des rideaux rouges, assortis au tapis, pour habiller les fenêtres de notre maison. Je fis également l'acquisition d'une petite batterie pour que nous puissions faire marcher le vieux lecteur de cassettes et recharger la lampe avec laquelle nous nous éclairions la nuit. Ma mère put s'offrir une nouvelle robe de chambre et des chaussures plus confortables que ses sandales en caoutchouc. Nous décidâmes aussi de rénover nos matelas : nous allions les garnir de coton au lieu de vieux bouts de chiffons. Pour cela, nous devions économiser.

Je pris l'habitude de rapporter de l'huile végétale pour ma mère, qui souffrait du cœur, et de lui acheter de la viande une fois par semaine. Quant à nous, nous devions nous contenter de matière grasse d'origine incertaine et peu ragoûtante, pour assaisonner nos plats. Parfois, je rêvais des délicieux plats mijotés de mon enfance, quand nous pouvions nous attabler à dix ou douze et manger tout notre saoul.

Bientôt, il devint évident que notre famille ne pourrait survivre avec ce seul salaire. Certes, notre maison de deux pièces nous semblait plus accueillante, et ma mère bénéficiait d'une nourriture plus saine. Néanmoins, nous ne disposions pas d'autant de lait que nous en aurions eu besoin et il me fallait remplacer ma vieille sacoche pleine de trous ; sans parler de mes souliers, tellement usés que je devais les attacher avec un bout d'étoffe pour qu'ils ne quittent pas mes pieds... Les frais allèrent s'amoncelant.

La maison dans la montagne

Peu de temps après, nous reçûmes une visite inattendue. Ou, plus exactement, une visite que nous attendions mais à laquelle nous préférions ne pas penser : celle de la propriétaire de notre logis.

Par elle, nous découvrîmes l'histoire des précédents occupants de la maison : un couple, leur fils et leurs trois filles. Pendant la guerre, ils avaient dû chercher provisoirement refuge ailleurs en attendant que cessent les combats. Alors qu'ils se trouvaient dans la cave de leur tante, les parents et le fils décidèrent de retourner en vitesse récupérer des couvertures et de la nourriture. Ils ne revinrent jamais : une bombe les tua tous les trois. Et, comme c'est souvent le cas dans les histoires afghanes, les malheurs ne s'arrêtèrent pas là : lorsque les filles partirent à leur recherche, la plus jeune des trois fut blessée à la jambe par une bombe et il fallut l'amputer. Elle était malgré tout jolie, joyeuse et chaleureuse, au point qu'on en aurait presque oublié qu'elle marchait avec des béquilles.

Sauf que, quelques années plus tard, quand ses sœurs aînées se marièrent et qu'elle se retrouva seule et sans autre perspective que de servir d'esclave à sa tante acariâtre, elle se pendit dans le garage de la maison.

Le retour des sœurs nous obligea à chercher un autre logement. Petit à petit, les gens commençaient à revenir d'exil, et il devint impossible de trouver à se loger dans les quartiers proches du centre. N'ayant pas les moyens de payer un loyer, nous dûmes nous installer à l'extérieur de Kaboul, dans les collines. À l'époque, il n'y avait là-bas ni rues, ni magasins, ni transports publics ; rien qu'une poignée de maisons éparpillées sur la terre nue et aride.

Le déménagement dans la « maison dans la montagne », comme nous l'appelions, fut rapide, car nous n'avions pas grand-chose à emporter. Le plus dur pour moi fut de devoir me séparer des animaux que j'élevais pour gagner quelques sous supplémentaires. J'avais dix pigeons, un mouton, un veau, un faucon, un canari, deux perruches et un chien. J'avais aménagé une pièce délabrée en étable et, quand j'en avais besoin, j'allais vendre un ou deux animaux au *kaftar foroshe*, un marché haut en couleurs où les cris des animaux et des vendeurs de rue se mêlent en un joyeux tintamarre.

Les subsides de la WfWI et de la vente des animaux s'épuisèrent rapidement, car la maison dans la montagne se trouvait dans un tel état de délabrement que nous dûmes embaucher un ouvrier pour nous aider à la rendre habitable.

Non seulement il n'y avait pas l'eau courante, mais la fontaine la plus proche se trouvait dans la plaine. C'est alors que j'eus l'idée de me proposer comme porteuse d'eau. Quelques jours après notre arrivée, équipée de vieux jerricans, je faisais la tournée des voisins. C'était un travail dur et mal payé. Nous n'arrivions pas à sortir de la misère, mais je n'étais pas disposée à arrêter mes études.

C'est alors que je fis la connaissance d'un bienfaiteur.

Le bienfaiteur allemand

Tout commença quand Mariam, la fille qui m'avait consolée le premier jour au collège, m'annonça qu'elle avait parlé de moi à son oncle et que celui-ci désirait me rencontrer. L'oncle Gani voulait m'aider et, après notre premier entretien, il me demanda de passer le voir à son bureau à la centrale électrique. Je connaissais bien la zone, ayant des parents qui vivaient non loin de là, et craignais que quelqu'un ne me reconnaisse et ne me cherche des ennuis. Mais tout se passa bien et je fus heureuse de m'y être rendue, car ainsi je pus voir que la centrale avait été reconstruite après-guerre.

L'oncle Gani était un ingénieur qui travaillait comme assistant et interprète de M. Hans, un responsable allemand en poste en Afghanistan. Je fus intimidée par cet étranger d'âge mûr, à l'air sévère, qui semblait toujours donner des ordres. Je me contentai de répondre à ses questions, tandis que l'oncle Gani traduisait, sans bien comprendre ce que j'étais venue faire là.

L'entretien prit fin, et l'oncle Gani me dit de remercier mon hôte et de prendre congé. Puis, une fois à l'extérieur du bureau, il m'expliqua que l'Allemand lui avait demandé de m'envoyer faire des courses.

Peu après, je me retrouvai dans un taxi en compagnie de la tante de Mariam, qui avait emporté un portefeuille plein de billets de banque pour m'acheter tout ce dont j'avais besoin dans les boutiques du centre – là où, en temps normal, personne ne m'aurait laissée entrer. J'avais l'impression de rêver. Nous achetâmes des turbans pour mon père et moi, des souliers et des vêtements neufs pour ma mère, mes sœurs et moi. Euphorique, j'allai jusqu'à réclamer une montre, car toutes celles que j'avais eues jusque-là s'étaient cassées. Mais l'épouse de l'oncle Gani mit le holà :

— La prochaine fois, peut-être.

Ignorant les termes de l'arrangement, je n'étais pas certaine qu'il y aurait une seconde fois, mais je décidai de savourer l'instant. Quelle ne fut pas ma joie quand je rentrai à la maison avec un énorme sac rempli de vêtements ! Un luxe !

Le lendemain, je retournai voir M. Hans pour le remercier. Il me décocha un clin d'œil et me lança :

— Je me suis laissé dire que tu n'avais pas de montre.

Sur le coup, je crus qu'il allait me reprocher d'avoir abusé de sa générosité, mais, à ma grande stupéfaction, il ôta la montre qu'il portait au poignet et la remit à sa secrétaire avec l'ordre de faire ajuster le bracelet à ma taille.

Et c'est ainsi que, subitement, la chance me sourit. Allez savoir pourquoi, Hans avait décidé de m'aider sans rien demander en échange. Jamais il ne me donna d'argent en mains propres : il le remettait à l'oncle Gani qui le dépensait en fonction de mes besoins. Nous pûmes acheter des chaises pour que ma mère, qui souffrait des genoux, puisse s'asseoir plus confortablement. Nous ne manquâmes plus jamais de nourriture ou de médicaments. Et, plus tard, nous pûmes échanger la maison délabrée de la montagne contre une autre mieux située et équipée d'une pompe à eau que nous enviait tout le voisinage.

Ahmal

Ahmal éprouvait quelques difficultés à étudier, et son écriture maladroite lui valait des réflexions de la part du professeur. Comme j'avais une envie folle de passer du temps avec lui, je lui proposai de lui enseigner la calligraphie chaque semaine.

— Quand je me marierai, disait-il, c'est toi qui rédigeras les cartons d'invitation. Sinon, je te tue, compris ?

Entre nous les liens étaient forts.

Nous ne faisions pas qu'étudier. Parfois nous prenions le thé en nous imaginant que nous montions une affaire ensemble. Un élevage de moutons, un cybercafé... Nous allions faire fortune, et à nous la belle vie !

Mais les rêves sont une chose, et la réalité – la faim, la misère – une autre. Même si ma situation s'était grandement améliorée, tous mes problèmes n'étaient pas résolus. Je savais que l'amour que je ressentais et qui me procurait tant de joie n'avait aucun avenir. Je savais que je ne pourrais pas garder éternellement mes amis, car tôt ou tard mon secret finirait par nous séparer.

Je pris conscience de cela après une visite chez le médecin avec ma mère. Ce dernier nous rappela qu'elle avait une insuffisance cardiaque et qu'elle devait veiller à mieux s'alimenter. C'est pourquoi, quand une de mes connaissances me proposa d'aller administrer une ferme à Kandahar, j'acceptai. Ce n'était pas l'amour ou l'amitié qui allait me rapporter de quoi nourrir ma famille ou acheter des médicaments.

Le jour même, j'en informai le groupe, et Ahmal en fut désolé :

— Tu ne peux pas partir ! Et moi, alors ? On ne va plus pouvoir se voir !

« Comment peut-il être aussi triste, alors qu'il ne sait pas que je suis une fille ? », songeai-je alors avec un pincement au cœur.

— Ma décision est prise, Ahmal. Je m'en vais après-demain. Là-bas, je pourrai faire vivre décemment ma famille sans avoir à rendre de comptes à quiconque.

Pour fêter mon départ, Waiss nous invita à passer la nuit chez lui. J'étais à la fois ravie et épouvantée à l'idée qu'on pût découvrir que j'étais une fille. C'est pourquoi je demandai à ma sœur Rosia de venir me chercher au bout de deux heures, sous prétexte que notre mère ne se sentait pas bien et me réclamait.

Mes amis et moi dînâmes, puis prîmes le thé, mais Rosia ne venait pas. Nous regardâmes ensuite la télévision, et toujours aucun signe de ma sœur. J'étais paniquée, et quand Waiss proposa de dérouler les matelas, je n'eus d'autre choix que d'accepter. Pour ne rien arranger, on m'avait installée à côté d'Ahmal.

En plus de me faire du souci à l'idée qu'il était peut-être arrivé quelque chose à Rosia, je redoutais que mes amis ne découvrent ma véritable identité, et j'étais au supplice de me trouver si près d'Ahmal. J'étais en proie à un si grand nombre d'émotions que j'avais l'impression que mon cœur allait exploser.

Le lendemain, dès le lever du jour, je m'empressai de rentrer chez moi. J'étais une pelote de nerfs, et quand j'appris que Rosia n'était pas venue me chercher parce qu'elle avait peur de sortir le soir, je faillis l'étrangler. Mais ma colère fut de courte durée, car je n'arrivais à penser à rien d'autre qu'à la nuit que j'avais passée tout près d'Ahmal, si beau, si drôle et affectueux avec moi. Comment était-ce possible ?

Je souriais jusqu'aux oreilles lorsque je partis le jour même pour Kandahar, afin de conclure le marché avec le garçon qui m'avait proposé d'administrer la ferme. Mais mon sourire s'évanouit lorsqu'il m'annonça :

— Zelmaï, je suis désolé, mais mon père a finalement cédé les terres à quelqu'un d'autre. Je suis confus, vraiment.

Ses paroles me firent l'effet d'une douche froide. J'allais devoir retourner à la vie compliquée de Kaboul.

Ce soir-là, Ahmal me surprit de nouveau en déclarant :

— Je suis tellement content que tu restes avec nous ! Ne t'inquiète pas. Étudie, et moi je t'aiderai autant que je le pourrai.

Comme j'aurais aimé le serrer dans mes bras !

Heureusement, les autres n'avaient pas l'air de se rendre compte que nous entretenions une relation spéciale. Tout leur semblait normal. Nous nous voyions chaque jour pour étudier la calligraphie, l'anglais ou les mathématiques, mais aussi pour nous promener et nous amuser. Un jour, nous étions tous en train de bavarder devant la boutique de Nazad et Naqil, quand nous réalisâmes que c'était l'heure de la prière.

— Eh, Zelmaï, pourquoi ne ferait-on pas la prière ici ? Tu veux bien nous diriger ?

— D'accord.

Comme l'eût fait un mollah, je me plaçai devant mes trois amis et cachai mon visage dans mes mains en récitant : « *Allah akbar.* » Parfois, quand nous priions dans la rue, mes amis s'amusaient à disparaître quand j'avais le dos tourné, ou inversement je filais me cacher pendant qu'ils étaient prosternés, front contre terre et ne pouvaient me voir. Mais ce jour-là nous fîmes tous la prière sérieusement. Grand bien nous en prit car, lorsque je me retournai, je vis qu'une vingtaine de personnes s'étaient jointes à notre groupe, parmi lesquelles un fonctionnaire municipal et un mollah, qui étaient arrivés trop tard à la mosquée et qui me félicitèrent. Cette anecdote fit le tour du quartier et rehaussa mon prestige.

Toutefois, ce qui m'importait était ce qu'Ahmal et les autres pensaient de moi.

Certes, ils me considéraient comme un personnage un peu excentrique, impulsif et parfois hargneux, mais ils m'aimaient bien malgré tout et ne me reprochaient pas d'avoir quelques secrets. Comme mon âge, par exemple. Je leur disais que j'étais plus jeune qu'eux tous, afin qu'ils ne s'étonnent pas que je n'aie pas encore de barbe ou que ma voix n'ait pas encore mué. Mais il m'arrivait aussi de leur faire remarquer que je n'étais pas un enfant. Ce fut le cas le jour des élections.

Un jour de novembre 2004, alors qu'Ahmal et moi étions montés tous les deux sur ma bicyclette, il me dit :

— Eh, Zelmaï, je suis majeur ! Et je suis allé voter. Tiens, regarde !

Et il me montra sa carte d'électeur.

— Ah, mais oui, dis-je en feignant l'indifférence. Moi aussi j'irai voter, plus tard.

Il rit.

— Comment est-ce que tu vas faire pour voter si tu n'as pas encore dix-huit ans et que tu n'as pas un poil de barbe ?

— C'est de la magie ! Bien sûr que j'ai dix-huit ans, répliquai-je avec un rire forcé.

Il avait touché un point sensible. Et je m'étais mis en tête d'aller voter et de dégoter une carte d'électeur comme Ahmal, qui prouverait que je n'étais plus un gamin.

Ce ne fut pas de tout repos, car il me fallut trouver un bureau de vote pas trop fréquenté, où les contrôles n'étaient pas trop stricts. M'étant couverte de poussière des pieds à la tête, j'entrai d'un pas décidé.

— Hep, où vas-tu comme ça ? me demanda un homme en langue dari.

Je lui répondis en pachtoune :

— Pardon ? Qu'est-ce que vous dites ? On m'a dit de venir voter ici…

Les responsables se mirent alors à discuter entre eux pour savoir s'ils pouvaient me laisser voter, car je leur paraissais bien jeune. L'un d'eux me demanda mon âge en pachtoune et je lui répondis que j'avais dix-neuf ans. Ils ne me crurent pas.

— J'ai même ma propre famille, ajoutai-je.

La discussion se poursuivit. L'homme qui parlait pachtoune déclara qu'en effet dans les communautés rurales pachtounes on se mariait de bonne heure. Pour finir, ils acceptèrent de me laisser voter.

— Ton passeport, s'il te plaît.

— Mon *pass... quoi* ? Qu'est-ce que c'est ?

L'homme soupira, résigné.

— ... Bon, trempe ton doigt dans l'encrier et dépose ton empreinte sur ce papier.

Ensuite, ils me donnèrent une feuille sur laquelle figuraient les noms et les photos des candidats, ainsi qu'un marqueur. Sous leurs yeux à tous, je fis une croix à côté d'Hamid Karzaï. En réalité, peu m'importait qu'il l'emporte ou pas.

Une heure plus tard, après m'être lavée, j'entrais chez Ahmal, l'air triomphant, pour lui montrer ma carte d'électeur. Je venais une fois de plus de lui démontrer que j'étais quelqu'un d'obstiné et que je finissais toujours par obtenir ce que je voulais.

Il savait que j'étais susceptible et qu'il valait mieux parfois me caresser dans le sens du poil. Par exemple, il avait remarqué que bien souvent je sautais le repas de midi pour pouvoir travailler, et il trouvait alors une excuse pour que j'aille chez lui.

— Zelmaï, ça t'ennuierait de me passer tes notes d'anglais ? Je ne m'en sors pas.

Et quand j'arrivais chez lui, comme par hasard, il y avait des œufs au plat qui m'attendaient.

Sa gentillesse me désarmait. Et ses rêves me déstabilisaient. Il imaginait qu'un jour sa tante, qui vivait à Londres, lui proposerait de venir la rejoindre, et qu'une fois installé il me ferait venir à mon tour. Une pensée me venait alors : une fois à Londres, je dirais à Ahmal que j'étais une fille, et nous resterions amis… Je n'osais pas imaginer que lui et moi puissions être plus que cela.

Je m'efforçais de parler de filles avec lui. Je lui demandais lesquelles ils préféraient, faisais semblant d'éprouver la même attirance pour telle ou telle, et déclarais que nous continuerions à être amis lorsque nous aurions des femmes et des enfants. Mais cela ne me donnait que plus envie d'être près de lui. Quand nous nous saluions, nous nous serrions la main et nous touchions l'épaule, et ce simple contact m'enflammait. J'aurais voulu davantage : un baiser. Mais c'était impossible et, à cette seule pensée, je sentais monter des larmes de frustration.

Ma mère m'avait mise en garde contre l'amour, et surtout contre le mariage ; deux choses qui ne vont pas forcément de pair en Afghanistan. Et tout semblait indiquer qu'elle avait raison. Les histoires d'amoureux qui ne pouvaient pas se marier et d'époux qui ne pouvaient pas se supporter, il y en avait des centaines, et dans tous les cas, celle qui souffrait le plus, c'était la femme… Malgré cela, j'étais folle amoureuse d'Ahmal. Il m'estimait et me donnait de l'espoir et du bonheur. De lui je tirai la force de supporter les commentaires de mes tantes quand elles déclaraient : « Nadia aide sa mère parce qu'elle ne peut pas se marier. » Et elles ajoutaient : « Si tu veux, quand ta mère mourra, tu pourras venir vivre chez nous. » À leurs yeux, je n'étais qu'une fille mutilée et sans avenir.

Leur pessimisme finissait par déteindre sur moi, et je m'imaginais qu'un jour je devrais demander à mes sœurs ou à une autre femme de ma famille de m'héberger en échange de travaux domestiques. Presque aussitôt, je me ressaisissais : je n'avais pas besoin de me marier ou de me faire adopter pour m'en sortir. J'étais une personne intelligente et débrouillarde qui pouvait s'assumer seule ! Ahmal m'aidait à croire en moi-même, et je l'aimais à en perdre la raison.

D'une certaine façon, je sentais que mes sentiments étaient réciproques.

Si tu ne manges pas, moi non plus

Un soir, en sortant du cours d'anglais, Ahmal me dit qu'il n'avait pas mangé.
— Et pourquoi cela ? m'étonnai-je.
— Parce que j'ai pensé que tu n'avais pas mangé toi non plus. Si tu ne manges pas, je n'ai pas faim. Si tu ne bois pas, je n'ai pas soif.
Le lendemain, quand je vis que ma mère avait préparé le plat préféré d'Ahmal – un ragoût de pommes de terre –, je décrétai que, s'il ne pouvait pas en manger, je n'en mangerais pas non plus.
— C'est ridicule ! s'emporta-t-elle. Il n'a qu'à venir ici, et alors nous lui en donnerons.
Mais j'avais perdu l'appétit et ne le retrouvai que lorsque Ahmal et moi pûmes nous attabler ensemble. Ce jour-là, nous nous avouâmes des sentiments qui, s'agissant de deux garçons, auraient scandalisé notre entourage.
— Zelmaï, j'ai eu mal à la tête toute la journée, et maintenant que nous sommes réunis je ne sens plus rien.
— Moi... moi aussi, Ahmal.

Émerveillés par cette découverte, nous sortîmes nous promener dans la rue et partageâmes un Pepsi en riant et en chahutant comme si nous étions ivres. Les confessions s'enchaînèrent, chaque fois plus hardies :

— Quand je vais me coucher, je suis triste parce que tu n'es pas là, me dit-il.

Et je riais de bonheur.

Le lendemain, à quatre heures du matin, je passai le prendre chez lui pour aller à la mosquée. Avant de partir chacun de son côté vaquer à ses occupations, nous convînmes de dîner ensemble le soir même. Ma mère étant souffrante, je demandai à Ahmal de bien vouloir apporter la viande.

— Zelmaï, avec ton turban et ton sac à dos, tu as l'air d'un membre d'Al-Qaïda ! me dit-il avant de s'éloigner en riant.

J'étais follement émue à l'idée de passer la soirée avec Ahmal, puis de le raccompagner chez lui à bicyclette.

Mais quelle ne fut pas ma déception quand je rentrai chez moi à cinq heures de l'après-midi et ne trouvai ni Ahmal ni la viande. M'étais-je leurrée ?

Sur le coup, je ne m'étais pas rendu compte que ma mère n'était pas venue m'accueillir et me saluer gaiement, comme chaque soir. Ce jour-là, je la trouvai en train de s'affairer et me tournant le dos. Déposant ma sacoche, je me mis à parler du dîner, quand elle m'interrompit brusquement sans se retourner.

— Zelmaï, tu es une personne très pieuse, n'est-ce pas ?

— Oui. Tu le sais bien.

— Ce que Dieu nous donne, Dieu nous le reprend.

Je m'approchai :

— Que se passe-t-il ?

Ma mère cacha son visage trempé de larmes dans ses mains.

— Ahmal a eu un accident.

— Ah ! Je vois. C'est une excuse pour arriver en retard. Il adore faire des blagues.

— Non, répliqua ma mère, l'air on ne peut plus sérieux. Il est gravement blessé... à la jambe.

Mais je persistai :

— Je vais aller m'occuper de lui. Tout ira bien !

Je ressortis le cœur léger à l'idée que j'allais bientôt le revoir.

Mais, devant sa porte, je trouvai un attroupement inhabituel, et j'eus la sensation bizarre que tous les yeux étaient fixés sur moi.

— Eh bien quoi ?

Avant même que j'aie pu réaliser ce qui se passait, un cousin d'Ahmal m'annonça de but en blanc :

— Ahmal est mort ce matin. Nous t'avons attendu, mais comme tu ne venais pas nous avons été obligés de l'emmener au cimetière.

La Terre s'arrêta subitement de tourner.

Plus tard, j'appris qu'il avait été renversé par une voiture à sept heures du matin, alors qu'il se rendait chez ma mère pour lui apporter de la viande et des tomates. On l'avait transporté au cimetière car, les hôpitaux n'étant pas équipés de chambres froides, il fallait enterrer rapidement les morts.

Le cimetière se trouvait à une heure de marche. Je me mis en route. J'avais l'impression de perdre la raison. En chemin, je m'arrêtai pour creuser la terre à mains nues, et m'en couvrir la tête, comme si j'avais voulu être moi aussi six pieds sous terre. Je hurlais. Je pleurais en silence. Je trébuchais, égarée... Et quand j'arrivai au cimetière, la tombe était déjà fermée, et couverte de fleurs. Une foule était là. Je me rappelai la fois où Ahmal m'avait accompagnée sur la tombe de Zelmaï. Il m'avait aidée à disposer des pierres tout autour pour indiquer qu'un homme reposait là, et ensemble nous avions planté le piquet surmonté d'un foulard vert indiquant qu'il s'agissait d'un *shaïd*, une victime innocente de la guerre. Nous avions prié en regardant nos mains ouvertes devant nous comme un livre, pour demander à Dieu de pardonner les morts.

Ce jour-là, c'est Ahmal qu'on enterrait, et ce furent les autres qui durent me raccompagner chez moi. À trois heures du matin, je m'éveillai en sursaut, et me souvenant de ce qui s'était passé la veille je retournai au cimetière. Là, je pus enfin pleurer tout mon soûl. Je versais des torrents de larmes pour Ahmal et pour Zelmaï. Le lendemain matin, les parents d'Ahmal me trouvèrent endormie sur sa tombe et couverte de boue.

Je n'ai plus le moindre souvenir de la manière dont je rentrai chez moi. Je ne sais même pas comment je trouvai la force de respirer les jours suivants. Mon cœur s'était gelé dans ma poitrine. Plus tard, ma mère m'expliqua que j'avais passé les cinq jours suivants complètement prostrée, sans réaction aucune. Le sixième jour, quand je repris vie, un chagrin incommensurable s'empara de moi. J'avais l'impression d'avoir été propulsée à des années-lumière, sur une planète où je ne connaissais personne. Mes amis venaient me voir, m'apportaient de la nourriture et me serraient dans leurs bras, mais je les repoussais tous. Je les frappais et leur criais dessus. Je voulais qu'on me laisse seule avec mon chagrin.

Je désirai mourir. Une de mes professeures, venue me rendre visite, dit à ma mère qu'il fallait que je voie un médecin de toute urgence. Avec l'aide de l'oncle Gani, elle m'emmena à l'hôpital où l'on m'administra des tranquillisants en veillant à retirer de ma portée les objets dangereux. On tenta aussi de me guérir par la prière, en me menant dans un sanctuaire. Cependant, droguée comme je l'étais par les médicaments, je n'arrivais pas à penser, et je n'ai gardé aucun souvenir des oraisons ou même des larmes versées.

Durant toute cette période, l'oncle Gani joua pour moi le rôle du père : il ne me laissa jamais sans surveillance. Un jour, il me fit monter dans sa voiture et m'emmena voir M. Hans. Je lui obéis, douce comme un agneau.

M. Hans me sembla encore plus sérieux qu'à l'ordinaire. À peine étions-nous assis qu'il déclara :

— On m'a dit que tu n'allais pas bien. Que t'arrive-t-il, petite ?

Je lui répondis que ma vie n'avait plus de sens depuis que mon ami Ahmal était mort.

— Ce n'est pas en mourant toi aussi que tu vas arranger quoi que ce soit, conclut-il.

Il n'avait l'air ni outré, ni peiné, ni inquiet, contrairement à la plupart des gens qui connaissaient la situation.

C'est pourquoi je l'écoutai attentivement quand il me dit qu'il allait me raconter une histoire.

Durant la Seconde Guerre mondiale, les Russes étaient entrés dans son village natal. Ils avaient tué son père sous ses yeux, puis emmené sa mère, qu'il n'avait jamais revue.

— Mais ma sœur et moi avons continué de vivre là-bas. Nous avons étudié et sommes allés de l'avant. Et c'est ce que tu dois faire toi aussi.

Il me dit cela d'un ton sec, comme s'il me donnait un ordre. Cette fois encore, son intervention fut décisive. Il me regardait d'un œil sévère, sans compassion : il savait ce que je ressentais et ne voulait pas que je m'effondre.

Il était prêt à m'aider à condition que je fasse un effort.

Pour ne pas que je me replie sur moi-même, il me fit cadeau d'un téléphone portable. Ainsi, il pourrait me localiser pour s'assurer que j'allais bien.

Chaque jour, à chaque instant, je pensais à Ahmal. J'allais rendre visite à ses parents, et, comme sa mère me connaissait bien, elle s'autorisait à pleurer avec moi, sans prendre la peine de se voiler. Son père me demanda un jour de l'aider à rédiger les invitations à la cérémonie qu'il voulait organiser en mémoire d'Ahmal. Tout comme moi, il ne cessait de repenser aux conversations qu'il avait eues avec son fils, à leurs fous rires, et à tout ce qu'ils avaient vécu ensemble…
Il se souvenait qu'Ahmal lui avait dit que j'avais une écriture superbe et qu'il m'avait demandé de rédiger ses faire-part le jour où il se marierait.

— Il ne se mariera jamais, mais je suis sûr qu'il aurait voulu que ce soit toi qui écrives ces invitations.

J'acceptai, même si ce fut une véritable torture d'écrire cent fois le mot « mort » à côté du nom d'Ahmal. J'avais beau m'appliquer, mes larmes tombaient sur le papier et faisaient couler l'encre.

Tous les parents et amis furent invités à faire le deuil : chaque vendredi, quarante jours durant, nous devions nous retrouver pour lire le Coran et manger ensemble, ainsi que l'exigeait la tradition. Ahmal avait beaucoup d'amis et il y avait toujours un monde fou aux cérémonies. Petit à petit, nous lui faisions nos adieux. Chaque jour durant quarante jours, ses frères et sœurs faisaient don de la ration de nourriture qui aurait dû lui revenir à une famille pauvre. À cette occasion, aucun détail n'était négligé : on apportait non seulement l'assiette de nourriture, mais le dessert, ainsi qu'un peu de sel ou de sucre, le thé, les serviettes de table... La deuxième semaine, je me chargeai de faire la distribution à la place de la sœur d'Ahmal. Tout en m'acquittant de ma tâche, je pleurais à chaudes larmes, mais j'avais aussi l'impression de le sentir plus près de moi...

Le reste du monde m'était devenu indifférent.

Mes amis, craignant de me voir sombrer, attendirent patiemment que j'accepte de me faire aider et de sortir du désespoir. Des mois durant, ils m'apportèrent nourriture et réconfort sans jamais se décourager, même quand je les envoyais vertement promener.

Ashraf et Afzal eurent un jour l'idée de me demander de leur donner des cours, comme je l'avais fait avec Ahmal. Au début, je refusai, mais ils me dirent :

— Il suffit que tu nous donnes des devoirs et qu'ensuite tu les corriges. D'accord ?

Je n'eus d'autre choix que d'accepter, et c'est ainsi qu'ils réussirent à faire entrer un filet de lumière dans ma vie, qui, petit à petit, alla s'élargissant.

Pendant les leçons de calligraphie, ils faisaient les pitres pour m'obliger à rire, ou tout au moins pour me dérider. Comme si cela ne suffisait pas, quelques heures plus tard, Afzal venait frapper à ma porte pour me faire une proposition dont il savait qu'elle allait m'obliger à sortir et à mettre un peu de côté mes préoccupations :

— Je vais au cimetière, tu m'accompagnes ? Tu pourras arroser le mûrier blanc. J'ai de l'eau dans la voiture.

Nous autres, Afghans, avons coutume de planter un mûrier et de construire un pont avant de mourir, afin que la charité ne cesse jamais. Ahmal n'ayant pas eu le temps de le faire, j'avais planté un arbre pour lui à côté de sa tombe.

Mes amis avaient réussi à me sortir de mon désespoir.

À la recherche du paradis

Sa mission ayant pris fin, M. Hans m'annonça qu'il rentrait chez lui. Il me dit qu'il avait laissé de l'argent à l'oncle Gani pour que je puisse continuer d'étudier. J'ignorais combien de temps j'allais pouvoir tenir, et savoir que M. Hans ne serait plus là m'angoissait.

J'avais cessé de me rendre à l'atelier de bicyclettes. Khalil travaillait seul là-bas, et peu après il me racheta mes parts. Au collège, je n'arrivais pas à me concentrer. J'étais incapable de retenir mes larmes et décidai de partir. C'est alors qu'une chose inattendue se produisit : mes camarades de classe s'organisèrent pour m'emmener à tour de rôle à l'école. Elles refusaient purement et simplement que j'arrête les cours. Mes professeures aussi m'encouragèrent à poursuivre mes études. Sans m'en rendre compte, j'avais cessé d'être un monstre repoussant pour devenir une amie choyée. Tout le monde me connaissait, pas seulement à cause de mon aspect, mais parce que j'avais de bonnes notes et que j'avais réussi à sauter deux classes après avoir suivi des cours de mise à niveau durant les vacances.

Quand l'accablement reprenait le dessus, l'atmosphère recueillie de la mosquée était mon seul refuge ; là je pouvais penser en paix. Un vendredi, après la prière, je m'attardai pour lire le Coran. Non loin de moi, un inconnu récitait la prière de la *wazifa*, en me jetant des regards en coin, comme s'il cherchait à me jauger. Il finit par s'approcher de moi et fit un geste pour m'indiquer qu'il voulait s'asseoir à mes côtés. Je haussai les épaules, l'air de dire « ça m'est égal », et je continuai de lire en m'efforçant de l'ignorer. Au bout d'un moment, il sortit du silence et me dit :

— Tu es jeune et pieux, Dieu te donnera tout ce que tu veux.

Il avait une voix profonde, au timbre chaleureux. Je pris le temps de le détailler : il avait une quarantaine d'années, une longue barbe noire et un bonnet. C'était un homme d'apparence ordinaire, mais quelque chose en lui m'attirait sans que je comprenne pourquoi. Sans même m'en rendre compte, je me mis à lui parler de la mort d'Ahmal :

— Depuis qu'il est mort, je n'ai plus goût à rien. Je suis las du monde et je ne veux plus sortir de la mosquée.

Il m'écouta pendant un long moment. Juste avant qu'il s'en aille, je lui demandai pourquoi il était venu prier ici alors qu'il n'était pas du quartier. Il me répondit qu'il était venu chercher son frère.

— Je suis l'assistant du mollah. Peut-être le connaît-il ! dis-je, désireuse de lui venir en aide.

Mais il déclina ma proposition :

— Non, non, c'est gentil, mais je ne crois pas...

Les jours suivants, l'homme revint, et après la prière nous reprîmes notre conversation. Il semblait vraiment vouloir apprendre à me connaître, et je me sentais libre de lui raconter ce que j'avais sur le cœur.

Je le trouvais si obligeant que j'eus envie de le présenter à mes amis. Je l'avais surnommé l'« homme bon ». Waiss accepta de venir faire sa connaissance, et le vendredi suivant, je passai le prendre chez lui à quatre heures du matin. Il sortit dès que je frappai à sa porte, les yeux encore tout ensommeillés. Après la prière, je présentai mes deux amis l'un à l'autre, et nous nous mîmes à bavarder. Soudain, le mollah s'approcha et s'écria en direction de l'inconnu :

— Toi, sors d'ici ! Et vite !

Waiss et moi écarquillâmes les yeux sans comprendre. Pourquoi le mollah, d'ordinaire si calme et mesuré, se mettait-il dans cet état ? Comment pouvait-il chasser quelqu'un d'aussi pieux de la mosquée ? L'« homme bon » se défendit :

— Pourquoi ? Qu'ai-je fait ?

Le mollah, cependant, ne décolérait pas.

— Laisse ces deux garçons tranquilles ! dit-il, tremblant de rage. Va-t'en d'ici ou je raconte tout !

Nous sortîmes tous les trois, ébranlés. Je ne comprenais pas pourquoi le mollah s'était emporté ainsi, et je lui en voulais d'avoir manifesté une telle agressivité.

Je ne voulais plus remettre les pieds à la mosquée, mais j'y retournai malgré tout le lendemain à l'aube, comme à l'accoutumée. J'y trouvai l'homme en train de réciter la *wazifa* et quand il me sourit une vague d'émotion m'envahit. On aurait dit qu'il m'attendait. Nous nous assîmes et commençâmes à bavarder. Je lui confiai que l'attitude de celui que je considérais comme mon maître m'avait choquée et peinée. Mais il ne semblait guère accorder d'importance à l'incident. J'étais un peu désorientée, mais il me fascinait tellement que je n'arrivais à penser à rien d'autre. Son discours ressemblait beaucoup à celui des talibans, mais il affirmait qu'il n'en était pas un. Comme il ne portait pas de turban, et qu'il n'avait pas l'air d'une brute ignorante, je gobai tout ce qu'il me racontait tandis qu'il m'expliquait que le régime était corrompu et que tous ceux qui le soutenaient iraient en enfer...

— En revanche, déclara-t-il avec conviction, ceux qui meurent pour Dieu iront au paradis ; soixante-dix péchés leur seront pardonnés et soixante-dix personnes de leur famille seront sauvées. Tu imagines, Zelmaï, tu pourrais revoir ton ami Ahmal !

Revoir Ahmal, être pardonné : tout cela sonnait comme une musique céleste à mes oreilles. Mais deux jours plus tard, quand je repassai devant la mosquée, le mollah m'attendait sur le parvis.

— Zelmaï, entre, je te prie, me dit-il d'une voix posée.

Il regrettait d'être sorti de ses gonds, m'expliqua-t-il, mais il n'avait pas le choix :

— Vois-tu, Zelmaï, cet homme n'est pas un musulman. C'est un *wahhabite*, qui cherche à recruter des gens pour assassiner d'autres gens, et revenir à un régime semblable à celui des talibans.

Il m'avait ouvert les yeux, mais je lui dis que j'avais convenu de le revoir le vendredi suivant et lui demandai la permission de le faire.

— Maintenant que tu sais qui il est, vas-y. Tu verras par toi-même ce qu'il veut vraiment.

Cette rencontre avec l'« homme bon » fut la dernière. Il m'avait donné rendez-vous dans une autre mosquée, et cette fois il alla droit au but : il me proposa de m'envoyer au Pakistan, où il avait des amis qui avaient fondé une école coranique et qui pourraient m'offrir leur aide. Non pas que l'idée de me convertir en martyre ne m'eût pas déjà effleurée : plus d'une fois j'avais songé que si quelqu'un me proposait de me faire exploser en échange d'une importante somme d'argent, je n'aurais pas refusé, car ainsi mes souffrances seraient abrégées et ma famille pourrait manger. Maintenant que l'occasion se présentait, je n'étais plus sûre de rien. En fait, l'« homme bon » ne s'intéressait pas à moi ou à ce que je pouvais lui raconter. Tout ce qu'il voulait, c'était que je lui obéisse aveuglément.

— Il est capital que tu apprennes bien ce qu'est l'islam, me dit-il. Ici, ils ne savent pas l'enseigner. Au Pakistan, tu rencontreras des gens comme toi. Je sais que tu iras loin, et moi je t'aiderai comme si tu étais mon frère.

— Je te remercie, mais mon père est malade et ma mère a besoin de moi…

Il me dit alors qu'ils pourraient m'aider en cela aussi, mais chaque fois j'invoquais des excuses et il devint évident que le lien entre nous s'était brisé. Nous ne nous revîmes plus jamais.

Un salaire

Petit à petit la vie reprit le dessus. Le chagrin ne m'avait pas quittée, mais il n'était plus le centre de mon existence. Faire bouillir la marmite redevint ma principale préoccupation.

Un jour, une fille du collège me dit :

— Si tu m'apportes une photo d'identité, mon père la transmettra à une organisation qui t'aidera pour que tu n'aies plus besoin de travailler.

Je voyais déjà le tableau : « Que t'est-il arrivé ? Que font tes parents ? Comment fais-tu pour ne pas être démasquée ? Est-ce que tu as peur ? Comment gagnes-tu ta vie ? Tu es triste ? Que voudrais-tu faire plus tard ? Quel rôle les femmes doivent-elles tenir dans la société d'après toi ? » La pauvre fille défigurée, symbole vivant des souffrances du peuple afghan ! J'avais déjà donné, merci bien. Je ne voulais plus avoir à raconter chaque jour mes souffrances, inspirer de la pitié et passer mon temps à exprimer ma gratitude à ceux qui prétendaient me sauver. Je ne voulais qu'une chose : étudier et m'en sortir. Et puis j'avais peur que l'oncle Gani ne se fâche s'il venait à apprendre que je recevais l'aide d'une ONG en plus de celle de M. Hans.

Toujours est-il que j'avais besoin d'argent. C'est pourquoi je remis ma photographie à ma camarade de classe pour qu'elle la donne à son père. Je fus convoquée peu après en fin de journée à la Cawaf.

Quand je vis entrer des gens munis d'une caméra vidéo, j'eus envie de me sauver en courant. Cependant, à la différence des autres, ceux-ci ne cherchèrent pas à me mener en bateau : ils m'expliquèrent qu'ils représentaient une organisation européenne qui s'intéressait à mon pays et qu'ils voulaient m'interviewer afin de réunir des fonds au profit des femmes afghanes. En échange, ils me donneraient cinquante dollars.

C'est ainsi que je leur fis la visite guidée de mon quartier, et même du cimetière où était enterré Zelmaï. Je répondis à toutes les questions que me posa la femme – une jeune étrangère du nom de Sara –, quoique pas toujours de bonne grâce et sans forcément dire toute la vérité. Au lieu de leur exprimer le fond de ma pensée, je leur racontai ce qu'ils voulaient entendre, et ils eurent l'air satisfaits. À quoi bon parler à cœur ouvert avec des gens qui allaient repartir le lendemain et ne plus jamais donner signe de vie ?

Néanmoins, une fois n'est pas coutume, je me trompais. Il y eut beaucoup d'autres interviews et documentaires. Mieux : grâce à Sara, ma vie changea de fond en comble.

Toutefois, plusieurs mois s'écoulèrent avant que j'entende à nouveau parler de la Cawaf, et ma vie reprit comme avant. Les quelques sous que je percevais de la WfWI et les aides ponctuelles de M. Hans ne suffisaient pas à me sortir de la misère : pour acheter de la viande ou emmener ma mère chez le médecin, je devais faire des extras – comme curer un puits ou travailler dans les champs. C'était la seule façon de joindre les deux bouts. Mais voilà que, presque un an plus tard, et alors que je ne m'y attendais pas du tout, Sara revint en Afghanistan avec une proposition pour moi.

Je fus convoquée au siège de la Cawaf à New Street, dans l'un des quartiers les plus modernes de Kaboul, où se trouvaient les magasins et les restaurants les plus élégants.

Sara n'y alla pas par quatre chemins.

— Nous te proposons une aide de cent cinquante dollars par mois pour que tu puisses étudier sans te soucier d'autre chose.

Mon visage s'illumina.

— Mais…

Il y avait donc un « mais » ?

— … tu ne pourras pas travailler ou accorder d'interview à quiconque.

Pourquoi tout le monde s'entêtait-il à m'imposer des conditions qui me condamnaient à vivre dans la misère ? Pourquoi être pauvre et accepter de l'aide m'empêchait-il de prendre ma vie en main ? Je ne leur dis rien de M. Hans ou de la WfWI. Pourquoi l'aurais-je fait ? Les dirigeants de la Cawaf, eux, se seraient-ils contentés de cent cinquante dollars avec interdiction de gagner davantage ? Je répondis :

— C'est entendu, merci.

En réalité, je n'avais pas l'intention de renoncer à mes autres revenus, même si j'allais devoir travailler en cachette. Après tout, ce n'était pas si grave. Je faisais toutes sortes de petits boulots, comme de distribuer des biscuits à l'heure du goûter, ou donner des cours particuliers, et collaborer avec un journaliste de *National Geographic*.

Ce qui devait arriver arriva : un jour que j'allais toucher mon « salaire » à la Cawaf, le responsable me convoqua, excédé.

— Nadia, nous savons que tu as accordé des interviews et que tu continues de travailler, me dit-il sur le ton menaçant qui lui était coutumier. Il faut que cela change !

Il m'informa que le reportage de *National Geographic* où l'on me voyait en train de poser des briques avait atterri entre les mains de Sara. Je dus admettre qu'un journaliste m'avait interviewée, mais je niai continuer à travailler de façon régulière. De fait, j'avais quitté la WfWI et je n'exécutais que des travaux occasionnels qui n'interféraient pas avec mes études. Pourtant, l'homme, de plus en plus furieux, refusait de me croire. J'étais à nouveau en proie à une crise de paludisme et claquais des dents. Je fixais le tapis du regard, en m'efforçant de me concentrer pour ne pas m'effondrer, mais les rugissements de l'homme étaient insupportables.

— Assieds-toi ! m'ordonna-t-il. Et maintenant, tu vas écrire un mail à Sara et tout lui raconter. Et tu vas devoir rendre tout l'argent qu'elle t'a versé, puisque tu n'as pas tenu tes engagements.

Je ne savais pas me servir d'un ordinateur, et mon anglais était encore très rudimentaire. Mais je m'efforçai malgré tout d'écrire une lettre d'excuse.

Mon message devait être à peine compréhensible, mais il l'envoya sans prendre la peine de le relire.

Peut-être est-ce ce message laborieux et chaotique qui me valut le pardon de Sara. En attendant, mes relations avec le responsable n'auraient pas pu être plus tendues.

Cet incident eut néanmoins un effet positif : je décidai d'apprendre à me servir d'un ordinateur. Ce fut Flora, une Italienne dont le mari était en poste en Afghanistan, qui m'y aida. Le soir, à ses heures libres, elle m'initia au traitement de texte et à Internet. Elle me montra des photos de son mariage, de Florence et de Venise... J'étais émerveillée. Tout cela me paraissait irréel : ces filles lançant des pétales de roses sur des jeunes mariés me semblaient sorties d'un conte de fées. Et puis cette ville construite sur l'eau où l'on se déplaçait en bateau...

Quelle découverte ! Sitôt finie ma première leçon, je filai dans un cybercafé où l'heure de connexion coûtait cinquante afghanis. Ayant montré au patron que j'avais de quoi payer, j'entrai fièrement dans la salle et pris place devant l'unique ordinateur libre. Il y en avait cinq en tout, répartis sur deux grandes tables, et les murs étaient couverts d'affiches de Bollywood. Tout aurait été parfait s'il n'y avait pas eu des clients braillant comme des sourds dans un téléphone à l'autre bout de la pièce.

Je contemplai le clavier sans savoir par où commencer. La première chose qui me vint à l'esprit fut de changer le fond d'écran. Après quoi j'ouvris un document Word et écrivis un mot. Je changeai la police, la couleur, la taille. J'ajoutai quelques émoticônes.

Il me restait plus d'une demi-heure de temps de connexion. Je jetai un coup d'œil à mon voisin, un garçon qui pianotait habilement sur son clavier. J'essayai de l'imiter. Mais ne sachant pas comment ouvrir le programme, je lui dis :

— J'ai l'impression que mon ordinateur ne fonctionne pas.

Il s'empara de ma souris et cliqua sur l'icône du courrier électronique :

— Mais si, voyons ! Il faut simplement que tu cliques ici !

C'était bien beau, mais, maintenant que le programme était ouvert, que faire ? Je n'osais pas le déranger davantage. Le patron du café me dévisageait d'un air suspicieux. Pour finir, mon voisin décida de me donner un coup de main pour que je cesse d'épier chacun de ses mouvements. Il me conseilla de créer une adresse Hotmail, et je suivis ses instructions à la lettre. Le problème est que, n'ayant pas l'habitude des mots de passe ou des identifiants, j'oubliai les miens et ne pus plus jamais me servir du compte que j'avais créé.

Charité et compassion

Après la mort d'Ahmal, deux de mes professeures commencèrent à se faire du souci pour moi. Je savais que cela partait d'une bonne intention et, même si j'aurais préféré qu'on me laisse faire mon deuil en paix, je ne voulais pas les froisser. C'est pourquoi, lorsqu'elles insistèrent pour que j'assiste à une réunion de pédagogues qui devait se tenir à Kaboul, je n'osai pas me dérober.
Et c'est ainsi que, pour la énième fois, devant une foule d'inconnus, on me pria de raconter ma vie. L'auditoire fut conquis, et, enflammée par mon récit, l'une des personnes présentes proposa d'organiser une collecte à mon profit. J'étais si mal à l'aise que je faillis prendre mes jambes à mon cou. J'avais envie de dire à ces gens que je n'avais que faire de leur charité. Tout ce que je voulais, c'est qu'on m'accepte telle que j'étais et qu'on me donne un travail qui me permette de gagner décemment ma vie. Mais je m'obligeai à sourire et à me répandre en remerciements, malgré la terrible humiliation que je ressentais intérieurement et qui me donnait envie de pleurer.

L'une des organisatrices, une femme très sympathique, me remit une centaine de dollars qu'elle avait apportés. Mais je ne pus la regarder dans les yeux. De retour au collège, et alors que je pensais que le numéro de cirque était enfin terminé, la directrice vint à moi et s'écria, toute joviale :

— C'est formidable, Nadia ! Tu as récolté pas mal d'argent, je crois ?

Elle n'avait pas l'air de comprendre combien cette situation m'était pénible.

Ces gens m'avaient rappelé que j'étais un monstre et que je ne serais jamais comme les autres. Au collège, des rumeurs continuaient de courir sur mon compte. On racontait que j'avais perdu toute ma famille, qu'avant mon accident j'étais une beauté, et toute sorte de fables qui enflammaient l'imagination. Une élève avait même proposé de me prendre chez elle, pensant de bonne foi que j'étais seule au monde. Friandes de téléfilms, mes camarades semblaient ravies d'avoir parmi elles quelqu'un comme moi, qu'on pouvait prendre en pitié. Je ne cherchais même plus à dissiper les malentendus. Tout ce que je voulais, c'était qu'on me laisse tranquille.

Le pire dans tout cela est qu'elles avaient l'impression de me faire une faveur en ne révélant pas mon identité et qu'elles attendaient quelque chose en retour. C'est pourquoi, bien souvent, elles me « demandaient » de leur rendre service sans que je puisse refuser. Elles se comportaient comme la femme de l'oncle Gani qui me demandait si je pouvais aller faire des commissions pour elle le vendredi, mon seul jour libre. On aurait dit que le fait d'être pauvre et d'avoir un secret m'interdisait d'avoir du temps pour moi.

Un couple alla jusqu'à me proposer de donner ma sœur cadette en épouse à un membre de leur famille d'un âge déjà avancé et handicapé mental. Je savais que mon refus allait les offenser, mais j'étais indignée. Une personne sans ressources devait donc accepter de gaieté de cœur ce que n'importe qui d'autre aurait refusé ? Nous étions pauvres, certes, mais nous demeurions attachés à notre liberté et à notre dignité.

Un nouveau travail

Pour oublier tous mes malheurs, je m'étais immergée dans les études. Mes efforts furent récompensés : j'obtins mon baccalauréat.

Entre-temps, Sara, qui se trouvait de nouveau en Afghanistan, me demanda de passer la voir afin que nous parlions de mon avenir.

— J'ai pensé à ouvrir un centre téléphonique ou un cybercafé avec mes amis, expliquai-je.

— C'est bien, mais… que dirais-tu de travailler ici, plutôt ?

La vision du responsable irascible et plein de fiel s'imposa aussitôt à moi. Cependant, pouvais-je refuser d'intégrer une organisation qui me permettait de survivre ? Non. Une fois de plus, je me sentis malgré moi redevable.

Et c'est ainsi que je commençai à travailler à la Cawaf. Tantôt on me confiait des tâches administratives, tantôt j'aidais Sara. En tant que présidente de l'Ashda, une association catalane qui finançait certains projets de la Cawaf, elle détenait un certain pouvoir au sein de l'organisation.

Menue, énergique et volontaire, elle me prit sous son aile et m'ouvrit de nombreuses portes, comme celles des établissements huppés du centre de la ville, dont on m'aurait refusé l'accès en temps normal. Dès lors que j'étais amie avec Sara, une étrangère, j'avais mes entrées partout. C'est ainsi que je pus prendre le thé au City Center – où je découvris le délicieux café soluble – et même y acheter une paire de chaussures. Me déguiser en pauvre garçon de la campagne n'était plus un impératif, d'autant que j'étais de moins en moins pauvre. Je commençais à m'habiller de façon un peu plus présentable pour aller au bureau. Grâce à cet emploi, il ne me fallut que quelques jours pour obtenir ce pour quoi j'avais trimé pendant des années. Mon ami Afzal, qui était tailleur, me faisait cadeau de vêtements, mais aucun ne m'allait vraiment, car je refusais qu'il prenne mes mesures.

— Ce que tu peux être bizarre, Zelmaï ! soupirait-il.

Sara ne parlait pas encore couramment le dari et faisait appel à moi pour lui servir d'interprète quand elle allait faire des interviews. Au cours de ces entretiens, je pus constater que la plupart des Afghans se faisaient une fausse idée des étrangers – comme moi, avant que j'apprenne à les connaître. Dans un village, une femme accepta de s'entretenir avec nous, même si j'étais censée être un garçon. Affligée, elle nous raconta qu'elle n'arrivait pas à avoir d'enfants et que son mari avait pris une deuxième épouse. Celle-ci se révélant également stérile, l'homme avait fui en Iran. La femme supplia Sara de leur donner à toutes deux un remède pour qu'elles puissent tomber enceintes et ainsi retenir leur époux.

— Sara n'est ni magicienne ni médecin ! m'exclamai-je en dari, honteuse de son ignorance.

La vérité est que j'ignorais moi-même beaucoup de choses que les filles occidentales apprennent très tôt dans la vie. Ce soir-là, je fis une découverte capitale. Nous logions à l'hôtel et, quand vint le moment d'aller se coucher, je constatai avec stupeur que Sara se déshabillait devant moi sans la moindre gêne pour se mettre en pyjama. Je me couvris les yeux avec les mains, comme lorsque ma mère se changeait. J'étais tellement choquée que j'en avais le souffle coupé.

Voyant ma gêne, Sara se mit à me parler et, quand l'atmosphère se fut détendue, je lui posai une question qui me taraudait :

— J'ai une amie qui a embrassé une autre fille. Tu crois qu'elles vont tomber enceintes ?

Si Sara eut envie d'éclater de rire, elle n'en montra rien.

— Non, ça ne risque rien. Je vais t'expliquer comment tout cela fonctionne, me dit-elle, et elle alla chercher un cahier et un stylo dans son sac à dos.

Elle dessina le corps d'un homme et d'une femme et leurs organes reproducteurs, me parla des règles et de beaucoup d'autres choses. Et c'est ainsi qu'à vingt ans j'appris comment les enfants venaient au monde.

Une fois la lumière éteinte, des choses que j'avais entendues dans la bouche de mes amis me revinrent à l'esprit. Ils parlaient d'étreintes et de baisers profonds, et moi je me bouchais les oreilles en suppliant Dieu de nous pardonner (« *tobar, tobar* »). Je préférais couper court à leurs bavardages plutôt que d'apprendre.

Je me rappelai également le jour où une cousine m'avait raconté sa nuit de noces et comment elle s'était retrouvée seule dans la même chambre que son mari, sans savoir que faire. Il lui avait alors dit de se déchausser et de se mettre à l'aise, mais elle avait rétorqué sèchement :

— Qu'est-ce que ça peut te faire que je me déchausse ou pas ? Dis-moi seulement où je vais dormir !

L'homme lui avait répondu qu'elle devait dormir avec lui, étant sa femme… Mais lui non plus n'avait pas l'air de savoir quoi faire, et durant trois nuits ils avaient dormi séparément. N'étant pas heureuse dans sa nouvelle maison, elle avait déclaré vouloir retourner vivre chez sa mère. Mais sa belle-mère ne l'entendait pas ainsi, et chaque matin elle leur demandait si tout s'était bien passé. Elle voulait des résultats et n'avait de cesse qu'elle n'en obtienne. Les jeunes mariés finirent par comprendre ce qu'on attendait d'eux et dormirent ensemble le quatrième jour. Neuf mois plus tard, ma cousine donna naissance à son premier fils. En repensant à cette histoire, je fus frappée par ma propre ignorance. À aucun moment je n'avais songé à demander à ma cousine ce qu'ils avaient fait et comment elle avait réussi à tomber enceinte. La seule explication à ce manque de curiosité de ma part était que chez moi on ne parlait jamais de ces choses-là, et que j'étais bien trop occupée à garder secrète mon identité pour songer à la sexualité.

Aidez Nadia

Parfois, j'aurais préféré ne pas connaître tous ces détails. Cependant, une fois la boîte de Pandore ouverte, il n'était plus possible de la refermer. Sara m'enseignait des choses que, dans son pays, les enfants savaient dès l'âge de sept ans, alors que dans le mien il y avait des gens qui ne les découvraient jamais. Quant à Flora, l'Italienne à l'enthousiasme inépuisable, elle insistait pour que je m'ouvre toujours davantage au monde. Après m'avoir appris à me servir d'Internet, elle me consacra un blog dans lequel elle expliquait mon « cas » et encourageait les lecteurs à faire des dons pour que je puisse aller me faire opérer à Londres.

Un jour, elle reçut un mail d'une Américaine du nom de Margo, l'informant qu'elle aussi avait créé un blog en vue de récolter des fonds pour moi. Ce message me plongea dans un épouvantable imbroglio, car les gens de la Cawaf pensaient que j'étais au courant de cette collecte et que je touchais de l'argent à leur insu. Je dus faire des pieds et des mains pour les convaincre que je n'avais rien à voir avec cette Margo et que je n'avais jamais touché le moindre centime.

Une enquête nous permit de découvrir que Margo était ma nouvelle bienfaitrice à la WfWI, une de ces « correspondantes » qui continuait de m'envoyer de l'argent, sans savoir que je ne pouvais pas le recevoir dès lors que je percevais les aides de la Cawaf.

Heureusement, nous parvînmes à résoudre le problème et commençâmes à correspondre régulièrement avec Margo, qui avait à peu près mon âge. Nous devînmes amies et sa mère, Helen – une artiste célèbre reconvertie dans les affaires –, devint une sorte de marraine pour moi, non seulement sur le plan économique, mais aussi sur le plan personnel, car je pouvais lui faire part de mes doutes et de mes espoirs. D'abord par Internet, et plus tard par téléphone. Helen me prêtait une oreille attentive, me conseillait, m'encourageait quand j'en avais besoin. D'un seul coup, j'avais une famille que je n'avais jamais vue dans un pays où je n'étais jamais allée.

Le *crowdfunding* lancé par Flora porta ses fruits et nous parvînmes à réunir une somme importante, même si je ne pus jamais me rendre à Londres, faute d'obtenir un visa. En sorte que je me concentrai sur d'autres objectifs : m'inscrire à l'université et faire traduire en anglais mon diplôme de bachelière afin de pouvoir le présenter aux organisations internationales. Curieusement, il me fut plus facile d'atteindre le premier objectif que le second. Je ne pus pas entrer à l'université d'État, qui refusait de reconnaître ma double identité, mais la première université privée à laquelle je postulai accepta que j'intègre le cours d'économie sans soulever la moindre objection. Le recteur était un homme ouvert, qui avait été formé à l'étranger. Nous convînmes qu'en classe je serais toujours Zelmaï, mais que sur les papiers officiels j'apparaîtrais comme Nadia. Après quoi, j'entrepris les démarches pour faire traduire officiellement mon baccalauréat.

Tout fonctionna à merveille jusqu'à l'ultime étape : obtenir le sceau du ministère des Affaires étrangères. Quand je m'y présentai, le vigile refusa de me laisser entrer. Mon aspect ne lui inspirait pas confiance. Voyant que j'insistais, il me décocha un coup de poing qui me projeta à terre. Après quoi, pour se justifier devant les passants qui avaient vu la scène, il se mit à crier que je portais une ceinture explosive. Cette fois, ce ne fut plus seulement lui, mais tous les badauds qui me tombèrent dessus à bras raccourcis, sans même songer que si j'avais porté une bombe celle-ci aurait explosé. Étendue sur le trottoir et le visage en sang, je me mis à pleurer et à gémir.

Au bout de ce qui me sembla une éternité, ils finirent par me laisser en paix, mais dans un triste état. Cahin-caha, je me rendis à la Cawaf. Sara n'était pas là, et le seul responsable présent était l'homme désagréable. Il ne s'apitoya pas le moins du monde sur mon sort.

— Que veux-tu que je fasse ? Que je me batte avec le vigile ?

Il jetait des coups d'œil complices à ses collègues, l'air de dire : « Non mais qu'est-ce qu'elle s'imagine, celle-là ? » Et j'aurais juré qu'ils se moquaient tous de moi. Ils se resservirent du thé comme s'ils étaient au théâtre ou au cinéma. Il ne manquait plus que le pop-corn !

— Mais enfin, m'insurgeai-je. Vous ne voyez pas ce qu'ils m'ont fait ? J'en ai assez…

— Eh bien, si tu en as assez, ma fille, tu n'as qu'à te laisser mourir.

Cette remarque me laissa sans voix. Je sortis sans répondre et enfourchai ma bicyclette. J'étais presque arrivée chez moi quand j'entendis Marouf qui me hélait, affolé.

— Zelmaï, qu'est-ce qui t'arrive ? Qui est-ce qui t'a fait ça ?

Comme je ne pouvais pas lui révéler la vérité, je me contentai de lui dire que je m'étais querellée avec un vigile et qu'ensuite les passants s'en étaient mêlés.

— Mais pourquoi tu n'es pas venu me trouver, Zelmaï ?

— Parce que c'est mon combat, pas le tien ! répondis-je furieuse de ne pouvoir être sincère.

— Je suis ton ami, c'est mon combat à moi aussi.

Marouf rameuta aussitôt la bande, et moins d'une heure plus tard nous étions dans la voiture d'Afzal. Le vigile doit se souvenir encore aujourd'hui de ce garçon qui ne portait pas de ceinture explosive mais qui avait des amis qui n'aimaient pas qu'on s'en prenne à l'un des leurs.

À la maison, tandis que ma mère pansait mes plaies, je lui avouai que je n'avais plus la force de continuer à mener cette double vie, que j'en avais assez de ce mépris et de toute cette violence. Elle me répondit que, si je le voulais, nous irions nous installer ailleurs.

— Maman, je vais demander de l'argent à la Cawaf et nous allons quitter ce pays au plus vite.

Cependant, le lendemain, je reçus une lettre de Sara :

« Nadia, tu vas bien ? On m'a raconté ce qui s'est passé. C'est affreux, scandaleux. Viens, s'il te plaît. Il faut que je te parle. »

Elle insista pour que je reste, parce que si je quittais le pays, tous les efforts que j'avais faits jusque-là seraient vains. Son soutien m'aida à me sentir plus sûre de moi, et elle parvint à me convaincre. Quelques jours plus tard, j'obtins le tampon du ministère, et je pus enfin avoir un diplôme avec mon prénom : Nadia.

Je m'en vais

La vie d'un étudiant a beau être moins contraignante que celle d'un élève de lycée, j'avais tout de même un emploi du temps serré : je me levais avant l'aube pour pouvoir consacrer mes matinées à la prière et à l'étude. À midi, j'allais chercher le fils de l'oncle Gani à la sortie de l'école, je le ramenais chez moi et l'aidais à faire ses devoirs pendant que ma mère préparait le repas. Nous déjeunions, puis, pendant qu'il faisait la sieste, je me rendais à la Cawaf, qui se trouvait à une heure de route. Sauf imprévu, je restais là-bas jusqu'à cinq heures de l'après-midi. Je me rendais ensuite chez mon amie Maniha à qui je dispensais des cours particuliers, ainsi qu'à ses petits frères et sœurs. À huit heures, je reprenais ma bicyclette et rentrais chez moi, épuisée. Pour autant, je ne pouvais pas me mettre au lit avant d'avoir étudié un peu. Heureusement, les vendredis, je pouvais me détendre et sortir avec mes amis.

Cependant cela ne dura pas, car une nouvelle possibilité de me rendre en Europe se présenta. Cette fois-ci, à Barcelone, avec une visite médicale à la clé. Sara m'avait apporté la preuve qu'elle était quelqu'un de sérieux, qu'elle avait réellement des relations et que je pouvais lui faire confiance. Ma mère, qui avait fait sa connaissance, m'avait donné son feu vert, mais à la condition expresse que je rentre au pays si les choses ne se passaient pas comme prévu.

Les médecins qui allaient m'examiner et m'opérer faisaient partie d'une organisation appelée Cirujanos Plástikos Mundi. Avant mon départ, ils souhaitaient me rencontrer et je fus donc convoquée à Sharna, un quartier résidentiel où se trouvaient les ambassades, les ONG et les hôtels pour étrangers.

Nous fûmes reçues par deux collaboratrices, aimables et souriantes. L'une d'elles, blonde aux yeux bleus comme je n'en avais jamais vus, me fascinait. Toutes deux furent très encourageantes : elles étaient quasi certaines de pouvoir m'opérer et avaient reçu l'aval d'un hôpital de Barcelone. Sara et elles discutèrent des aspects administratifs – c'est du moins ce que je crus comprendre, car elles parlaient dans une langue que je n'avais jamais entendue –, puis elles m'expliquèrent qu'elles étaient à la recherche d'une famille qui puisse m'accueillir entre deux séjours à l'hôpital. Bien qu'encore un peu sceptique – qui savait si elles n'allaient pas se désister à la dernière minute ? –, je commençais à y croire et à m'enthousiasmer. Peu à peu, les choses se mettaient en place...

L'étape suivante était une visite chez l'ambassadeur d'Espagne. Je ne comprenais pas le rôle que jouait ce monsieur, mais Sara m'expliqua que son accord était déterminant pour l'obtention du visa. Heureusement, elle proposa de m'accompagner, ce qui me tranquillisa.

— Nous y voilà ! L'hôtel Serena ! annonça Sara quand le taxi s'arrêta devant une bâtisse beige dépourvue de charme, entourée d'une clôture métallique et gardée par une armada de vigiles.

Dès qu'ils m'aperçurent, les gardes, sur le qui-vive, se raidirent. Mais ils se détendirent en voyant, à mes côtés, Sara et son collaborateur.

De l'extérieur, l'édifice ne payait pas de mine. Quant à l'intérieur... Sitôt la porte franchie, j'eus l'impression d'être transportée dans un autre pays, où tout n'était que luxe et bien-être. J'avais du mal à croire qu'un tel lieu pût exister à Kaboul. Soudain, l'appel du muezzin retentit au-dehors ; je me rappelai que j'étais toujours dans mon pays et que l'heure était venue de rompre le jeûne du ramadan. Sans même réfléchir, je sortis une brique de jus de cerise de ma poche et commençai à la siroter en regardant, fascinée, autour de moi, les lumières, les canapés, les sols étincelants, les hauts plafonds, les miroirs, les employés en livrée impeccable...

— Ça te suffit ?

J'étais tellement émerveillée que je ne m'étais même pas aperçue que le collaborateur de Sara me parlait.

— Comment ?

Il sourit :

— Je te demandais si un simple jus de fruits te suffisait après une journée entière de jeûne !

— Oui, oui, répondis-je d'un ton distrait.

Sara demanda à voir l'ambassadeur, et au bout de quelques minutes nous le vîmes sortir d'un ascenseur en compagnie d'un homme qui devait être son secrétaire. Il me serra la main en souriant et me salua en dari, après quoi il nous fit sortir dans le jardin de l'hôtel. Une pelouse manucurée, des fontaines, des parasols et des bougies… Les gens qui se trouvaient là buvaient de la bière et du Coca, comme s'ils étaient à Paris ou à New York. Nous nous assîmes tous ensemble autour d'une table et je continuais de contempler tout autour de moi, bouche bée.

Tout à coup, je me rendis compte qu'un majordome me tendait un menu. Je ne savais pas ce que l'on attendait de moi, n'étant pas habituée à ce genre de cérémonial. La carte, rédigée en anglais, était trop difficile à déchiffrer. Sara vola à mon secours :

— Nadia, tu veux un sandwich avec des frites ?

— Oh, oui, je veux bien.

Elle savait que j'adorais les frites. Quand je mordis dans le sandwich au thon, à la laitue et à la mayonnaise, je songeai que ce genre de nourriture conviendrait parfaitement à ma mère, qui n'avait presque plus de dents. Mes compagnons de table continuaient de parler dans cette langue étrange et, de temps à autre, s'adressaient à moi en anglais. Je leur répondais invariablement : « *Thank you, thank you* », quoiqu'en osant à peine les regarder. Je préférais observer les clients de l'hôtel, si élégants et indifférents à la misère qui sévissait à quelques mètres de ce jardin de conte de fées.

Incapable de finir mon sandwich, je demandai si je pouvais l'emporter avec moi. En Afghanistan, il était impensable de ne pas finir son assiette, mais pas ici, car personne n'eut l'air de s'étonner de ma requête…

Une fois mon sandwich emballé à la main, je n'eus de cesse que je ne sois rentrée chez moi.

— Maman, maman ! Tu ne vas pas en croire tes oreilles. À Kaboul il y a un lieu magnifique ! Comme la maison du président Karzaï... Je crois que même papa n'est jamais allé dans un hôtel comme celui-là. Il y a des canapés et des lampes partout, de grands salons... On m'a présentée à un homme important. Je crois que c'est le président d'Espagne ! Il y avait des choses délicieuses à manger... Je t'ai rapporté un sandwich, très moelleux, tu vas voir !

Ma mère avait déjà dîné, mais, ne voulant pas me décevoir, elle le goûta. Après quoi, arguant qu'elle avait déjà le ventre plein, elle déclara qu'elle allait le garder pour plus tard.

Le lendemain, quand nous nous levâmes pour déjeuner avant le lever du soleil, elle m'avoua qu'elle n'avait pas aimé le sandwich et me donna le bout qui restait. Je ne fis pas la fine bouche et le dévorai comme s'il s'agissait d'un mets divin. Le soir, je ne pus résister à l'envie de frimer devant mes amis. Afzal lança, goguenard :

— Ah, cette Sara ! Je sens qu'on ne va pas tarder à avoir une belle-sœur étrangère !

Ma joie s'éteignit d'un coup. Mes amis se réjouissaient pour moi, alors que je les menais en bateau. Je ne pouvais pas me marier avec Sara, et je ne pouvais pas davantage leur dire pour quelle raison nous nous étions rendus à l'hôtel Serena. Je venais de prendre conscience que, si tout se passait comme je l'espérais et que je pouvais me rendre à Barcelone pour subir une opération plastique, si je pouvais vivre à nouveau comme une femme, je ne pourrais plus jamais partager de bons moments avec eux. C'était le prix à payer pour pouvoir être moi-même, sans mensonges ni faux-semblants.

Le grand jour approche

Un jour d'automne, Sara m'annonça que tout était prêt et me demanda de venir la retrouver.
J'enfourchai aussitôt ma bicyclette, mais j'étais tellement excitée que je manquai de renverser un piéton.
Quand j'arrivai à la Cawaf, je trouvai le bureau vide et dus attendre plusieurs minutes qui me semblèrent une éternité avant que Sara ne paraisse enfin.
Sans même prendre la peine d'ôter son manteau et son foulard, elle me montra les papiers qu'elle tenait à la main.
— Tu es prête ? me dit-elle en souriant jusqu'aux oreilles. Parce que la date de ton départ a été fixée.
J'avais déjà obtenu mon passeport et mon visa, et Sara m'avait apporté mon billet et le programme du voyage. Je jetai un coup d'œil aux documents sur lesquels figurait une photo d'identité – de fille – avec mon vrai nom. Mes lieu et date de naissance étaient une invention de l'oncle Gani, qui s'était rendu à l'état civil en se faisant passer pour un parent à moi. J'avais même un nom de famille, chose inusitée en Afghanistan.

La première fois que j'étais entrée à la Cawaf, j'étais un garçon misérable à l'avenir incertain, et voilà que j'en ressortais comme une femme de vingt et un ans, libre de voyager. Ce que je venais d'obtenir, c'était plus qu'un visa pour l'Europe *via* Dubaï, c'était un passeport pour une nouvelle vie, qui me remplissait d'espoir sans cesser de me terroriser. Ce n'était pas tant la ville de Barcelone qui m'effrayait que ma nouvelle identité. Nadia faisait table rase de ma vie passée, de mes amis, de mes sœurs, de tout mon univers… M'adapter ne me semblait pas insurmontable après toutes les épreuves que j'avais dû surmonter, surtout dans un pays riche. Mais je n'étais pas certaine de réussir à devenir une « vraie » femme.

On allait m'opérer, et quand mon corps et mon visage seraient reconstruits, il avait été décidé que je reviendrais en Afghanistan et que j'entamerais une nouvelle vie sous une nouvelle identité. C'était comme si le garçon qui avait fait partie de moi jusque-là était mort, et ma tristesse à l'idée de devoir faire le deuil du petit Zelmaï, qui avait tant souffert, était incommensurable.

J'éprouvais le besoin de mettre mes émotions entre parenthèses, d'être seule. Je voulais respirer le parfum de ma maison, m'étendre sur le lit que je partageais avec ma mère et me réfugier dans ce monde familier qui était encore ma vie, fût-ce pour peu de temps. Et puis, avant de partir, il me fallait finir un travail pour la fac que j'avais commencé.

En rentrant, j'eus la désagréable surprise de trouver le devoir que j'avais laissé inachevé couvert de taches noires, comme si quelqu'un avait passé la main sur l'encre fraîche pour l'étaler. Je cherchai mon père du regard, et le vis recroquevillé dans un coin, prostré et le regard vide. Il avait les mains pleines d'encre. À côté de lui se trouvait l'encrier. Furieuse et blessée, je le couvris d'injures, allant presque jusqu'à le frapper. Je songeai en moi-même : « Pourquoi me mets-tu sans cesse des bâtons dans les roues au lieu de m'aider ? »

J'étais tellement en colère que je n'avais même pas pris la peine d'essayer de comprendre ce qui s'était passé. En fait, mon père avait voulu ôter l'encrier de la table pour que personne ne le touche ou le fasse tomber. Mais, à cause de ses tremblements, il l'avait renversé sur mon devoir et avait ensuite essayé maladroitement de réparer les dégâts.

Je m'en voulus soudain de l'avoir malmené. Les gouttes d'encre, qui s'étaient répandues jusque sur le tapis, étaient en fait une preuve d'amour de la part d'un homme diminué.

Adieu et à jamais

Le soir, mes amis et moi avions coutume de nous retrouver pour aller faire une virée en ville. Parfois, nous allions à la mosquée, et ensuite nous restions à bavarder un moment à côté de la fontaine qui servait aux ablutions. La veille de mon départ, je décidai de les inviter à dîner dehors, mais sans leur dire pour quelle raison.

Afzal passa me prendre à sept heures du soir. Pour l'occasion j'avais mis un gilet « Titanic » dont il m'avait fait cadeau – le film *Titanic*, sorti dans les salles clandestines à l'époque des talibans, avait beaucoup marqué les esprits et, peu après, on avait vu fleurir des vêtements, parfums et coiffures « Titanic » dans tout le pays. Ensemble, nous allâmes chercher tous les autres : d'abord Ashraf, puis Waiss, qui était en train de flirter avec les filles de son institut. Afzal l'en plaisanta :

— Eh, chef ! Tu peux nous donner un autographe ou il faut qu'on le demande à ta secrétaire ?

Pour finir, nous passâmes prendre Marouf. Comme toujours, une humeur joyeuse régnait dans la voiture. Mais je cassai l'ambiance :

— Afzal, attends une minute ! C'est l'heure de prier, non ?

J'eus droit à des regards outrés.

— Zelmaï ! On est de sortie ce soir ! dit gentiment Waiss.

Mais tous savaient que je ne changerais pas d'avis, et Afzal s'arrêta devant une mosquée. Pour moi, cette dernière prière collective fut un moment d'une grande intensité. J'avais les larmes aux yeux quand j'implorai Dieu de protéger mes amis.

Ensuite, je m'efforçai de retrouver le sourire. En vain.

Je les emmenai dans un restaurant où j'allais parfois avec Sara, situé non loin de la Cawaf. Tous furent stupéfaits de découvrir que le garçon me connaissait.

— On va se mettre en terrasse, dis-je comme si j'étais la patronne du restaurant.

Nous commandâmes du riz au poulet et à l'agneau et des Coca. Et, comme chaque fois que nous dînions ensemble, l'atmosphère était festive. Nous discutions à bâtons rompus, surtout de filles.

— Comment va ma voisine, Zelmaï ? s'enquit Marouf.

Sa voisine était une de mes camarades de classe. Mes compagnes et moi étions convenues de faire semblant de ne pas nous connaître à l'extérieur du lycée, mais, ayant cru déceler des regards complices entre elle et moi quand nous nous croisions dans la rue, Marouf avait fait courir la rumeur que sa voisine et moi étions secrètement amoureux. Mes amis s'amusaient à me taquiner à ce sujet, mais j'étais trop émue pour pouvoir plaisanter. Chacun de leurs gestes, de leurs rires me bouleversait...

— J'ai l'impression que Zelmaï est triste quand il pense à elle. T'inquiète pas, vieux frère, on va te donner un coup de main ! lança Ashraf.

— Comme c'est romantique..., soupira Waiss.

— Arrête, Waiss, tu es un vrai cœur d'artichaut. Tu t'amouraches de la première fille que tu croises !

Malgré sa réputation de Don Juan, nous savions que Waiss était amoureux d'une camarade d'université, mais que les parents avaient mis leur veto à leur relation. Je lui avais proposé de l'épouser et de la lui « donner » ensuite. Dans un pays comme le nôtre, où les femmes étaient cruellement opprimées, les garçons aussi devaient se soumettre à la toute-puissante volonté paternelle. C'est pourquoi les plaisanteries ne manquaient pas sur l'amour et les ruses à employer pour s'attirer les bonnes grâces des parents. C'était une façon pour les jeunes de canaliser leur frustration.

Dans mon cas, bien sûr, c'était un jeu. Un jour, Afzal me lança :

— Eh, Zelmaï ! Tu sais que tu as de beaux yeux ?

— Ouais. Et je vais me marier avec ta sœur, comme ça tu auras une nièce avec des yeux comme les miens. Ça te va ?

Après cela, chaque fois que je le voyais, je le chargeais de passer le bonjour à sa sœur. En réalité, je ne connaissais pas la moitié des frères et sœurs de mes amis, et je me gardais bien de leur parler de ma propre fratrie – ce qui me laissait une certaine marge de manœuvre quand j'avais besoin de dissimuler mes activités de fille. Quand je recevais des copains, j'obligeais mes sœurs à s'enfermer dans la deuxième chambre de la maison, ou à rester dans la cour, parfois pendant des heures.

Mon amour pour la sœur d'Afzal était un canular, mais mes sentiments pour lui, en revanche, étaient bien réels. Après la mort d'Ahmal, il avait toujours été là pour moi, et des liens s'étaient peu à peu tissés entre nous. Pour moi, cela s'apparentait à de l'amour, mais pour lui, qui pensait que j'étais un garçon, ce n'était qu'une sensation étrange et vaguement troublante. Afzal était beau, drôle et attentionné. Issu d'une famille très conservatrice, il était imprégné de culture machiste. Nous étions bien ensemble, mais il n'y avait aucun avenir possible entre nous. D'ailleurs, je préférais ne pas y penser, car j'avais l'impression que toutes les personnes que j'aimais étaient condamnées à mourir prématurément.

Après ce dernier dîner, nous nous rendîmes dans un parc d'attractions. En temps normal, cela aurait dû être la fête, mais Marouf remarqua que je restais seule dans mon coin. Il s'approcha et me demanda pourquoi j'étais triste.

— Je m'en vais, Marouf, lui dis-je.

J'avais une excuse déjà toute prête. Ambiguë, comme toujours, mais suffisante : je partais travailler à l'étranger, d'abord au Pakistan, et ensuite, peut-être aux États-Unis.

Marouf était consterné. Il appela les autres :

— Eh, les gars, Zelmaï nous quitte ! Il s'en va ! Et lui qui disait qu'il ne nous quitterait jamais !

Tous rappliquèrent au pas de course. Ils n'arrivaient pas à y croire.

Afzal était furieux et triste. Il ne cessait de répéter :
— Je pars avec toi.

Retenant mes larmes, je leur dis que j'avais le cœur gros, moi aussi, mais que je n'avais pas le choix.

— Essayons de ne pas y penser. Je veux garder un bon souvenir de cette soirée... On pourrait louer un film et aller le regarder tous ensemble chez Afzal, non ?

Personne ne se prononça. Tous dirent qu'ils étaient fatigués. Sans doute avaient-ils besoin de digérer la nouvelle. Je ne pouvais même pas leur donner l'accolade, alors que j'en mourais d'envie.

Le lendemain, Afzal m'appela pour me dire de passer chez lui. Comme j'avais peur de le revoir, je lui dis que je devais prendre congé de beaucoup de gens, mais il insista. Pour finir, nous convînmes d'aller acheter une valise ensemble. Et il me fit cadeau d'un blouson en cuir. Il voulut m'accompagner dans ma tournée des amis et connaissances, et ne cessait d'imaginer des solutions pour que je puisse rester : il allait parler avec Sara et la convaincre de me trouver un meilleur emploi, il allait me donner de l'argent, il allait demander à son père de m'aider...

— Dis-moi la vérité, Zelmaï. Tu es fâché contre nous ?

Le nœud qui me serrait la gorge m'empêchait de parler. Heureusement, le triste monologue s'acheva quand nous nous garâmes devant chez des gens à qui je devais faire mes adieux. Il m'attendit à l'extérieur tandis que j'allais retrouver mes amies : Mariam de l'école primaire, Mariam du collège, Maniha... Toutes s'efforcèrent de m'encourager, affirmant que l'opération allait me redonner un visage parfait. Ayant déjà subi quatorze opérations, j'étais moins optimiste.

— Allons, souris, me dirent-elles, sinon tu seras toute ridée comme une petite vieille !

Et je souriais sans cesser de pleurer.

J'avais dit à Afzal que je rendais visite à de la famille : des tantes et des cousins. Et il devait se dire que ma « famille » était très riche, car la plupart des quartiers où vivaient mes amies étaient huppés, très différents du mien ou même du sien.

Plus tard, nous nous arrêtâmes pour manger des *boulanis*, des chaussons fourrés aux oignons et aux pommes de terre. Afzal n'avait de cesse qu'il ne me fasse changer d'avis, même s'il me connaissait suffisamment pour savoir que ma décision était irrévocable. J'avais envie de lui dire de se montrer plus aimable avec les gens, de prendre soin de la voiture, de ne pas téléphoner quand il était au volant, mais je n'arrivais pas à prononcer un mot. Pour finir, il jeta l'éponge et me demanda mon numéro de téléphone pour pouvoir rester en contact avec moi.

— Je vais laisser mon portable à ma mère. Quand j'en aurai un nouveau, je t'appellerai…

Quand nous nous séparâmes, il s'était mis à pleuvoir.

Ce que j'ai laissé derrière moi

Dans ma grande valise à roulettes, j'avais mis tout ce que je possédais : les quelques vêtements dont j'allais avoir besoin pour voyager et qui n'allaient plus me servir ensuite, mon Coran tout écorné, des photos de ma famille, et celles de mes amis, en train de faire les pitres un jour de pique-nique, la clé de la maison.

Avant d'entrer dans l'aéroport, j'avais échangé mon turban contre un voile. Il va sans dire que je jetais des regards inquiets autour de moi, terrorisée à l'idée d'être reconnue. Mais je ne vis rien d'autre que le sourire chaleureux de deux femmes qui allaient faire le voyage avec moi jusqu'à Barcelone pour participer à un forum sur l'Afghanistan.

Il n'y avait que quelques heures que j'avais quitté mes parents, en leur baisant les mains, tandis qu'ils me baisaient le front. Puis j'avais pris ma sœur cadette dans mes bras et serré la main de la grande, incapable de briser la barrière de glace qui s'était formée entre nous. Après quoi, ma mère avait pris un Coran et l'avait brandi bien haut tandis que j'entrais et sortais trois fois de la maison en passant sous le livre sacré, symbole de la protection de Dieu. Ensuite, elle m'avait aspergée d'eau, en récitant : « L'eau est lumière, que Dieu t'illumine ! » Ce cérémonial m'avait paru interminable, car j'avais du mal à retenir mes larmes.

Quand ce fut fini, je refermai la porte derrière moi et montai dans le taxi qui m'attendait. Une fois à l'intérieur, je vis ma mère sortir en courant de la maison. Son foulard tomba, mais elle ne chercha pas à le ramasser... J'ordonnai au taxi d'accélérer. Si ma mère m'avait prise à nouveau dans ses bras, je ne suis pas certaine que j'aurais eu le courage de partir.

Je pensai à mes amis Afzal, Marouf, Ashraf, Waiss, et à mon premier amour, Ahmal ; ainsi qu'à la famille de M. Bismillah, et à tous les gens que j'avais connus quand je travaillais chez lui ; je me rappelai ma mule, et les membres de la confrérie soufie et l'« homme bon » qui avait cherché à m'enrôler dans la guerre sainte... Pour tous ces gens, j'allais cesser d'exister. Je ne les verrais plus jamais.

Remarquant que je flageolais sur mes jambes, une des femmes qui m'accompagnaient me serra dans ses bras. Presque sans réfléchir, elle se mit à me chanter les louanges de Barcelone, me dit que j'allais voir la mer et que j'allais même pouvoir m'y baigner, que Sara serait à mes côtés et que j'allais très vite me faire de nouveaux amis.

Au même instant, j'aperçus mon reflet dans une vitre de la cafétéria, le reflet d'une fille à la tête recouverte d'un foulard. Et je songeai à l'enfant joyeuse qui jouait avec Zelmaï.

À la porte d'embarquement, l'hôtesse regarda la photographie sur mon passeport, puis elle me regarda et me fit signe de passer d'un geste nonchalant.

Janvier 2008-mars 2010

Table

Le paradis perdu	11
La fête du vendredi	20
L'enfer	26
Le renard heureux	30
Les boutons	34
Mort et démons	37
La vie nomade	42
À la recherche de mon père	45
Un camp au milieu de nulle part	53
L'hôpital de Jalalabad	59
Pharyngite et œufs brouillés	62
L'heure de vérité	66
La paix des talibans	68
Pas une maîtresse, mais le chagrin	71
La décision	74
Une nouvelle vie	77
Une vie inventée	83
Mon premier emploi	87
Le domaine de M. Bismillah	92
La faim	97
Un long jeûne	101
Froid été comme hiver	106
Les puits	110
Le cinéma	115
La cuisinière des talibans	119
En prison	125

Une nouvelle famille pour Samira	130
Voyage au Pakistan	137
Mollah Zelmaï	150
La maison aux bougies	160
Laissons parler nos cœurs	163
Les quatre-vingt-dix-neuf noms de Dieu	167
Quatre kilos de yaourt	170
Marouf	174
Les bombes sont de retour	178
Tout continue comme avant	182
B.a.-ba	184
Une séance mémorable	187
À l'école	190
Des cahiers et des bicyclettes	196
Le vélo	202
Quand vient l'amour	206
Le collège	213
Les étrangers	219
De la fièvre et des couleurs	222
Des bijoux	228
La maison dans la montagne	234
Le bienfaiteur allemand	237
Ahmal	240
Si tu ne manges pas, moi non plus	248
À la recherche du paradis	256
Un salaire	262
Charité et compassion	268
Un nouveau travail	271
Aidez Nadia	275
Je m'en vais	280
Le grand jour approche	286
Adieu et à jamais	289
Ce que j'ai laissé derrière moi	295

Remerciements

Je tiens à saluer tout particulièrement ma famille de Catalogne : papa *jan*, maman *jan*, et ma sœur, Marta *jan*. Merci à tous les trois pour votre soutien inconditionnel, votre patience et votre confiance.

Merci à Monica Bernabé, qui m'a épaulée et aidée dans les pires moments, quand je ne me sentais plus la force d'aller de l'avant.

Merci à mon amie Behjat Mahdavi et à ses amis, pour leur soutien et leur gentillesse. Ils ont été les premiers à m'accueillir à bras ouverts.

Un grand merci également à Exil, et en particulier à Ariadna Nuño et Marc Waether, pour leur assistance.

Merci à Carme Vilarmau, lectrice et professeure infatigable qui m'a soutenue dans ce projet et dans beaucoup d'autres choses.

Merci à la famille Puig-Borràs, mon oncle et ma tante, pour leur affection.

Merci à Elaine Keenan pour ses conseils et ses encouragements.

Merci à tous mes amis et aux gens qui collaborent avec l'Ashda et qui, d'une façon ou d'une autre, m'ont aidée à aller de l'avant. Vous êtes des gens formidables et vous occupez une place importante dans ma vie.

Enfin, merci à ma famille et mes amis afghans qui, malgré toutes les difficultés, continuent de lutter bravement.

Nadia

Je tiens à remercier Nadia qui a bien voulu me confier l'histoire de sa vie et m'autoriser à en faire un livre, qui s'est révélé une merveilleuse aventure dont ni elle ni moi ne soupçonnions la portée.

Merci infiniment à Tati Dunyó, Laia Tresserra, Núria Esteve, Dolors González et Cristina Rotger pour leur aide et à tous ceux qui m'ont encouragée, bien conseillée et prêté main-forte à un moment ou un autre.

Merci à Sandra Bruna et aux gens de Planeta qui ont cru à ce projet dès le début.

Même si cela peut sembler ringard, merci à tous ceux qui y ont cru avant même qu'il ait été écrit.

Et enfin, merci à ma famille, qui est toujours là pour moi, et en particulier Oriol, Alzira, Marçal et Aniol.

Agnès

*Cet ouvrage a été composé
par Facompo
à Lisieux (Calvados)*

Impression réalisée par

NORMANDIE ROTO S.A.S.

*en janvier 2019
pour le compte des Éditions de l'Archipel,
département éditorial
de la S.A.S. Écriture-Communication*

Imprimé en France
N° d'impression : 1900187
Dépôt légal : février 2019

OHIO UNIVERSITY LIBRARY
Please return this book as soon as you have finished with it. In order to avoid a fine it must be returned by the latest date stamped below. All books are subject to recall after two weeks or immediately if needed for reserve.

JUN 16 1995

QUARTER LOAN

MAY 1 6 1999

RETURNED

APR 2 7 1999

AUG 1 8 1993

AMS Studies in Modern Literature, No. 20
ISSN 0270-2983

Other titles in this series:

No. 1. Richard E. Amacher and Margaret Rule, compilers. *Edward Albee at Home and Abroad: A Bibliography, 1958 to June 1968.* 1973.

No. 2. Richard G. Morgan, editor. *Kenneth Patchen: A Collection of Essays.* 1977.

No. 3. Philip Grover, editor. *Ezra Pound, the London Years, 1908-1920.* 1978.

No. 4. Daniel J. Casey and Robert E. Rhodes, editors. *Irish-American Fiction: Essays in Criticism.* 1979.

No. 5. Iska Alter. *The Good Man's Dilemma: Social Criticism in the Fiction of Bernard Malamud.* 1981.

No. 6. Charles L. Green, compiler. *Edward Albee: An Annotated Bibliography, 1968-1977.* 1980.

No. 7. Richard H. Goldstone and Gary Anderson, compilers. *Thornton Wilder: A Bibliographical Checklist.* 1982.

No. 8. Taylor Stoehr. *Words and Deeds: Essays on the Realistic Imagination.* 1986.

No. 9. René Taupin. *The Influence of French Symbolism on Modern American Poetry.* 1985.

No. 11. Clifford Davidson, et al., eds. *Drama in the Twentieth Century.* 1984.

No. 12. Siegfried Mews, ed. *"The Fisherman and His Wife": Günter Grass's "The Flounder" in Critical Perspective.* 1983.

No. 14. Arnold T. Schwab, ed. *Americans in the Arts, 1908-1920: Critiques by James Gibbons Huneker.* 1985.

No. 15. *Partisan Review Fifty-Year Cumulative Index: Volumes 1-50, 1934-1983.* 1984.

No. 16. Amy D. Ronner. *W. H. Hudson: The Man, the Novelist, the Naturalist.* 1986.

No. 17. John H. Stroupe, ed. *Critical Approaches to O'Neill.* 1989.

No. 18. Mason Cooley. *The Comic Art of Barbara Pym.* 1990.

No. 19. Stephen K. Land. *Challenge and Conventionality in the Fiction of E. M. Forster.* 1990.

Solt, John 154
Sophocles 83
Spender, Stephen 8, 9, 14, 160
Stead, C.K. 158
Stevens, Wallace 3, 6, 13, 14, 114, 160
Storer, Edward 16, 21, 34
Sweeney, Matthew xvii
Swinburne 77
Symbolism 9, 74, 80, 81, 86, 96, 100, 158
Symbolist xviii, 81
Symbolists 2, 80, 81
Tagore, Rabindranath 30
Tancred, F.W. 16
Taupin, Rene 74, 80, 81, 86, 158
Upward, Allen v, x, 18, 35, 128-144
Vorticist 20, 30, 35, 86-87, 128-29, 159
Wadsworth, Edward 30, 32
Warschauer, Harry 15
Weaver, Harriet Shaw 20
Wells, H.G. 131, 134, 142, 143
Whitby, Julie v, 38, 66, 72
Whitman, Walt 6
Williams, William Carlos 3, 5, 9-11, 18, 25, 30, 114, 157
Woolf, Virginia 9
Yeats, William Butler 8, 17, 25, 75, 81, 128, 158, 159

Philippe, Jean 26
Poetry 6, 21, 83, 101, 158
Pondrom, Cyrena 114, 127, 159
Pound, Ezra ix, x, xi, xii, xiii, xvi, 2-11, 13, 14, 16, 18, 20-21, 24-35, 37, 73, 75, 76, 78, 79-87, 90, 95, 96, 101, 103, 105, 106, 108, 111, 113, 114, 116, 117, 120, 122, 123, 125, 127-129, 132, 134, 142, 155-157, 159
Poets Club, The ix, 4, 34
Pratt, Anne Rich 86, 158
Pratt, William iii, v, vi, ix, xiv, xvi, 1, 73-75, 86, 93, 103, 128, 155, 158-59, 161
Read, Herbert 156, 159
Redgrove, Peter 74
Regnier, Henri de 81, 93
Rexroth, Kenneth 154
Richardson, Robert iii, v, ix, x, xi, 15, 38, 61, 72
Roberts, Neil v,, x, 73-74, 103
Robertson, Julie 15
Rodway, Allan v, x, xviii, 73, 74, 96
Romanticism 76, 77, 97
Rushdie, Salman 97, 99
Sandburg, Carl 6
Sappho 123
Schuchard, Ronald 159
Shakespear, Dorothy 25, 27
Shaw, G.B. 142-43
Sheldon, Michael 130, 135, 138
Shiraishi, Kazuko vi, xv, xvi, xvii, xviii, 146, 148, 154
Sicari, Stephen 159
Smyers, Virginia 125, 126

Maggs, Derek xii
Marsden, Dora 20, 122, 127
Marsh, Edward 105, 111
Martin, Kingsley 142
Martin, Wallace 158
Martz, Louis 108, 111, 114, 126, 156
McKeone, Gary xvii
McNiven, Ian S. 125
Melchior, Claus 14
Meredith 107
Mew, Charlotte 121, 125
Middleton, Christopher 158
Milne, W.S. v, 15, 38, 58, 72
Milosz, Cselaw 73
Miner, Earl 159
Mishima, Yukio 154
Modernism xii, 3, 7, 75-78, 96, 103
Monro, Harold 17, 18
Monroe, Harriet 7
Montesquieu 130
Moody, A.D. 159
Moore, Marianne 6, 117, 123, 127
Moore, Harry T. 125
Moritake 87
Morse, Samuel F. 159
New Age, The 33-34, 159
New Freewoman, The 120, 122, 127
Newman 140
Niven, Alastair xvii
Orage, A.R. 30, 132, 159
Oram, Richard 158
Orwell, George 11
Paige, D.D. 156
Pearson, Norman Holmes 116, 121, 125, 156

Imagist(s) v, vi, ix, x, xi, xiii, xiv, xv, xvi, xvii, xviii, 2, 3-12, 15-16, 18, 20, 28, 30-36, 73-76, 78-85, 87, 96-97, 100, 102-104, 106, 110, 113-117, 120-21, 125-26, 128, 155-159
Imagiste(s) ix, xi, xv, 4, 16, 20 80, 96, 128, 155
<u>Imagistes, Des</u> 4, 18, 24, 25, 30, 36
Isaacs, J. 158
Jones, Peter xi, 54, 114, 126, 155
Jones, Alun R. 158
Jordan, Viola 113
Joughin, Kyran xvii
Joyce, James 8, 9, 14, 18, 20
Kammer, Jeanne 117, 118, 126
Kenner, Hugh 114, 126, 159
Kensington v, xv, xvii, 15, 26, 28-34
Kermode, Frank 125
Kibblewhite, Mrs. Ethel 33
Kitazono, Katsue xvi
Langley, Mr. & Mrs. 29
Lattimore, Richmond 89
Lawrence, D.H. v, x, 6, 11-13, 24-25, 30, 36, 76, 103, 104-108, 110, 111, 120, 123, 125, 127, 156
Lewis, C.S. 13, 14
Lewis, Wyndham 20, 26
Liddell and Scott 119
Lipking, Laurence 115, 118, 119, 127
<u>Little Review, The</u> 155
Lowell, Amy 4, 6, 18, 24, 35, 75, 96, 103-105, 111, 125, 129, 155, 156
MacLeish, Archibald 6
MacLeod, A.W. 105, 111
MacVean, Jean v, 38, 55, 71

<u>Glebe, The</u> 18
Gluck 123
Gubar, Susan 126
<u>haiku</u> 82-83, 87
Hanscombe, Gillian 125, 126
Harmer, J.B. 157
Harrison, Tony 97
Hatlen, Burton 15
H.D. (Hilda Doolittle) v, x, xvii, 5-6, 18,
        20-24, 26, 28, 30, 32, 34-35,
        73, 76, 80, 83, 103-06, 108,
        111-13, 119, 125-27, 155-56,
        159
Hegel 143
Heisenberg 134
Henderson, Harold G. 87
Homer 31, 83, 118, 119
Hough, Graham 158
Hughes, Glenn 74, 158
Hulme, T.E. ix, xii, 4, 9, 11, 14, 16, 18, 26, 33,
        34, 75-80, 85, 96, 101, 156, 158
Hunt, Violet 29, 32
Hunt, William Henry 29
Hynes, Sam 14, 156
Ibycus 83, 88, 89
Images v, vi, xiii, 4, 6-8, 13, 84, 96, 97, 100,
        101, 108, 116, 117, 156, 161
Images, School of ix, 15, 27, 76-80
Imagism iii, v, ix, x, xi, xii, xiii, xiv, xv, xvi, xvii,
        xviii, xix, 1-13, 15, 20, 38, 73, 75-81,
        85, 96, 100, 101, 103, 107, 113, 114,
        115, 125, 127-129, 147, 157-59

Dante 59, 83, 85, 159
Darwin 77, 78
Davie, Donald v, x, 73, 128, 129
De Chasca, Edmund S. 157
Dickinson, Emily 7
Dolmetsch, Arnold 24, 29
Dooley, Maura xvii
Dulac, Edward 29
Duncan, Robert 114-116, 121, 126, 141, 143
DuPlessis, Rachel 123
Egoist, The 17, 20, 26, 120, 121, 124-126, 155, 156, 158
Eliot, T.S. xii, 2, 6-9, 14, 20, 74-75, 77, 79, 86, 96, 100, 111, 114-116, 119, 125-26, 157-58
Evans, Mary Ann (George Eliot) 74, 119
Fabian Society 142
Farr, Florence 16, 24, 27, 29
Faulkner, William 9
Fletcher, John Gould 23, 27, 32, 156, 157
Flint, F.S. xii, 18-19, 23, 27, 31, 32, 78-80, 156, 158, 159
Ford, Ford Madox (Hueffer) 17, 20, 27, 29, 32-33
Fortnightly Review, The 159
Frost, Robert 18, 30, 75
Gabler, Hans Walter 14
Gage, John T. 157
Garnett, Edward 105
Gaudier-Brzeska, Henri 30, 35
Geiger, Don 158
Gilbert, Sandra 126
Gill, David and Rene xvii
Gilonis, Harry xvii
Gladstone 138-39

INDEX

Abbots, St. Mary 26, 27, 28
Abbott, Miss Ella 28, 31, 32
Aldington, Richard 17, 18, 20, 21, 24, 26, 28, 29, 32, 35, 83, 103, 105, 120, 125, 156
Amygists 4, 24
Anaximander 134
Bell, Shirley v, 37, 39, 71
Bergson, Henri 11, 77-79
Binyon, Laurence 19
Bosley, Keith v, 37, 42
Brailsford, Henry Noel 140-44
British Museum & Library v, xii, xv, 15, 16, 20-21, 131
Browning, Robert 121, 125
Campbell, Joseph 16
Cannan, Gilbert 29
Cannell, Skipwith 18, 27
Carpenter, Humphrey 27, 157
Chambers, Grant 7, 15, 16
Chesterton, G.K. 135, 143
Classicism 77
Coffman, Stanley K. 157
Coleridge 77
Collecott, Diana v, x, xvii, 21, 30, 78, 113
Cookson, William v, xiii, 37, 46, 71, 127
Cournos, John 18, 24, 35
Cox, Kenneth 130-134, 136, 139, 144
Crane, Stephen 6
Crick and Watson 128, 133
Csengeri, K.E. 158
Dale, Peter v, 38, 52, 72

Summer

Sweetly, secretly, behind a screen of leaves,
you velvet-throated woodthrush, sit and sing!
No more delicious would be my repose
had I a choir of angels caroling
around my arboretum, whose deep shade
whelms me, overwhelms me, with delight.

Fall

I sing of shadowed hills at sunset sleeping
beside a moving river broodingly,
and flights of wildfowl southward slowly soaring,
etched against the heavens, calling as they fly,
and archipelagos of clouds, like coral floating,
stained by the dying radiance of the sun:
this is the land I love, its colors fading;
this is the only home my soul has known.

[From <u>Words</u> (Boston, Summer, 1973), p. 67.]

EPILOGUE

WILLIAM PRATT

IMAGES OF THE OHIO VALLEY

Winter

The antlered branches of a sycamore
shine winter-whitened from a grove of oaks
and purify the space in which they shine.

The snowy landscape darkens: suddenly
a whole shoal of wheeling blackbirds
whirls right over my head in flight
and leaves me looking, lacking breath, below.

Spring

Under a canopy of black stretched silk
that marks the limits of my world I move
as in a cylinder of silences.
Rain is around me in a bright
encirclement of light
that moves where I move
pauses where I pause
and haloes me with radiance of a world
that is not mine
although I walk illumined in its shine.

Spender, Stephen.   "The Seminal Image," in <u>The Struggle of the Modern</u>. Berkeley: University of California Press, 1965, pp. 110-15.

Stevens, Wallace.   "Rubbings of Reality," in <u>Opus Posthumous</u>, ed. Samuel F. Morse (New York: Alfred A. Knopf, 1957), pp. 257-9.

Kenner, Hugh. "Why Imagism?" in The Poetry of Ezra Pound. New York: New Directions, 1950.

Martin, Wallace. "The Origins of Imagism," in The 'New Age' Under Orage. New York: Manchester University Press, 1967, pp. 145-81. "Three Letters on Imagism," Helix (1983), pp. 25-29.

Middleton, Christopher. "Documents on Imagism from the Papers of F.S. Flint." The Review, no. 15 (April, 1965), pp. 36-51.

Miner, Earl. "Pound, Haiku, and the Image," Hudson Review, IX (Winter, 1957), pp. 570-84.

Moody, A.D. "H.D. 'Imagiste': An Elemental Mind," Agenda (Autumn-Winter, 1987-88), pp. 77-96.

Pondrom, Cyrena. "H.D. and the Origins of Imagism," Sagetrieb (Spring 1985), pp. 73-97.

Pound, Ezra. "Vorticism," Fortnightly Review, XCVI (Sept., 1914), pp. 461-71.

Pratt, William. "Imagism: A Retrospect Sixty Years Later," Words (Boston, Summer, 1973), pp. 60-66.

Read, Herbert. "The Image in Modern English Poetry," in The Tenth Muse. London: Routledge & Kegan Paul, 1957, pp. 117-38.

Schuchard, Ronald. "'As Regarding Rhythm': Yeats and the Imagists," Yeats: An Annual of Critical and Textual Studies, 1984, pp. 209-226.

Sicari, Stephen. "History and Vision in Pound and Dante: A Purgatorial Poetics," Paideuma, (Spring and Fall, 1990), pp. 9-35.

Hough, Graham. Image and Experience. London: Duckworth, 1960.

Hughes, Glenn. Imagism and the Imagists: A Study in Modern Poetry. Palo Alto: Stanford University Press, 1931.

Jones, Alun R. The Life and Opinions of T.E. Hulme. Boston: Beacon Press, 1960.

Stead, C.K. The New Poetic, Yeats to Eliot. London: Penguin, 1964.

Taupin, René. The Influence of French Symbolism on Modern American Poetry, edited, revised, and translated by William Pratt and Anne Rich Pratt. New York: AMS Press, 1985.

C. Chapters, Essays, and Articles about Imagism

Csengeri, K.E. "T.E. Hulme's Borrowings from the French," Comparative Literature (Winter 1982), pp. 16-27.

Flint, F.S. "Imagisme," Poetry, I (January, 1913), pp. 198-200.
"The History of Imagism," Egoist, II (May 1, 1915), pp. 70-71.

Geiger, Don. "Imagism: The New Poetry Forty Years Later," Prairie Schooner, XXX (1956), pp. 139-47.

Imagism: Poetry of the Instant, Catalogue of the Imagist Exhibition at the Ward M. Canaday Center for Special Collections of The William S. Carlson Library, The University of Toledo, May-August, 1990. Edited by Richard W. Oram, with an Introduction by William Pratt.

Isaacs, J. "The Coming of the Image," in The Background of Modern Poetry. New York: Dutton, 1952, pp. 34-51.

Pound, Ezra. Personae. New York: New Directions (n.d., copyright 1926)
The Letters of Ezra Pound, edited by D.D. Paige. New York: Harcourt Brace, 1950.
The Literary Essays of Ezra Pound, edited by T.S. Eliot. New York: New Directions, 1954.

Williams, William Carlos. Autobiography. New York: New Directions, 1967.
Collected Earlier Poems. New York: New Directions, 1951.

B. Other Books about Imagism

Carpenter, Humphrey. A Serious Character: The Life of Ezra Pound. Boston: Houghton Mifflin, 1988.

Coffman, Stanley K. Imagism: A Chapter for the History of Modern Poetry. Norman: University of Oklahoma Press, 1951.

De Chasca, Edmund S. John Gould Fletcher and the Imagists. Columbia: University of Missouri Press, 1978.

Eliot, T.S. Ezra Pound: His Metric and Poetry. New York: Alfred A. Knopf, 1917.
American Literature and the American Language. St. Louis: Washington University Press, 1953.

Gage, John T. In the Arresting Eye: The Rhetoric of Imagism. Baton Rouge: Louisiana State University Press, 1981.

Harmer, J. B. Victory in Limbo: Imagism, 1908-1917. London: Secker & Warburg, 1975.

II. Secondary Sources

A. Books by Imagists

Aldington, Richard.   Images. London: The Egoist Press, 1919.
Life for Life's Sake. New York: Viking, 1941.

Doolittle, Hilda (H.D.)   Collected Poems, edited by Louis L. Martz. New York: New Directions, 1983.
End to Torment: A Memoir of Ezra Pound. New York: New Directions, 1979.
Selected Poems, edited by Norman Holmes Pearson. New York: New Directions, 1957.

Fletcher, John Gould.   Irradiations. Boston: Houghton Mifflin, 1915.
Life is My Song. New York: Farrar & Rinehart, 1937.

Flint, F.S.   Cadences. London: Poetry Bookshop, 1915.

Hulme, T.E.   Speculations, edited by Herbert Read. New York: Harcourt Brace, 1924.
Further Speculations, edited by Sam Hynes. Minneapolis: University of Minnesota Press, 1955.

Lawrence, D.H.   The Complete Poems. Three volumes. London: William Heinemann, 1957.

Lowell, Amy.   The Complete Poetical Works. Boston: Houghton Mifflin, 1955.

APPENDIX

AN IMAGIST BIBLIOGRAPHY

SELECTED BY WILLIAM PRATT

I. Primary Sources

A. Books

Des Imagistes: An Anthology, edited by Ezra Pound. New York: Albert & Charles Boni, 1914.

Some Imagist Poets, edited by Amy Lowell. Three volumes. Boston: Houghton Mifflin, 1915, 1916, 1917.

Imagist Anthology, 1930. London: Chatto & Windus, 1930.

The Imagist Poem: Modern Poetry in Miniature, edited by William Pratt. New York: E.P. Dutton, 1963.

Imagist Poetry, edited by Peter Jones. London: Penguin Books, 1972.

B. Magazines

Poetry. Chicago. Vols. 1-16 (1912-20) ("H.D. Imagiste" appeared in January, 1913).

The Egoist. London, Vols. I-VI (1914-1919). (Special Imagist Number: May 1, 1915).

The Little Review. Chicago, New York, Paris. Vols. I-VIII (1914-29).

HOMAGE TO IMAGISM

NOTES ON KAZUKO SHIRAISHI

One of Japan's leading contemporary poets, she has published many volumes of poetry in her native country, and a collection of English translations, Seasons of Sacred Lust, was published by New Directions in New York in 1976. She has appeared in a number of anthologies of Japanese poetry, including New Writing in Japan, published by Penguin Books in London in 1972, edited by Yukio Mishima and Geoffrey Bownas.

Kazuka Shiraishi's performances of her work often involve collaborations with jazz musicians, such as John Handy at the Japan Art Festival in San Francisco in 1976. She recorded an album with Sam Rivers in New York in 1976, and presented her work at literature festivals throughout the world during the 1980's.

Acknowledgments: "Football Player," "Non Stop," "Parrot," "Dog and Man," and "Monkeys" (all translated by Kenneth Rexroth and others) were previously published in Seasons of Sacred Lust, New York, New Directions, 1976. "Woodpecker" and "Yellow Lake" (both translated by John Solt) were previously published in Cuttack and Other Poems (Shoshi-Yamada). "Burning Meditation" (translated by John Solt) was previously published in Burning Meditation (Seichisha).

BURNING MEDITATION

I am a burning meditation
I hold a watery island inside
waterbirds and the full moon float up
I lend a home to Nile crocodiles
my meditation is usually not aqua blue
but red from desire
rising in their eyes
I feed the crocodiles a delicious sun
and put them to sleep
I live in a burning meditation
listening to waves lap the watery island
soundlessly

MONKEYS

"It doesn't matter that we will never become human beings.
It doesn't matter that we still have tails.
We don't care if we never
Become God or Philosophy.
It's enough that we love each other."
Said the monkeys as they shimmied and danced
And talked of love in tail language.
On the other hand,
Male and female human beings today
Are always saying,
"We can't find love.
We can't believe in it."
That's because they don't have any tails,
So their empty souls wander
In a fog of insincerity.

PARROT

I said, "I love you."
You answered, "I love you."
I said, "I hate you."
You answered, "I hate you."
I said, "Shall we separate now?"
You answered, "Shall we separate now?"
Always, always,
You were a parrot.
It was all because you repeated my words exactly
That we came to separate.

DOG AND MAN

There is a dog in the back yard
Crying, "I'm hungry."
And a man at the front door
Crying, "I want to see you very much."
"I want love."
"I'm so sad."
A man cries at the front door.
A dog cries in the back yard.
Man or dog,
Who is more sad,
Hungry, or lovelost?
Who is more bitter?
God!
What is the answer?

NON STOP

There is a man who will never stop
Since he began to run.

As soon as he showed his head
Out of a window in a building,
He ran down the wall,
He ran down the road;
When the road ran out in the sea
He ran on the water.
I keep this man who runs on and on
And never stops
In my notebooks,
In my drawers,
In my darkness,
He forgets to let me sleep
But runs on and on.
And so my days are dead,
And my nights without end.

FOOTBALL PLAYER

He's a football player
Kicks a ball, everyday he kicks a ball
One day
He kicked love up high in the sky
And it stayed there
Because it didn't come down
People thought it must be the sun
The moon or a new star

Inside me
A ball that never comes down
Hangs suspended in the sky
You can see it become flames
Become love
Becoming a star

YELLOW LAKE

you can catch fish there   delicious fish
and put them on your table
but the lake is yellow   hiding its depth
the Indians living by the lake
also hide their depth
maybe fish live in their eyes
or delicious spirits sing   boiling with hatred
the depths of their eyes are dark   no one can see
something lives   by the yellow lake
not showing its shape on the table

POEMS READ BY KAZUKO SHIRAISHI

WOODPECKER

a woodpecker shows up, industriously
opening a hole in a wooden house
a man flies out and threatens it

for eight years the man
built a house
for his wife and two sons
then
before the woodpecker opened a hole
an invisible woodpecker arrived
and opened a hole in the man's wife
from there the wife

flew out somewhere
never to return again

a woodpecker shows up, industriously
pecking at a man's wooden house

Mon., 4 December 12 noon
Open rehearsal/workshop with Gruinard Ensemble
(free-improvising musicians) at Harding House, Steep Hill, Lincoln

Tues., 5 December 7:30 p.m.
Performance with Gruinard Ensemble at the Whitgift Film Theatre, Crosland Road, Grimsby

Wed., 6 December
Lunchtime reading at Scunthorpe Museum & Art Gallery

PART IV

A READING BY A JAPANESE POET:

KAZUKO SHIRAISHI

Kazuko Shiraishi's visit to Britain in 1989 as part of the Homage to Imagism included a reading at The Voice Box of the Royal Festival Hall in London and a brief writer's residency in South Humberside.

Her programme was as follows:

Mon., 27 November 7 p.m.
Reception at Grimsby College of Technology & Arts

Tues., 28 November 5 p.m.
Reception at the Annely Juda Gallery, London

Wed., 29 November 7:30 p.m.
Poetry reading at The Voice Box, Royal Festival Hall. Also taking part was the musician Itaru Oki, and Lizzie Slater and "La Loca," who read translations. The event was recorded by BBC Radio.

Thurs., 30 November 7 p.m.
Evening at Grimsby Central Library, hosted by Grimsby Writers' Group

be engaged in. That is an irrational conviction: metaphysical, at best speculative. Keeping the historical record full, or as full as possible, the keeping of faith with past generations--these tasks, which we tend to think of as obvious and practical necessities, are nothing of the sort. They rest, whether we know it or not, on somewhere an act of faith.

Brailsford's university, Glasgow, was neither more nor less provincial than the Royal University of Ireland, neither more nor less remote from "Oxford and Cambridge associations." Why then is Brailsford remembered, and Upward not? It seems that the social historian's safety net is as little as any other able to catch Upward; he falls through it, plummet-like, as certainly as through any other of the nets that the scholarly community has woven, of ever finer mesh, to ensure that the memorable is remembered. It doesn't happen; a maverick like Allen Upward is only very partially, and by accident, rescued from oblivion.

Kenneth Cox decided that Upward is best described as "a visionary". But that is the merest device, even (one might say), a cop-out. "Visionary" is a catch-all category devised to accommodate those--Swedenborg, Nietzsche, Upward (other names will come to mind) whom none of the properly constituted committees and sub-committees will take on. It is good that such a category exists, to stop the committees and sub-committees from thinking that between them they have taken account of the entire range of intellectual endeavour. All the same, a cop-out is what it is. The sort of thinking that we agree to call "visionary" is, where it is not self-deluding and charlatan, a sort of thinking that the currently accepted map of human thought cannot, any more than earlier now discredited maps, find room for. But just suppose that this were a primal kind of thinking which secondary kinds, theology as much as philology or physics, can batten on. In that case its exclusion from the array or hierarchy of accredited disciplines would still be justified. And the sacrificial victimization of its exponents would be understandable, indeed almost a matter of course. But that would bear out Upward's thesis that the truly original thinker is at once scapegrace and scapegoat. It is a thesis that his own life and subsequent reputation may be thought to bear out, in a quite spectacular or exemplary fashion. Brailsford of course posed no such problems.

Upward died unmarried and childless. And he fathered no spiritual children either, unless we count a maverick and half-crazy American poet. Whom therefore does it help, to have his teasing obscurity worried over? The history of the modern mind is complete enough without him. Those of us who feel a little worry and a little shame on this score must be, whether we know it or not, appealing to a principle metaphysical if not religious: the lacuna impugns our dignity and the dignity of the intellectual pursuit we conceive ourselves to altogether.

Moreover the world of professional scholarship cannot escape its share of the blame. For there is professional pride on the part of historians. Intellectual historians, like other kinds, have come to think it ignominious for them, even part of their time, to go about stooping to keyholes and listening at half-open doors or to backstairs gossip--which is what they are condemned to, if they accept that conspiracies sometimes happen. Where in such furtive research are to be found the wide vistas, the uncoverings of dynamisms and laws operating through many eras, such as historians have felt themselves called to since Hegel if not before? For a not unreasonably ambitious historian, the trouble with a case like Upward's is that it is stubbornly particular. There is no law of history that he exemplifies, no generalisation however modest or tentative that can be drawn from his life, so far as we know it. There is no way in which to make him representative. The poet Robert Duncan, introducing the Californian reprint of The Divine Mystery, thought he could see one way in which Upward in his generation was a representative case:

> Allen Upward has to contend with. . .the gap that was beginning to appear between popularizing journalism and the high styles of personal expression, as he has to contend with his lower class Plymouth origins and his Grammar School Education with his Grub Street ambitions and his job writing, with his careers in civil service, in an England where class consciousness and a literary elitism growing out of Oxford and Cambridge associations made for his cultural isolation.

Thus Duncan (though it's way off his main concern) finds a category that Upward can be slotted into: he was "born the wrong side of the tracks" but it won't do. Upward lived in fact through a period when crossing from the wrong side of the tracks to the right side was, for persons of talent, comparatively easy and could be very profitable. Again, though many cases could be cited (Wells, Chesterton, Shaw), the best counterexample is Brailsford who, born ten years after Upward to a provincial nonconformist background like his, survived to write books still acclaimed as "minor classic" or "socialist classic". And campaign of savage terror.

There is no denying that this reads very quaintly in 1989. Has the I.R.A. in fact missed a trick by not terrorizing Welsh citizens of Liverpool? It is surely a comical notion. And yet Upward's only mistake was to pick on the wrong city; read "Belfast" for "Liverpool", and "Unionist" for "Welsh citizens", and his analogy not only holds up, it is an accurate prediction. Moreover, in the areas which it controls, the I.R.A., like other terrorist organisations, assumes just those "rights" that Brailsford asserts on behalf of his Bulgarians, acting in this on thoroughly Leninist principles. Should we react to Upward's "one great carnival of horror" by exclaiming, O sancta simplicitas? Or should we not give him credit for foreseeing, however incredulously, what has in fact come to pass since he died?

We may wonder, it seems we ought to wonder, whether Upward was not "blacked out" quite deliberately, for political reasons, by thinkers in the Leninist tradition of the Fabian Society, powerful in British public and intellectual life from Wells and Shaw and the youthful Brailsford through to Kingsley Martin, who wrote the hagiography of Brailsford for The Twentieth Century D.N.B. For of course even today to be, like Brailsford, an apologist for political terror is not held in Britain to disqualify any one from esteem among the intellectual elite, nor even from public office. And yet to speculate along these lines is unthinkable. For to entertain such speculations is to subscribe in some measure to "the conspiracy theory of history." And that is unthinkable, because Ezra Pound is unavoidably part of the story, and once Pound is named we are in sight of such a monstrous product of conspiracy theory as The Protocols of the Elders of Zion. Yet most of us have seen in our own spheres of interest, including the world of learning, that plots are hatched, exclusions and black-ballings are engineered, vendettas are maintained; that some persons who think themselves discriminated against are right to think so. The initiators of pogroms, up to and including the Nazi genocide, are still triumphing in our midst because, by their cynical manipulation of conspiracy-theory, they blackmail us into refusing to acknowledge that in some circles and at some stages of recorded history conspiracies against certain individuals were hatched, were maintained, and were successful to the point where, in the worst cases, the targeted individual was virtually written out of the historical record autobiography, Some Personalities (1921), which I have not seen. (Robert Duncan, who has, does not trust it very far.) This is in itself an instance of how Upward, in his life as in his thinking, not so much eludes all categories as confounds them. We cannot even, in our ignorance of circumstances now probably irrecoverable, label the choice "quixotic". However that may be, it seems that Upward in his Irish years aligned himself, quite actively with certain Irish nationalists. And yet in The East End of Europe when Upward alludes to the Irish, as he does several times, his sympathies seem to lie quite elsewhere. Brailsford had argued, in support of the comitadji, that "a revolutionary organisation has as much right as a recognised Government to punish traitors, and to levy taxes by force." In one who was or would shortly be in touch with Lenin, the sentiment is not surprising. But Upward is appalled:

> The Bulgarian apologist can only excuse the atrocities of his clients by arguments which would be rejected with horror by the ordinary anarchist. According to him, if in any country a body of men, however contemptible in point of numbers, band themselves together to seize the government, they are thereby justified, not merely in employing assassination against the agents and supporters of the government in existence; they are justified in usurping authority over the ordinary peaceable inhabitants; they may rob and plunder them, they may murder those who complain, or torture those who hang back. If the anarchists of Europe should ever be tempted to act upon these principles, the world will become one great carnival of horror. And if anything could add to their wickedness it would be their extension to what is, in substance, a war of annexation, waged, not against the Turkish Government, but against the Hellenist people. In order to understand the full bearing of this frightful reasoning, we must imagine Ireland an independent republic, and emissaries from Dublin landing in Liverpool to conquer that city. They will be received and sheltered in the Irish quarter; they will shirk encounters with the English police; but they will set about bringing over the Welsh citizens to their side by a

However there are intelligences (many more of them, indeed) which are at once keen and partisan. Such was Henry Noel Brailsford (1873-1958), the English journalist whose <u>Macedonia</u> had appeared in 1906, whom Upward girds at on page after page, and in footnote after footnote, of <u>The East End of Europe</u>; whose retaliation in <u>The Daily News</u> Upward admits himself afraid of. It would be worth some one's while to scan the columns of <u>The Daily News</u> through the relevant years to see if Upward's fears of retaliation were or were not well founded. What is certain is that Brailsford went on to have a career, as opinion-maker, that is abundantly and even deferentially recorded; his books are still remembered, and (some of them) reprinted. [Brailsford's principal publications are: <u>The Broom of the War-God</u> (a novel; 1898); <u>Shelley, Godwin and their Circle</u> (1913); <u>The War of Steel and Gold</u> (1914); <u>Belgium and the Scrap of Paper</u> (1915); <u>A League of Nations</u> (1917); <u>The Russian Workers' Republic</u> (1921); <u>Socialism for Today</u> (1925); <u>How the Soviets Work</u> (1928); <u>Property or Peace?</u> (1934); <u>Voltaire</u> (1935); <u>Rebel India</u> (1931), and <u>Subject India</u> (1943).] He earned a long and respectful entry in <u>The Twentieth Century Dictionary of National Biography</u>, from which Upward's name is, alas not conspicuously, absent. And yet, for as long as Upward was alive, his career and Brailsford's seemed to run in parallel--with this difference, however, that Brailsford was consistent. Brailsford was, from first to last, a left-wing thinker; and though, like all such in his lifetime, he had to make tactical adjustments from time to time (now ardent about communist Russia, now keeping his distance from it), his bent is, whatever the subject he takes up, predictable. And that surely is what we mean when we characterize such consistency as "admirable": we mean that on any given question we can be certain, within manageable limits, which way Brailsford will jump. There never was any such certainty about Upward. And to be radically unpredictable scares everybody--in the world of learning, as in other worlds.

A good case in point is Upward's attitude to the Irish. Born in Worcester to a family attached to the Plymouth Brethren, Upward attended and graduated from The Royal University of Ireland, an institution particularly intended-- largely on J.H. Newman's initiative, for Irish Roman Catholics. Why his <u>alma mater</u> should have been thus unlikely, not to say outlandish, is what no one offers to explain, unless he explains himself in his pseudonymous wing of Gladstonian liberalism. Accordingly it may seem that in The East End of Europe we encounter, in the field of politics, what Kenneth Cox laboriously but valuably defines as a characteristic habit of Upward's mind:

> Upward had the kind of mind which, proceeding from a central sense of an ungraspable whole, what he called the 'All-thing', advances to an outpost of opinion only to find itself associated with persons who have arrived there by some process of ratiocination, or who have stationed themselves there for motives of self-interest, and which thereupon retires to its centre, refreshes itself at its source and advances again in a different direction, sometimes to a position diametrically opposite to the first. His writing continually takes up new starting points, working round his main preoccupations, but breaking off before a definite conclusion can be identified and fixed.

It is rather important to see what Cox is here claiming for Upward. He is not saying that Upward "couldn't make up his mind"--that's an incapacity that, where we have encountered it, none of us is called on to condone. He isn't saying, either, that Upward rather often changed his mind and consistently claimed his right to do so--though that's a right that we ought to recognize, as much in intellectual endeavour as in politics, though we seldom do. Nor is Kenneth Cox, as I understand him advancing a claim for "the free play of mind," where "free" means "irresponsible." Rather, if I read him right, he is making a plea for the provisional: that's to say, for assertions which, however trenchantly made (and why assert at all, if not trenchantly?), are corrigible in the light of further evidence, even of further reflection and extraneous opinion. What Cox is standing up for in fact, with Upward as prime instance, is the rights of the speculative intelligence.

That intelligence cannot be, in political or any other terms, partisan. And so politics, because it is of its nature partisan, cannot make use of, because it cannot trust, an intelligence like Upward's. The English electors were right therefore to deny Upward a parliamentary seat, whenever he asked for it.

the cause of territorial greed have found a common enemy in the Turk. In the year 1876 two of these causes found a champion in the most powerful popular orator since Demosthenes.

Gladstone, a name which I have never heard mentioned by a Turk except in terms of sincere respect, had two supreme interests at heart--what he believed to be Christianity, and what he believed to be freedom. On many occasions in his life one of these interests pleaded against the other. Over the question of Bulgaria the two were united, and the result was tremendous.

The great statesman then at the helm of the British empire trimmed his sails to the wind, and brought the ship into port. What was genuinely Bulgarian territory was rendered independent; but the ambitions of Russia were repressed, Turkey was safeguarded, and the future was left open for Greece.

This result could not satisfy Gladstone. The General Election of 1880 was one of the few ever fought in England on a question of foreign politics, and it resulted in an overwhelming condemnation of the Turk for the 'Bulgarian atrocities'--a strangely prophetic phrase!

That decision of the electorate was loyally accepted by the followers of Beaconsfield, and their new leader afterwards emulated Gladstone in his language about Turkey and her sovereign...

"Bulgarian atrocities" is said to be "a strangely prophetic phrase" because, whereas Gladstone meant by it atrocities allegedly committed by Turks in Bulgaria, Upward means by it atrocities that he alleges the Bulgarians have committed in Macedonia.

What is remarkable here is that, in his several fruitless attempts to enter parliamentary politics (Michael Sheldon gives us such details as we have), Upward himself seems to have campaigned on what we might now call the left or less manipulated by one of "the Great Powers": Russia and Austria, Britain and France and Italy, covertly but effectively Germany--the powers which had created the vacuum in the first place, by harassing and humiliating the retreating Turk, under the seldom enunciated but always understood pretext of defending Christendom against Islam.

Upward presents the principal power struggle in the region as between Bulgar and Greek. He declares himself, firmly and indeed fervently, Hellenophile. Armed bands both Bulgarian and Greek were roaming the territory; and Upward claims to have found that the Greek bands were defensive and protective vigilantes, whereas the Bulgarian bands (comitadji) directly organized from Sofia, were "Bulgarizing" by terror. More surprisingly, he is strongly pro-Turk; at least, in one anecdote after another, he presents the Ottoman administration as thoroughly mild and humane, the Pashas' rule over their Christian subjects as by and large enlightened. Indeed, a strong undertow in the book, which we become more aware of the further we read, is to the effect that, whereas the Christian communities are murderous towards each other, the Mohammedan is even-handedly compliant and considerate towards all of them. The cumulative effect is almost Swiftian. And it challenges at almost every point the originally Gladstonian consensus that had for many years governed British policy on "the Eastern question":

> In our nurseries, if a child shows a boisterous and ungovernable disposition, we call him a 'young Turk.' A favourite figure in our nursery tales is that of the terrible Turk, with his big turban, and big beard, and baggy trousers, his curly moustache, curly slippers, and curly scimitar. The redoubtable Bluebeard, according to historians, was actually a French or Breton noble; but he is always pictured as a Turk. Such ideas, so early implanted, are never really effaced.
>
> For a hundred years past those Powers which hope to aggrandize themselves at the expense of Turkey, and those aspiring peoples which have desired foreign aid in overthrowing their old conquerors, have deluged Europe with denunciations of the Turk. The cause of Christianity, the cause of liberty and

those books sail at a high and intoxicating level of abstraction, <u>The East End of Europe</u> is unremittingly concerned with the quotidian and the contingent--in a setting moreover, the Balkan peninsula in the first decade of this century, than which few can seem more remote from the modern common reader's interests or frame of reference. And yet, whatever Upward may have distorted or suppressed (for instance, his mission was "unofficial"--who then financed it, and in whose interests?), <u>The East End of Europe</u> gives to his thought an extra dimension that we should not have dreamed of, after reading only <u>The Divine Mystery</u> and <u>The New Word</u>. Here is Upward the historian; and in fact the first fifty pages of <u>The East End of Europe</u> are masterly in their concise clarity, making manageable sense of a conflict of languages and races so traditionally intractable that it has generated the baleful word, "Balkanization." As a traveller Upward is humorous and relaxed, urbane; and towards the schoolchildren whom he meets in their classrooms--Turkish, Greek, Bulgarian, and of mixed races--he is tender. Hardly ever does he fall back on that staple of travellers' tales--the lousiness or other disadvantages of his accommodation. And he eschews entirely, drawing attention to it himself, impressions of landscape; his concern is entirely with the inhabitants of those landscapes, and from that, their human and civic condition day by day, nothing is allowed to distract him. We get another surprising shaft of light on to him when he concludes his castigation of an English journalist who had preceded him: "I confess myself unable to understand how any writer could have imagined that he could help his argument by including such passages as those in a book intended to be read by English gentlemen." Was "English gentlemen" written straight-faced or with tongue in cheek? Kenneth Cox seems to be right when he says that "irony was not one of Upward's weapons"; and so I infer that, disconcerting as it may be for modern readers, Upward's appeal to English gentlemen was made in all naive sincerity.

Again, we may feel, Upward was extraordinarily ill-advised, or else unlucky, or else perverse. For who in seventy or eighty years has cared what "Rumelia" is, or was? It was what Upward chose to travel over and to report on: that large Balkan territory which, as the Ottoman Empire found ever less energy to administer it, was becoming a power-vacuum. Into that vacuum were rushing Bulgar, Serb and Greek, Rumanian and Albanian, each of them more

G.K.Chesterton might be another instance. Yet if it isn't the intellectual climate that must bear the blame, on the other hand, as Michael Sheldon says, "it seems clear that the practical factors alone are not sufficient to explain the obscurity surrounding his life and works." By the time of The Divine Mystery Upward was arguing that in all human cultures, including quite notably Christendom, the genius is doomed to the role of changeling and sacrificial scapegoat. And "genius" was surely, and rightly, how he characterized himself. Accordingly some have suggested that his suicide eleven years later was the logical outcome. But a man does not shoot himself to prove the rightness of a theory. Years before, Upward had advanced a much more mundane but more plausible explanation of why he was, as increasingly we must think he was, vindictively overlooked:

> The reputation, and even the livelihood, of a private man of letters is largely at the mercy of great organs of opinion like The Daily News; their grudges are often lasting, and they have the means of keeping up a vendetta long after the public has forgotten its origin; and the law of England does not afford that protection to assailed individuals which is afforded by the law of other countries, by requiring the signature of newspaper articles and the insertion of replies. In these circumstances I can only place myself in the hands of the public, and trust to its sense of fair play to protect me in the discharge of my duty to itself and to those who have appealed to it through me.

This is from The East End of Europe (1908), one of Upward's books that is nowadays little read and indeed seldom to be found. I have seen it described as "a travel-book" and also as "a war-correspondent's dispatches." Neither description is accurate. Better is the sub-title: "The Report of an official Mission to the European Provinces of Turkey on the Eve of the Revolution." The Revolution meant is the bloodless one of the Young Turks in 1908 against Abdul Hamid II. And at once we see why The East End of Europe can never attract even such few readers as have lately been brought to The Divine Mystery (not to speak of The New Word, shamefully never printed to this day): where to see Upward's "inspired guess" thus "confirmed experimentally" is "a pleasant fancy differing only in degree from seeing the invention of the submarine predicted in the Rigveda." It is a true bill: a literary sensibility (mine) got itself carried away into an intellectual world I was not at home in, where for instance "proof" and "experiment" had meanings different from those I was used to.

And yet " a pleasant fancy" seems more dismissive than is called for. It doesn't measure up to the excitement, the heightened awareness, that Upward's sentences provoked in me (and do again, now that I re-read them), nor for the unforeseen analogy that that excitement provoked me to. The formula that Cox offers me is unexceptionable: "It is more sensible to admit that the verbal faculty, while capable at its heights of marvelous insights and syntheses, which may precede and even suggest discoveries (Heisenberg got ideas from Anaximander), produces formulations that as such cannot be proved or applied." And yet I am not clear in what sense the faculty in Upward that produced these sentences can be called precisely "verbal"; nor, while accepting that such formulations cannot as such be "proved," am I sure that they cannot be "applied." The important point to my mind is that in these sentences by Upward we experience a powerful mind thinking powerfully about the physical and the non-physical world; and it seems wrong and self-defeating for us to scout and ignore his apprehensions merely because we cannot securely label them under hydraulics or oceanography or botany or metaphysics. At this point the preservation of what I have called "the historical memory" seems involved with the current articulation of the world of learning, an articulation ever more minutely intricate according as, in Cox's sardonic words, more and more of our sciences "are both more exact and more uncertain". Each of us may be remembered in our discipline; woe, and in the worst cases oblivion, attend those who have no one discipline, or have one which they stray outside of; who detect what Upward was to call, and after him Pound, "rhymes" between disciplines--something more than analogies, yet less than equivalences.

And yet if we ask why Upward was ignored in his lifetime and has been largely ignored since, it will hardly do to suppose this was because his synthesizing intelligence flew in the face of a strong professional determination to compartmentalize. For there were other synthesizing popular educators-- H.G.Wells has been mentioned--who in Upward's day received sufficient acclaim.

poetic and other modes of thinking, we lunge across that frontier inconsiderately and foolishly. Thus thirteen years ago, carried beyond myself by excitement at Upward's The New Word (London 1908, but possibly written as early as 1896), I quoted from it as follows:

> The story of the waterspout, as it is told in books, shows it to be a brief-lived tree. A cloud is whirling downwards, and thrusting out its whirlpoint towards the sea, like a sucking mouth. The sea below whirls upward, thrusting out its whirl point towards the cloud. The two ends meet, and the water swept up in the sea-whirl passes on into the cloud-whirl, and swirls up through it, as it were gain-saying it...
>
> In the ideal waterspout, not only does the water swirl upward through the cloud-whirl, but the cloud swirls downward through the sea-whirl...
>
> The ideal waterspout is not yet complete. The upper half must unfold like a fan, only it unfolds all around like a flower-cup; and it does not leave the cup empty, so that this flower is like a chrysanthemum. At the same time the lower half has unfolded in the same way, till there are two chrysanthemums back to back...
>
> It is strength turning inside out. Such is the true beat of strength, the first beat, the one from which all others part, the beat which we feel in all things that come within our measure, in ourselves, and in our starry world ...

Rashly (with a rashness that I must say I was half conscious of) I commented "Upward of course did not live to see this inspired guess at 'the first beat' astonishingly confirmed experimentally, when the bio-physicists Crick and Watson broke the genetic code to reveal 'the double helix' (that's to say, 'double-vortex)". I accept Cox's reprimand when he writes entertainingly that question, let alone answered it, except Ezra Pound and more dubiously A.R. Orage; and since Upward died the question has been asked (obliquely) and answered (partially) only by certain recent commentators on The Cantos of Ezra Pound.

These last, of whom I am one, deserve no great credit. Pound from first to last thrust Upward's name on our attention; and beyond a certain stage of sophistication in studies of Pound's poem the instigation could not be ignored. But all that we Poundians made of Upward was as much of him as could be brought to bear on Pound's poetry. And this is not good enough. To begin with, among those, still a minority of the reading public, who are sure that Pound was a very great though manifestly imperfect poet, there is certainly no agreement that he was a coherent and consistent thinker; accordingly it is abundantly possible to admire Pound for making admirable poetry out of "the lucubrations of bookish old geezers not quite right in the head," Upward among them. In the second place, those of us who are professionally or semi-professionally students of poetry are ourselves infected by the domination of "specialisms." How can we fail to be, since most of us are required at some point to go cap in hand to an institution like the British Academy or its American equivalent the Guggenheim Foundation? Accordingly there is insistent pressure, which most of us at some point accede to, to regard our concern with poetry as a specialized "discipline" on a par with other specialized concerns in say organic chemistry. It is certainly significant that only poetry has imposed on its students the necessity to take some notice of an otherwise obliterated thinker whose cast of mind wasn't fundamentally poetic or literary at all. (For Upward's poems and stories are the least valuable of his writings.) That attests to the stubborn determination of serious poetry to regard the exertions of the human mind as somewhere, at some level, all one. But because we who have specialized in the study of poetry have just for that reason neglected to consider how that study locks in with others, our consideration of Upward stops short of the point where he is most challenging: that is to say, the point where, as Cox shows, he requires us to re-think the whole map of intellectual endeavour, challenging the accepted demarcations which split that endeavour into bureaucratically manageable fiefdoms.

Either that; or else, when our studies force us to a frontier between

> many books were cheap and some serious attempts were made to popularise science. Those were the days when educated men still thought it possible to discuss the latest theories, when you could still drop into the British Museum to do some reading and, if you wanted to know about the reformation of the zodiac in 700 B.C., write to the Astronomer Royal...
>
> The mental world Upward inhabited was one where matter not divided into disciplines or bedevilled by politicians is subjected to independent and wide-ranging inquiry. He called himself a scientist and his subject "ontology, commonly called truth"...

Nothing could be further from the assumptions and "guide-lines" that govern nowadays the deliberations of bodies like the Royal Society and the British Academy and the Social Science Research Institute, where research proposals are, no doubt scrupulously, "vetted" by specialist committees and subcommittees. In such a context Upward would not have stood a chance--not of financial support (that would be out of the question), but of recognition in the sense of being taken too seriously. The same goes of course for such a contemporary of his as H.G. Wells. The matter is aggravated by the "fields" (so we think of them, though Upward didn't) that Upward ranged over and ranged across. Cox cites them as: "mythology, comparative religion, anthropology, etymology, theoretical physics and the paranormal." And he pungently and prudently anticipates the objection:

> In these notorious areas amateurs soon lose their footing and proclaim as truth, or at least as plausible speculation, ideas others dismiss as moonshine. The literature of these studies is cluttered with the lucubrations of bookish old geezers not quite right in the head: not every Casaubon failed to write his Key to all mythologies. What makes Upward any different?

Kenneth Cox has his answer to that question, in two parts; and it is a very good answer. What is interesting is to ask why in Upward's lifetime no one asked the that a figure so historically recent, by no means a recluse but on the contrary gregarious and a prolific self-promoter, should have been consigned to oblivion so conclusively that, so far as I can make out, there exists not a single sketchy impression of him from those who knew him in life, and of his many books even the best libraries can muster only a few? This enquiry therefore, if it can be dignified by that name, is an enquiry into the processes of cultural transmission or non-transmission. And if I may anticipate my conclusion, the case seems to prove that the period of Edward VII and George V, of Presidents Theodore Roosevelt and Woodrow Wilson, since them the age of computerized information-retrieval, no more ensure the continuity of historical memory than did the times of Henry VIII or Edward VI. In fact, rather less so.

The mystery of Upward is encapsulated in an issue ten years old of that eccentric and unreliable but invaluable London magazine, <u>Agenda</u>, which in 1978/79 carried two essays about Upward, one by Kenneth Cox, the other by Michael Sheldon. How could the figure that emerges from Michael Sheldon's biographical researches--a flitting opportunist, scare-monger and demagogue of municipal politics in England, Wales and Ireland--have written a book, <u>The Divine Mystery</u>, which (Kenneth Cox decides) "stands in breadth of view, in novelty of ideas, in clarity of exposition and in brilliance of <u>obiter dicta</u> at least on a par with the work of Montesquieu"? And if Cox is right, as I'm sure he is (for the name of Montesquieu is not chosen at random), how can it be that such a book should never have been reprinted from its first publication in 1913 until 1976, and then in Santa Barbara, California? Somewhere here there is a scandal; and we cannot as intellectual historians look ourselves in the face until we have probed it.

With every month that passes, the chance of rescuing Upward from oblivion gets slimmer--not just because there can now be hardly anyone left among eyewitnesses who might testify, and not just because under imposed budgetary restraints British libraries at all levels are now shredding seldom-asked-for books from eighty or sixty years ago, but because we get further and further away from sympathizing with or understanding the world of speculation that Upward took for granted. Kenneth Cox is very good about this:

Opportunities for self-instruction in his time were not bad:

permission of the Editor. In addition, Donald Davie has provided the following pertinent quotations from his book, <u>Ezra Pound</u> (1975--reissued, Chicago and London: University of Chicago Press, 1983):

> Imagism (originally "imagisme," as if by French spelling to borrow the required Parisian <u>eclat</u>) was an exclusively literary movement, whereas the later Vorticism claimed to comprehend all the arts and was strongest in painting and sculpture. Yet Pound himself seems to have thought of vorticism as only a prolongation and theoretical elaboration of what he had fought for under the banner of imagism, until imagism was taken away from him, and trivialized, by Amy Lowell. (p.32)

> As for the more abstruse reaches of Pound's argument, those which have to do with the central concept of "the vortex," they rest upon the formulations of a British thinker, man of letters, and publicist named Allen Upward, whom Pound had met in 1911, and who already in 1908 had been appealing to the authority of Confucius and Mencius. (pp. 41-42.)

Donald Davie maintains that until the "mystery of Allen Upward is cleared up, we shall not get Imagism into perspective." Though his essay is not directly about Imagism, it provocatively investigates a neglected but highly visionary thinker, undeniably one of the poets Ezra Pound originally called Imagists.]

Allen Upward (b. 1863) remains a mystery-man. I have no hope of dispelling the mystery, not even of casting anything but very tentative light on it. My intention is only to emphasize that the mystery exists; that it is unaccountable; and that, so long as it persists, our pretensions to chart the intellectual history of our times, or the times of our grandfathers, are hollow. It is not after all as if we were dealing with a figure from the 16th century or earlier; Upward died by his own hand no longer ago than 1926. How can it be

THE MYSTERIOUS ALLEN UPWARD

by Donald Davie

[Editor's Note by William Pratt

Donald Davie, whose interest in Imagism is clearly reflected in two books and many articles about Ezra Pound, was invited to contribute to the Imagist Symposium on a subject of his choice. He responded that since he had just completed an essay on Allen Upward for The American Scholar, he would be glad to do something on Upward. All I knew about Upward was that his prose-poems, "Scented Leaves from a Chinese Jar," were undoubtedly the most unusual of the items chosen by Ezra Pound for inclusion in Des Imagistes, the first Imagist anthology, which he edited in 1914, but I thought anything about this obscurest of Imagists would be welcome. What Donald Davie actually gave at the Imagist Symposium was not a prepared paper but an extended, and fascinating, oral improvization on his Upward essay, in which he pointed out that Upward not only led Pound to the use of Chinese poems and the Chinese picture-language, or ideogram, as models for Imagism, but that Vorticism, the artistic movement that Pound promoted after Imagism, owed its name and defining idea to Upward, who had conceived of the "water-spout" image in the shape of a double vortex (and, in a pair of remarkable coincidences, Yeats would later invent a poetic analogy for the vortex in his intersecting cones or "gyres" of A Vision, and Crick and Watson would project a scientific analogy in the figure of the Double Helix, their diagram for the DNA molecule as the basic unit of life). Because there was no written text of his remarks at the Imagist Symposium, Donald Davie agreed to let his American Scholar essay on Upward become his contribution to this Homage to Imagism, and it is here reprinted by

Lipking, Lawrence. 'Aristotle's Sister: A Poetics of Abandonment,' Critical Inquiry 10: 1 (Spring 1983) pp. 61-81.

Marsden, Dora, 'The Art of the Future', The New Freewoman, I: 10 (1 November 1913) pp. 181-83.

Moore, Marianne, 'Bright Immortal Olive' (1921) and 'H.D.' (1961). The Complete Prose of Marianne Moore, ed. Patricia Willis, New York: Viking Press, 1986, pp. 112-14 and 558-59.

Pondrom, Cyrena, 'H.D. and the Origins of Imagism', Sagetrieb 4: 1 (1985) pp. 73-97.

Pound, Ezra, 'Religio, or The Child's Guide to Knowledge' (1913). Ezra Pound: Selected Prose 1909-1965, ed. William Cookson, London: Faber and Faber, 1973, pp. 47-8.

Pound, Ezra, Selected Letters, 1907-1941, ed. D.D. Paige (1950). London: Faber & Faber, 1982.

Woolf, Virginia, A Room of One's Own. Harmondsworth: Penguin, 1945.

WORKS CITED

Duncan, Robert, 'The H.D. Book, Book II, Chapter 6', <u>Southern Review</u> 21:1 (Winter 1985) pp. 26-48.

Duncan, Robert, 'H.D.'s Challenge', <u>Poesis</u> 6 3/4 (1985) pp. 21-34.

Eliot. T.S., 'Tradition and the Individual Talent' (1919). <u>Selected Prose of T.S. Eliot</u>, ed. Frank Kermode. London: Faber and Faber, 1975, pp. 37-44.

Gilbert, Sandra and Gubar, Susan, 'Tradition and the Female Talent' in <u>The Poetics of Gender</u>, ed. Nancy Miller. New York: Columbia University Press, 1986, pp. 183-207.

Gilbert, Sandra, and Gubar, Susan, <u>No Man's Land: The Place of the Woman Writer in the Twentieth Century</u>, I. New Haven: Yale U. Press, 1988.

Hanscombe, Gillian, and Smyers, Virginia, <u>Writing for Their Lives: The Modernist Women, 1910-1940</u>. London: The Women's Press, 1987.

H.D., 'The Farmer's Bride' [Charlotte Mew], <u>The Egoist</u> III: 9 (September 1916) p. 135.

H.D., <u>Collected Poems</u>, ed. Louis L. Martz. New York: New Directions, 1983.

Jones, Peter, ed., <u>Imagist Poetry.</u> Harmondsworth: Penguin Books, 1972.

Kammer, Jeanne, 'The Art of Silence and the Forms of Women's Poetry' in Gilbert. S. and Gubar S., eds., <u>Shakespeare's Sisters: Feminist Essays on Women Poets.</u> Bloomington: U. of Indiana Press, 1979.

Kenner, Hugh, Review of H.D.'s <u>Hermetic Definition</u>, <u>New York Times Book Review</u> (10 December 1972) p. 55.

a poem that "goes toward narrative," the others extended dramatic lyrics. Aldington expressed anxiety that HD might now be associated with "less than perfection" and Pound accused her of "dilutions and repetitions." But we must remember that Pound was still piqued because she had gone her own way in collaborating with Amy Lowell on the annual volumes of Some Imagist Poets. While HD was working for The Egoist, she was actively networking with the other poets in this collective. (See Hanscombe and Smyers, The Modernist Women)

To conclude then, 'Eurydice' appeared in the last number of The Egoist that HD edited. In June, T.S. Eliot took over, and in that month's issue Pound marginalized HD's position on Charlotte Mew and the dramatic lyric by claiming that "Mr Eliot has made an advance on Mr Browning." The Egoist persisted, under their direction, for two more years, but only one more poem by HD was published--in July 1917 (it was presumably held over from her own period as editor). Is this the reason for Aldington's later remark that "Ezra and Eliot pushed her aside ruthlessly"? [See Literary Lifelines: The Richard Aldington-Lawrence Durrell Correspondence, ed. Ian S. McNiven and Harry T. Moore (London: Faber & Faber, 1980), p. 110.] Most readers must have assumed that she had ceased to write, or retreated into repetitions of Imagism. Norman Pearson's well-intentioned Selected Poems of H.D. tended to bear this out, for in it both Artemis and Eurydice are silenced: they will not be heard again until over twenty years after H.D.'s death.

Let me end with my beginning:

I say WHO is HD? They all think they know more about what and why she should or should not be or do than I.

> So you have swept me back,
> I who could have walked with the live souls
> Above the earth
> I who could have slept among the live flowers
> at last
>
> ["Eurydice," Collected Poems, p. 51]

Here is "an heroic voice," like the one HD will later use for Helen in Egypt. It speaks from passivity and suffering to an active anger. The reference in the last lines of the poem to Christ's harrowing of Hell cannot be accidental:

> before I am lost,
> hell must open like a red rose
> for the dead to pass

Other critics have attempted to contextualize this poem in HD's own life, and to read it as an expression of her personal resistance to the men who wanted to control her. It is more useful, I think, to contextualize it in her poetic development and to work with the facts of publication and reputation rather than the fictions of biography and autobiography.

'Eurydice' comes from the transitional phase I've already identified. It belongs to a group of poems called The God, written in 1913-17, but never published in a separate volume. Its placing in that group is significant: it comes after 'Pygmalion,' another monologue, spoken by the legendary male artist. After 'Eurydice' comes 'Oread'--held over from Sea Garden and asking to be read here as an abbreviated dramatic lyric.

'Eurydice' first appeared in The Egoist in 1917, and that too is significant, for HD was then acting as assistant editor to the magazine, in the place of Richard Aldington, who was in the army. She therefore had complete control, for the first time in her life, over the publication of her own work. And the poems which appeared in The Egoist during that crucial year broke the mould of "HD Imagiste".

They included 'The Tribute,' 'Pygmalion,' 'Eurydice,' and 'Circe,' the first

This program coincides with HD's own experiments, in Sea Garden and after, at constructing poems to express emotional states such as loss, anger and desire. Her translation of Greek drama was essential to this enterprise: it allowed her to develop to the full what Marianne Moore called "the controlled ardor, the balanced speech of poetry." (Moore, CP 113)

HD's most intensive period of translation was between 1915 and 1920, the period of transition from "HD Imagiste" to the poet HD. In the Choruses of Euripides, we frequently hear a single male or female speaker. In Heliodora, the volume published in 1924, the poems' titles identify dramatis personae of goddesses and heroines--Thetis, Cassandra--and also women poets: Heliodora, Nossis, Sappho.

Recalling Aldington's stricture that "women are incapable of the indirect method," I would argue that this body of work by HD shows a woman poet inventing an indirect method that nevertheless allows her to achieve the directness of the speaking voice and the intensity of emotion that Pound demanded of the Imagists. [Pound's prescriptions were as follows: 1. "[Poetry must depart] in no way from speech save by heightened intensity," and "Direct treatment of the thing whether subjective or objective."]

But there was another demand placed on HD by the women who preceded her: the need for mythos as narrative. When narrative is combined with the female voice, it involves a re-telling of the story from a different cultural position. It moves the woman from the margin of male culture to the central position of the speaking subject. Rachel DuPlessis has shown this to be the case in HD's poem 'Eurydice,' which may be all that is left of the 'Orpheus' sequence that the Lawrence figure criticized in Bid Me To Live. (DuPlessis, Writing Beyond the Ending)

The myth of Orpheus and Eurydice is heavy with cultural meanings. It has always been told from the position of Orpheus, (who was, you recall, not merely a man but a man with the power of song). In Gluck's opera Orfeo, for instance, the most moving moment is when Orpheus grieves for the loss of Eurydice--he has lost her by looking back as he led her out of hell.

HD places Eurydice at the centre of the story. She takes up the mythos in a dramatic speech:

> The cornel-trees
> uplift from the furrows;
> the roots at their bases
> strike lower through the barley-sprays.
>
> So arise and face me.
> I am poisoned with rage of song.
>
> ["Orion Dead," Collected Poems, p. 56]

Artemis describes herself as "poisoned with rage of song"; the song itself is an emotional complex: anger, grief and guilt are present, but also fear--fear of her own power: the power to hurt--all these emotions find expression in her speech.

Who, then, is Artemis? Surely not HD. She's more like the goddesses who were dramatized by Elizabethans such as John Lyly, and who represent on stage supra-personal emotions or 'states of mind'. Pound grasped this in his Ovidian catechism 'Religio'; it was central to HD's spirituality. But it was also part of a deliberate poetic project on HD's part, distinct from Pound's, but no less ambitious.

In 1913, The New Freewoman published both Pound's 'Religio' and also an article by Dora Marsden entitled 'The Art of the Future.' This urged artists to adopt an empirical method directed at 'the true delineation of the soul'. Marsden saw emotions as 'movements of the soul', and suggested that poets begin by delineating the soul when

> It loves.
> Is cruel.
> Shy...
> Exalted,
> Angry,
> Lustful,
> Fearful,... [etc]

especially vulnerable to mis-reading. Again and again, they have been found to transgress BOTH the traditional taboo on female speech AND the modernists' dogma of "impersonality".

3. THE WOMAN SPEAKING

I want to show how HD turned the potential limitation of "the woman speaking" into a strength. I think she did this by incorporating the codes of other literary genres in her poetry:
1. the narrative code, or story
2. the dramatic code, or speaking in character

Duncan saw the presence of narrative or story in her earliest work; it is there in longer poems like 'Cities' or 'The Tribute.' Pearson excluded these from his Selected Poems in order to prolong the image of HD as 'the Perfect Imagist.' Narrative is also present, in more concentrated form, in Imagist poems like 'The Helmsman' and 'Loss.'

As for the drama, we have seen speaking in character in 'Oread'. This was clearly a deliberate experiment, one that allowed her scope beyond the "neutral" lyric voice. In 1916 HD described "the dramatic lyric" as "one of the most difficult forms in the language." She was fully aware of Robert Browning's example, but she traced her connection with Browning through a female predecessor, Charlotte Mew. Evidently, HD was already conscious of her own direction, a direction indicated by another woman poet, which challenged the taboo on women's speech.

Let's now look at two poems that invite the description "dramatic lyric" and demonstrate the role of "the woman speaking" in HD's poetic development. The first is 'Orion Dead,' which appeared in the Egoist in 1914. After the title, HD has written two words: "Artemis speaks"; these indicate not only the speaker, but the mythos or story, thus establishing a dramatic scenario. Artemis has been tricked into killing Orion, whom she loved as a fellowhunter. [see Robert Graves, Greek Myths, I: 41d.,p. 152.]

1. Men's control over the means of publication: this was evident in Ezra Pound's editing and presentation of HD's earliest Imagist poems, and also in the takeover of The New Freewoman in 1914 by certain "men of letters" who included Pound and HD's husband, Richard Aldington.

2. Aldington's criticism in the re-named Egoist exemplifies another way of enforcing the taboo on women's speech: the insistence that even when writing fiction, women are always limited by their own subjectivity. Here is the 22 year-old Aldington:

> Whenever a woman goes to write a novel, she first chooses herself as heroine...women are incapable of the indirect method...
> (Egoist, I: 1 (1 Jan. 1914) p. 17.)

[We have already seen how this tactic has continued to the present day in criticism of HD; for instance, in the seemingly naive assumption that she IS Helen, or the 'Oread' or any of the other female voices to which she gives utterance.]

3. A further tactic of male control is exposed by HD in her roman à clef Bid Me To Live, where the D.H. Lawrence figure, Rico, reproves the HD figure, Julia, much as Telemachus reproved Penelope. He is critical of a sequence of poems in which she has dramatized the voices of both Orpheus and Eurydice, and tells her:

> "I don't like the second half of the Orpheus sequence as well as the first. Stick to the woman speaking. How can you know what Orpheus feels?" (BL p.7)

It is a commonplace of masculist criticism that men have access to women's experience, and hence can be "universal artists," while women can have no such access to men's experience. This limits their literary achievement.

Women poets, without narrative fictions or dramatic characters, are

(Homer, The Odyssey, translated by Samuel Butler, The Authoress of the Odyssey, 1897/1967, p. 20; cited Lipking, p. 60.)

The injunction, "Speech is man's matter", turns on a vital word: mythos. In patriarchal culture, mythos, like warfare, is barred to women. This word mythos has many meanings, in both Homeric and later Greek. According to Liddell and Scott, these are the primary meanings:

> word or speech; conversation; public speech; talk of men, proverb, rumour, report; both the thing said, and the thing thought.

The ban is fairly comprehensive, then, and includes most of culture by a Homeric or an Arnoldian definition.

The secondary meanings of mythos are carried into English in the word 'myth':

> tale, story, narrative, fiction, plot

In its double sense, mythos is at the core of literary creation. Not only speech, but accounts of reality and fictive structures are denied to women. This taboo has had a long life--it can account for the use of male pseudonyms by female novelists such as Mary Ann Evans ("George Eliot"), and also for Hilda Doolittle's decision to publish under the neutral initials "H.D." Virginia Woolf wrote, as late as 1927: "anonymity runs in our blood: the desire to be veiled still possesses us." (Woolf, p. 52) Seen thus, anonymity is not a natural expression of female modesty, but the internalization of a cultural injunction, a male taboo.

The injunction took various forms early in this century, when women were demanding civil rights, including the right to be heard in both speech and writing, e.g.,

This paradox of speech and silence is, I think, crucial to the role played by the female voice in HD's poetry, and indeed, by the female poet in a literature dominated by the male voice. Kammer points out that:

> The situation is complicated for the woman poet by a cultural hierarchy of vocal strength: the male voice carries more "universal" authority than the female.

This statement resonates with Laurence Lipking's perception that:

> A woman's poetics must begin...with a fact that few male theorists have ever had to confront: the possibility of never having been empowered to speak.
> (Lipking, p. 67)

[This "fact" is confronted by HD in Helen in Egypt. Helen's "heroic voice" there can be set against the tentative utterances elsewhere in HD's oeuvre, where the female voice is silenced by masculine tradition. For instance, in the short lyric that begins 'If you will let me sing," or in the prose of Paint It Today. Here the speaker quotes the opening words of Virgil's epic, "I sing of arms and the man," but, in a classic feminine trope, she turns the statement into a question: "I sing: what do I sing?... I a nebulous personality, without a name." "Without a name" ("I say WHO is HD?") effectively translates "not empowered to speak."]

Lipking illustrates his point by reference to Homer's Odyssey, directing our attention to the scene in which Odysseus' son Telemachus reproves his mother for intervening in the song and talk of the hall of suitors. He says to her:

> Go back within the house and see to your daily duties...for speech is man's matter, and mine above all others, for it is I who am master here...

H. D.: "IMAGISTE"?

allows us to focus on utterance, on what is said, as well as on who is speaking.

2. "SPEECH IS MAN'S MATTER"

Let's move back now, from 1961 (the year of HD's death), when <u>Helen in Egypt</u> appeared, to 1916, when she published her first volume, <u>Sea Garden</u>. Pound described this early poetry as "straight talk--straight as the Greek," and "the laconic speech of the Imagists".

Listen to 'The Pool':

> Are you alive?
> I touch you.
> You quiver like a sea-fish.
> I cover you with my net.
> What are you--banded one?
>
> (CP 56)

Marianne Moore commented: "HD contrived, in the short line, to magnetize the reader by what was not said." (Moore, CP, p. 112) Yet Imagist poems like 'The Pool' or 'Oread' set up this magnetic field because of what IS said. As Pound put it, 'The Image itself IS the speech.' 'Oread' is so familiar from the anthologies that we may overlook the fact that the title identifies a speaker: the mountain nymph. Jeanne Kammer has shown that speech is vital to the effect of 'Oread,' because it alone unites the diaphoric elements of the poem. She concludes:

> Were it not for the urgent presence of a speaker, we would not embark so determinedly on a search for meaning in poems that offer only minimal speech and unexplained gatherings of images. Voice has a complex and paradoxical role in this sort of poetry: it is the source of both speech and of silence...
> (Kammer, p. 158-59.)

insights, especially when her cinematic work is taken into account. [Note: Some recent critiques notice the importance of HD's film-work and her writing for the journal Close Up in this connection. This area of interest allows us to consider the poetic equivalent of cinematic montage in HD's superimposition of images, whether in prose or verse, as an alternative to Pound's "ideogrammic method."] But it does not require us to re-consider, as Duncan's remark does, the kind of project she was embarked on in those early years.

An alternative is to take the later work as also given, and leading us back into the earlier work, alert to the strengths that are increasingly evident as HD moves out of the early Imagist phase. This strategy has the advantage of not being 'bound' by the idea of "HD Imagiste".

If we follow it, and take Helen in Egypt as our starting point, we are struck not only by the work's handling of narrative, its almost epic scale, but also by its use of speech. The poet's own voice, in the glosses that Norman Pearson persuaded her to write, counterpoints other voices: those of Achilles, for instance, and of Helen herself. At a certain point in the poem, Achilles is speaking of the Trojan War and Helen intervenes, saying:

> I begin to remember the story,
> do I remember what you remember?
> (HE 172)

And a little later, she challenges Achilles again:

> do you hear me? do I whisper?
> there is a voice within me,
> listen--let it speak for me.
> (HE 175)

HD now prepares us, in her gloss, for "an heroic voice, the voice of Helen of Sparta." HD's own voice, as poet ex machina, is quite distinct from Helen's: were we not caught on the horns of masculist or feminist criticism, we should no more think of Helen's voice as HD's, than we should think of Pound as Odysseus in the Cantos or Eliot as Prufrock. Helen's expression, "let it speak for me," experience of literature. But I am concerned to make room for real attention to HD. As Eliot memorably put it:

> the...existing...order is modified by the introduction of the new (the really new) work of art...
> (Eliot, p. 38)

I think HD is 'new' in that sense; her restored presence among the great writers of her own generation changes the way they are read.

Laurence Lipking acknowledged this kind of possibility in a recent essay entitled 'Aristotle's Sister':

> the function of a women's poetics is not limited to the light it sheds on works by women. It also revises our view of the masculine canon...
> Lipking, p. 79

So I'm unashamed in hoping to contribute to a women's poetics that will modify and enlarge the men's poetics encoded in the modernist canon. And I'm also unashamed that one of my guides is a man, Robert Duncan.

Towards the end of his life, Duncan remarked:

> it's amazing that HD's very first Sea Garden was judged to be entirely those Imagist poems. She had only a handful of Imagist poems; she ends up Sea Garden with a long poem ['Cities'] that shows she's always going to be wanting to write a long poem and a poem that goes toward narrative.
> Duncan, Poesis, p. 24

In other words, Duncan sees HD's eventual development into the poet of Helen in Egypt even in her first 'Imagiste' volume. I want to take my cue from this and consider HD's continuity in a new light. It has been quite common to read forward from "HD Imagiste," seeing an essential Imagism in the sharp visualizations of the earlier and later poetry. This can lead to important held onto.' She did this, in his view, by publishing new work that did not conform to the original Imagist program--a program he had already left behind in his own writing.

Let me quote the poet Robert Duncan:

> this name 'Imagism' bound... Pound had said that he launched the word to define the poetry of HD. And he had meant, too, to confine her work to what he had admired...
> (Duncan, Southern Review, p. 42)

Hugh Kenner, no apologist for HD, has pointed out that to assess her entire oeuvre on the basis of the "few but perfect" anthologized poems is as absurd as if the "five shortest pieces in Harmonium were to stand for the life work of Wallace Stevens." (Kenner, p. 55) We all know that Stevens went on to write "Notes Toward a Supreme Fiction." Why have we not known until now that HD is also the poet of Trilogy and Helen in Egypt? In 1972 Peter Jones, in his introduction to the Penguin Imagist Poetry, cited Duncan's opinion that HD's war Trilogy stands with "Pound's Cantos, Eliot's Four Quartets and William Carlos Williams' Paterson as a major work of the Imagist genius in its full."

Although the admirable Carcanet Press has had Trilogy in print since 1973, a further decade passed before the appearance of Louis Martz's edition of HD's Collected Poems in 1983. This tardy and posthumous publication can be related to the critical control over HD's reputation that I've already mentioned. Only when a new generation of women critics began to recover the great women writers of the past, did their works become available to contemporary readers.

In the interim, it was possible for Hugh Kenner to assert, without foundation, that Pound taught HD how to write, and to continue this assertion even when Cyrena Pondrom had demonstrated in detail that Pound's Imagist principles were formulated from her poetic practice, and that she was applying them consistently well before he was. (I strongly recommend her essay: 'HD and the Origins of Imagism' to serious students of the movement.)

I'm not concerned here to set up a false opposition between one poet and another: in their lives and writings there was an interplay that enriches our

H.D.: "IMAGISTE"?

by Diana Collecott

1. "H.D. Imagiste"

This was the signature over which Pound published HD's first Imagist poems. I place a query after it, since I want to raise questions about its meaning and value. Let me start with two statements by HD.
The first was made in 1957, when her <u>Selected Poems</u> appeared:

Imagism was something that was important for poets learning
their craft early in this century. But after learning his craft, the
poet will find his true direction [sic!]
    (Blurb for New Directions <u>Selected Poems</u> back cover)

The second was made in 1927, in a letter to a schoolfriend:

I say WHO is H.D.? They all think they know more about what
and why she should or should not be or do than I.

(Letter to Viola Jordan, Beinecke Library (cited SSF))

Both statements are directed at critics who want to fix HD as the exemplary Imagist. Essentially, this is a strategy of control. It mimics Pound's short-lived interest in her poetry. That is, it tends to confine her to the period between 1912, when Pound promoted her as HD Imagiste, and 1917, when he complained that she was 'spoiling the "few but perfect" position she might have

14. H.D., Collected Poems, "Introduction", p. xiii. 15.

15. Women in Love, p. 323.

NOTES

1. "Ezra Pound and the Image," Ezra Pound: The London Years, 1908-1920, ed. Philip Grover, AMS Press, New York, 1978, p. 27.

2. The Letters of D. H. Lawrence, Vol. III, Cambridge University Press, 1984, pp. 30-31.

3. Ibid., Vol II, 1981, pp. 182-183.

4. Amy Lowell, "An Aquarium', ll. 1-5.

5. See, for example, to A.W.MacLeod, 21 December 1916, Letters, Vol. III, p. 61, only a month after the letter to Lowell.

6. Literary Essays of Ezra Pound, ed. T.S. Eliot, Faber, London, 1954, p. 5.

7. See the letter to A.W.MacLeod already cited, and to Edward Marsh, 29 January 1917, Letters, Vol. III, p. 84.

8. "The God", Part IV, H.D., Collected Poems 1912-44, ed. Louis L. Martz, Carcanet Press, Manchester. 1984, pp. 46-47.

9. Women in Love, ed. Charles L.Ross, Penguin, Harmondsworth, 1982, pp. 85-86.

10. Sons and Lovers, Phoenix Edition, Heinemann, London, 1956, p. 16.

11. Ibid., p. 24.

12. Literary Essays of Ezra Pound, p. 5.

13. Ibid., p. 4.

there would be no drama--but to state the meaning of the action in terms of a single emotional category, or even several, would be to subvert Lawrence's method. The image is "an intellectual and emotional complex in an instant of time," and when Ursula asks why he hates the moon, Birkin replies "Was it hate?"

Lawrence finished his first novel, The White Peacock, early in 1910; Women in Love was substantially completed late in 1916. In the development from the amateurish naivety of the earlier novel to the "modernist" sophistication of the later one we have, essentially, Lawrence's literary formation--there is nothing comparable in his later work. And this formation occurred precisely in the period when he was closely in touch with the London literary intelligentsia, whom he so indefatigably satirised, quarrelled with, and distanced himself from. Perhaps because of his refusal to identify himself with that world, I don't think its importance to his formation has been adequately assessed. If it were to be, there is no doubt that the contribution of the Imagist movement would have a prominent place.

And his shadow on the border of the pond, was watching for a few moments, then he stooped and groped on the ground. Then again there was a burst of sound, and a burst of brilliant light, the moon had exploded on the water, and was flying asunder in flakes of white and dangerous fire. Rapidly, like white birds, the fires all broken rose across the pond, fleeing in clamorous confusion, battling with the flock of dark waves that were forcing their way in. The furthest waves of light, fleeing out, seemed to be clamouring against the shore for escape, the waves of darkness came in heavily, running under towards the centre. But at the centre, the heart of all, was still a vivid incandescent quivering of a white moon not quite destroyed, a white body of fire writhing and striving and not even now broken open, not yet violated. It seemed to be drawing itself together with strange, violent pangs, in blind effort. It was getting stronger, it was re-asserting itself, the inviolable moon. And the rays were hastening in in thin lines of light, to return to the strengthened moon, that shook upon the water in triumphant reassumption.[15]

Just before this we have heard Birkin muttering about Cybele, which inevitably gives us some orientation in interpreting the passage. But it doesn't read at all straightforwardly as an attack on "Woman." Above all it is an image of a man frenziedly attempting the impossible, of a peculiar, self-lacerating kind of unhappiness; over the whole action hovers the inevitability of the moon reasserting itself, of its "inviolability." Yet although the action is destructive, the placid image of the moon's disc is strangely animated by it; it becomes a polyp, a flock of birds. The "flock of dark waves," the "waves of darkness," themselves take on a positive identity, they can momentarily be seen as protagonists in the drama. Birkin is tormented about women, about wholeness which he lacks and perhaps envies, about the overweening claims of an univocal truth--"There wouldn't have to be any truth, if there weren't any lies," he has said just before this. The reader has to engage in this kind of active interpretation--without it predecessors. They don't yet have a significant functional role. Lawrence's truly experimental novels are of course <u>The Rainbow</u> and <u>Women in Love</u>, which may have explanatory, analytic or even didactic link-passages, but are mainly structured around a series of vividly-rendered dramatic images that correspond closely to Pound's famous definition of the Image as "that which presents an intellectual and emotional complex in an instant of time"[13] --at least, if one borrows Louis L. Martz's rider about H.D. that the instants may be "of considerable duration"![14]

Just to take the first half of <u>Women in Love,</u> there are the race of the bride and groom to the church; Gerald diving; the African statue; Hermione's attack on Birkin; Gerald on the horse; Gudrun and the cattle; Gerald and Gudrun in the boat; Gerald, Gudrun and the rabbit; Birkin stoning the moon's reflection. These, I think, are what most readers would most clearly remember; and they do not constitute any kind of causal narrative sequence: they are rather a sequence of experiential stresses, of affirmations, conflicts, refusals, whose coherence is one of manner and attitude. Some of them could be interpreted as character-presentation, but not all of them, and taken as a whole they amount to something new. I will quote just a part of the most obviously imagistic of these episodes, when Ursula, after an interruption in their developing affair caused by Birkin's having gone away, secretly observes him stoning the reflection of the moon in a pond. There are three "movements": three times Birkin scatters the reflection and watches it regather. This is the first.

> He stood staring at the water. Then he stooped and picked up a stone, which he threw sharply at the pond. Ursula was aware of the bright moon leaping and swaying, all distorted, in her eyes. It seemed to shoot out arms of fire like a cuttle-fish, like a luminous polyp, palpitating strongly before her.

> She still had her high moral sense, inherited from generations of puritans. It was now a religious instinct, and she was almost a fanatic with him, because she loved him, or had loved him. If he sinned, she tortured him...
>
> The pity was, she was too much his opposite. She could not be content with the little he might be; she would have him the much that he ought to be. So, in seeking to make him nobler than he could be, she destroyed him. [10]

we feel that Lawrence is struggling in an alien idiom, or one that is becoming alien to him. As long as he writes like this, his characters are shaped by the moral and emotional categories that the idiom imposes, they are conscripted into the "certain moral scheme" and the father is the "little" to the mother's "much." No wonder Lawrence thought he hadn't done his father justice in the novel. Yet only a few pages later, he is writing like this:

> She became aware of something about her. With an effort she roused herself to see what it was that penetrated her consciousness. The tall white lilies were reeling in the moonlight, and the air was charged with their perfume, as with a presence. Mrs. Morel gasped slightly in fear. She touched the big, pallid flowers on their petals, then shivered. They seemed to be stretching in the moonlight.[11]

In this, and in the whole of the longer passage from which it is extracted, there is the one emotional category, "fear." Otherwise, "the natural object is... the adequate symbol."[12] The passage is pure Imagism. It is also, in giving us the texture of the character's experience rather than an explanation or judgement of it, far more "Lawrencian," in the best sense, than the previous extract.

There are a number of passages like this in Sons and Lovers, but they are rather like plums in the pudding. The novel is predominantly structured by a traditional causal narrative sequence. Taken alone, these passages are not decisively different from examples one might find in Hardy, Meredith or other

> I pluck the cyclamen.
> red by wine-red,
> and place the petals'
> stiff ivory and bright fire
> against my flesh;
>
> now I am powerless
> to draw back
> for the sea is cyclamen-purple,
> cyclamen-red,
> colour of the last grapes,
> colour of the purple of the flowers,
> cyclamen-coloured and dark.[8]

These lines, which eerily foreshadow by fifteen years "Bavarian Gentians," Lawrence's poem about his impending death, are merely one instance of the "Lawrencian" in H.D. More generally, the character of her early poetry as a whole has some affinity with what might be called the more severe aspects of Lawrence: his diffidence, his dislike of fuss, of sentimentality, of "wallowing"; his love of clarity and simplicity. When, in Women in Love, Birkin reads his lesson in education to Ursula, he might be making an oblique tribute to H.D.'s poetry: "It is the fact you want to emphasize, not the subjective impression to record. What is the fact?--red, little spiky stigmas of the female flower, dangling yellow male catkin, yellow pollen flying from one to the other. Make a pictorial record of the fact..."[9]

Pound's "Go in fear of abstractions" is, of all the Imagist principles, the one that would most have appealed to Lawrence. When he complains about the "certain moral scheme" in the Russian novelists he is rejecting not only "morality" itself but all predetermined and abstract codes for the representation of experience. When, early in Sons and Lovers, we read, greater, inhuman will) instead of what she feels according to the human conception."³

Reading Amy Lowell's poems, then, at the culmination of the great creative effort that produced <u>The Rainbow</u> and <u>Women in Love</u>, provoked Lawrence to recapitulate the statement of principle that he had made at an earlier stage of the project. But there is an obvious objection to this. Even without independent evidence of his opinion of Lowell's poetry, it would be impossible to believe that the letter I have quoted was the sincere response of a writer of Lawrence's temper to the insipid verses that he quotes, such as

> Streaks of green and yellow iridescence
> Silver shiftings
> Rings veering out of rings
> Silver--gold--
> Grey-green opaqueness sliding down.⁴

In fact his comments to other correspondents ⁵ leave us in no doubt that he thought she was a bad poet and flattered her because she was a patron or, more charitably, because he liked her. So even if Lawrence's letter reminds us of Pound's "Go in fear of abstractions,"⁶ we might be tempted to conclude that he is merely projecting his preoccupations on to poems that he did not take seriously, as a convenient way to avoid saying what he really thought about them.

However, his reference in the letter to H.D. as Lowell's only peer may give us the clue to his real meaning. Lawrence did not go, in letters to Edward Marsh and A.W. MacLeod,⁷ beyond saying simply that he thought H.D.'s poems were good, and his letters to H.D. herself were destroyed by Richard Aldington. But such spontaneous praise of a contemporary is unusual in Lawrence, and what reads like transparent flattery of Amy Lowell might well be a serious response to lines such as these:

closely associated with the London literary intelligentsia, and above all with the Imagist movement. I am concerned less with the degree to which he can be assimilated to the Imagists as a poet, than with the relevance of Imagist principles and practice to his development as a novelist.

In November 1916, when he was completing one of many revisions of <u>Women in Love</u>, Lawrence wrote to Amy Lowell about her collection, <u>Men, Women and Ghosts</u>:

> It is very surprising to me, now I have come to understand you Americans a little, to realise how much older you are than us... how much beyond us you are in the last stages of human apprehension of the physico-sensational world, apprehension of things non-human, not conceptual. We still see with concepts. But you, in the last stages of return, have gone beyond tragedy and emotion, even beyond irony, and have come to the pure mechanical stage of physical apprehension, the <u>human</u> unit almost lost, the primary elemental forces, kinetic, dynamic--prismatic, tonic, the great, massive, active, <u>inorganic</u> world, elemental, never softened by life, that hard universe of Matter and Force where life is not yet known, come to pass again. It is strange and wonderful. I find it only in you and H.D., in English.... You see it is uttering pure sensation <u>without concepts</u>, which is what this futuristic art tries to do.[2]

These words are strikingly reminiscent of perhaps Lawrence's most famous letter, to Edward Garnett in June 1914, also written at a crucial moment in the production of his masterwork, the completion of the version of <u>The Rainbow</u> that he called <u>The Wedding Ring</u>: "that which is physic--non-human, in humanity, is more interesting to me than the old-fashioned human element--which causes one to conceive a character in a certain moral scheme and make him consistent.... I don't care so much what the woman <u>feels</u>--in the ordinary usage of the word. That presumes an ego to feel with. I only care about what the woman <u>is</u>--inhumanly, physiologically, materially--according to the use of the word: but for me, what she <u>is</u> as a phenomenon (or as representing some

D. H. LAWRENCE AND IMAGISM

by Neil Roberts

The question is sometimes asked, "Was Lawrence a modernist?" to which the correct answer is not that his writings do or do not conform to principles drawn from the practice of other writers, but that his work is part of the defining body of English literary modernism. Imagism was an aspect of modernism, and if it is not a box, a Procrustean bed or a coterie that produced a few short poems, if it was an important manifestation of the spirit of the age, we can expect to see connections in the major writers of the period. As William Pratt has written, the qualities of the simple Imagist poem "were transmitted to the longer and more complex poems of the age... and also to the more successful experimental novels, such as Ulysses, Mrs. Dalloway, The Sound and the Fury."[1] The only questionable thing about this statement is that it does not mention The Rainbow or Women in Love.

Lawrence's associations with members of the Imagist group are well known. In 1909 he first met Pound, who enthusiastically reviewed his first volume of poems in 1913, and helped to place some of his stories in The Smart Set. He met Amy Lowell in 1914, corresponded with her for many years, and contributed to all three volumes of Some Imagist Poets. He was friendly with Aldington, who of course wrote a biography of him, but undoubtedly his closest association was with H.D., one of the few contemporary writers, and the only one of the Imagist group, whose work he spontaneously praised.

I am not, however, concerned here with tracing specific influences, nor with investigating personal relationships. What interests me is that the key period of Lawrence's literary formation--the period in which he wrote Sons and Lovers, The Rainbow, and Women in Love--was the period in which he was

<u>how do we know</u>? Indeed, no principle of decision for any of the questions raised is given by the poem itself. Many interpretations, or modal sets, seem equally valid, several attitudes equally plausible. The brevity, concentrated visual imagery, and common language, then, seem to give only an illusion of precision and particularity.

At the time, it <u>was</u> necessary for these qualities to be championed. In the event, the Imagist revolution, like most others, could not in practice live up to its ideals, and probably did as much harm as good--though less harm in proportion as it relaxed its principles.

very soon loosened Hulme's restrictiveness. The credo actually followed, most of the time, was that given in <u>Poetry</u> (U.S.) for March 1913, which ruled that the poet's task should be to use "direct treatment of the 'thing', whether subjective or objective; to use absolutely no word that did not contribute to the presentation; as regarding rhythm: to compose in sequence of the musical phrase, not in sequence of a metronome".

This certainly gives much more scope, if only because it is not entirely logical (what is a subjective 'thing'?), and because it is not very radical (most traditional poets would have agreed in principle with the remarks on presentation and rhythm). The sense of making it new, in fact, is largely tonal.

Bearing all this in mind, it might be fair to conclude by looking closely at a poem generally regarded as an exemplar of Imagism: Ezra Pound's

<u>In a Station of the Metro</u>

The apparition of these faces in the crowd;
Petals on a wet, black bough.

Striking and impressive perhaps on a quick reading. But what is it getting at? What sort of imagery is this? Why are these faces petals on a wet <u>black</u> bough? True, boughs are normally black, but Metro stations are not. And <u>do</u> the faces of the platform crowd seem to be stuck on to the background? Why apparition? Surely they don't look like ghosts? And why the singular 'apparition' for the plural 'faces'? Perhaps it means to suggest that collectively they startle the viewer like the appearance of a ghost. But if so, surely that is out of keeping with the muted rhythm and cool Japanese beauty of "Petals on a wet, black bough"? Or is that meant to convey a feeling of destruction (the petals having been torn from their flowers)? We could get out of these difficulties by maintaining that we have, not two connected images, but two contrasted ones. Firstly an image of Western horror, and then an image of Eastern tranquility--though petals are to be found in the West, too. But that would still leave open the implications of 'black', and of 'apparition' (just a showy variant on 'appearance'?) In any case the faces and the petals do seem to be connected rather than contrasted, since both are presumably white. But

The reason that Imagism cannot deal with public themes, of course, is that the "moods" of its credo were by definition personal. Only so could they be specific and concentrated. And indeed Eliot's idea of the Objective Correlative is simply lifted from Imagism: "a set of objects, a situation, a chain of events which shall be the formula of [the poet's] particular emotion: such that when the external facts, which must terminate in sensory experience, are given, the emotion is immediately evoked".

This, however, leads us to the second drawback. Images (objects, situations, events) without commentary may well be ambiguous, i.e., they may not evoke the particular emotion intended but different emotions for different people--with no guidance as to which response is right. Take two of Eliot's most famous objective correlatives, both from Prufrock:

"I have measured out my life in coffee-spoons"

Does this evoke world-weariness? Disdain for polite society? Self-reproach? Self-disgust? A sense of missed opportunities?

"I should have been a pair of ragged claws
Scuttling across the floors of silent seas"

Desire for anonymity? To be non-human, unfeeling? Or does it evoke a sense of fear, the need for a hideout? A third drawback is that it is very difficult to get a cumulative effect with images (another cause of the brevity of most Imagist poems). Images unlinked by directional pointers may well not link up but simply scatter, a litter of separate stones rather than a significant edifice. Certainly they cannot be expected to exhaust the aspects of a subject.

Finally, Imagism, at least as much as Symbolism, is responsible for the drawback of the obscurity attendant on much modernist poetry--since it led not only to the exclusion of guiding or linking commentary but often also to the omission of linking bits of grammar (for these too can be considered as abstraction).

At this point, though, a confession is in order: the foregoing is not entirely fair. For Imagism was rarely so strict in practice: and indeed its theory

IMAGISM - A NECESSARY EVIL?

The works of Kafka, Brecht and Mann
were burned by zealots like yourselves
but though I can't speak for Iran
they're still on my bookshelves,

And I'm content to let them share
my shelf space with another two
volumes that I read with care,
though neither, I think, 's right or true:

the Bible with its glorious prose
though much of it has misled Man
and a book that Moslems ought to know's
published by Penguin--the Koran!

So Bradford, Iran, Pakistan,
homicidal fundamentalist,
when you impose your Penguin ban
the Koran's on their list.

And so am I and proud to be.
No Penguin is an island, so
who burns Rushdie's burning me
and I want to let him know

'I shall not cease from <u>mental</u> strife
nor shall my pen sleep in my hand'
till Rushdie has a right to life
and books aren't burned or banned.

(Reprinted from <u>The Observer</u>)

Give us this day our daily read,
newspaper, poem or novel,
but spare us the God-inspired screed
to which the gormless grovel.

All religion's had its day
especially when it insists
it is the one and only way
and fosters fundamentalists.

I've seen them in the US South,
heard them from Bradford and Iran
listening to the same loud mouth
vilify the works of Man.

I have to say that I'm incensed
to see the principles that are my guide
so blatantly blasphemed against
by Bradfordian bibliocide.

Burning books is an offence
against something even greater
than any god, intelligence
long chained by the 'Creator.'

And in a democratic nation
democracy's not founded
on creativity's cremation
nor creative minds Mahounded.

This credo spearheaded a growing opposition to the longwinded rhetoric and remoteness from life of the generality of Victorian post-romanticism and Nineties' decadence. And one has to admit that such opposition <u>was</u> necessary (though it is at least plausible to suggest that images might be more appropriate for painting, argument and comment for literature). Still, Romanticism had become a senile parody of its former self; it was time to condense the vaporous, to look to Chinese and Japanese poetry, whose script alone almost necessitates concrete expression, or to the unsentimental clarity of ancient Greek poetry, as correctives to current maundering.

However, necessary though it may have been, there are obvious drawbacks to a programme of short free-verse poems composed of hard dry visual images. For one thing they can <u>only</u> convey moods, and sense-experiences, not ideas, arguments, points of view. And it is not true that these latter must always be the prerogative of prose. Recent history provides a cogent example. For the first time in centuries literature this year (1989) became subject to the terrorist tactics of religious bigotry, when the Ayatollah Khomeini offered £2,000,000 reward for the murder of Salman Rushdie. Imagist poetry could <u>say</u> nothing of this. At most it could obscurely reflect a mood of horror. Argued, satiric indignation has to come in a different form, a form more cogent than prose, yet comprehensible to all, and public not private--the form taken in fact by Tony Harrison's response to the Muslim threat:

Satanic Verses

by Tony Harrison

It seems that Salman's death is worth
some Imam's million dollars.
I know that Salman's mind is worth
a million Ayatollahs'.

IMAGISM - A NECESSARY EVIL?

by Allan Rodway

The single question-mark in this title, of course, implies two questions: Was Imagism necessary, and was it in any sense a bad thing? The answers to both turn out to be a qualified Yes. But before we start on questions <u>about</u> Imagism we should state briefly what it was or was supposed to be.

Briefly, then, it was the credo of a group of poets led by Ezra Pound. The group was founded in 1912, and went on to publish four anthologies of poetry: <u>Des Imagistes </u>(1914) edited by Pound, and <u>Some Imagist Poets</u> (1915, 1916, and 1917) edited by Amy Lowell. A retrospective volume was published in 1930. If that marked the demise of the movement, it did not by any means mark the end of its influence--an influence on Modernist poetry at least as powerful as, and often inseparable from, that of Symbolism(e). For Modernism flourished from roughly 1915 to 1955.

The inspiration of the Imagist movement was T.E.Hulme (1883-1917), described approvingly by T.S.Eliot as "classical, reactionary, and revolutionary." Hulme advocated the use of "hard and dry" concentrated visual images and the language of common speech (but used with uncommon exactitude); new rhythms were to be used for new moods. This meant in practice that poems had to be short and, usually, in free verse--the limitation to visual images necessitating the brevity, and the mood-matching new rhythms militating against the use of pre-set rhyme and metre. Hulme certainly followed his own prescription; his <u>Collected Poems</u>, all five of them, take up less than two pages in all, and all are in free verse.

The Return

by Ezra Pound

(From <u>Ripostes</u>, 1912)

See, they return; ah, see the tentative
Movements, and the slow feet,
The trouble in the pace and the uncertain
Wavering!

See, they return, one, and by one,
With fear, as half-awakened;
As if the snow should hesitate
And murmur in the wind,
                and half turn back;
These were the "Wing'd-with-Awe,"
            Inviolable.

Gods of the winged shoe!
With them the silver hounds,
                sniffing the trace of air!
Haie! Haie!
                These were the swift to harry;
These the keen-scented;
These were the souls of blood.

Slow on the leash,
                pallid the leash men!

Unseen face! It's you I engrave
on silver medals, sweet as pale dawn,
on golden medals, burning like sun,
on brass medals, sombre as night;
something in all metal
shines clear as joy,
sounds deep as glory,
as love, as death;
the most beautiful things of fine clay
I have made, dry and fragile.

One by one, you counted them, smiling
and said: how cunning,
and passed on, smiling.

Yet none of you could see my hands
trembling with tenderness
that all the great terrestrial dream
lived in me to live in them,
and I engraved in sacred metal,
my gods,
who are the living face
that we smell in roses,
in the water, in the wind,
in the woods, in the sea,
in all things,
in our flesh--
and that are
divinely us.

Medals of Clay

Translated from the French of Henri de Régnier by William Pratt

> I dreamed that the gods had spoken to me:
> one streaming with seaweed and brine,
> another heavy with grapes and wheat,
> one winged,
> handsome and shy,
> a bare nude figure,
> another veiled,
> and still another
> sang and plucked hemlock
> and thoughts
> and wreathed about his golden thyrsus
> two serpents on a caduceus,
> and another yet...
>
> Then I said: here are flutes and baskets,
> sink your teeth in the fruit;
> hear the bees droning,
> the humble sound
> of willows being braided and roses being cut,
> and again I said: listen,
> listen,
> behind the echo
> someone stands, a universal life
> with double bow and double torch
> that is
> divinely us...

Face invisible! je t'ai gravée en médailles
D'argent doux comme l'aube pâle,
D'or ardent comme le soleil,
D'airain sombre comme la nuit;
Il y en a de tout métal,
Qui tintent clair comme la joie,
Qui sonnent lourd comme la gloire,
Comme l'amour, comme la mort;
Et j'ai fait les plus belles de belle argile
Sèche et fragile.

Une à une, vous les comptiez en souriant,
Et vous disiez: Il est habile;
Et vous passiez en souriant.

Aucun de vous n'a donc vu
Que mes mains tremblaient de tendresse,
Que tout le grand songe terrestre
Vivait en moi pour vivre en eux
Que je gravais aux métaux pieux,
Mes Dieux,
Et qu'ils étaient le visage vivant
De ce que nous avons senti des roses,
De l'eau, du vent,
De la forêt et de la mer,
De toutes choses
En notre chair,
Et qu'ils sont nous divinement.

Henri de Régnier

Les Médailles d'Argile (1900)

J'ai feint que des Dieux m'aient parlé;
Celui-là ruisselant d'algues et d'eau,
Cet autre lourd de grappes et de blé,
Cet autre ailé,
Farouche et beau
En sa stature de chair nue,
Et celui-çi toujours voilé,
Cet autre encor
Qui cueille, en chantant, la cigne
Et la pensée
Et qui noue à son thyrse d'or
Les deux serpents en caducée,
D'autres encor...
Alors j'ai dit: Voici des flûtes et des corbeilles,
Mordez aux fruits;
Écoutez chanter les abeilles
Et l'humble bruit
De l'osier vert qu'on tresse et des roseaux qu'on coupe.
J'ai dit encor: Écoute,
Écoute,
Il y a quelqu'un derrière l'écho,
Debout parmi la vie universelle,
Et qui porte l'arc double et le double flambeau,
Et qui est nous
Divinement...

The Spring

by Ezra Pound

Cydonian Spring with her attendant train,
Maelids and water-girls,
Stepping beneath a boisterous wind from Thrace,
Throughout this sylvan place
Spreads the bright tips,
And every vine-stock is
Clad in new brilliancies.

And wild desire
Falls like black lightning.
O bewildered heart,
Though every branch have back what last year lost,
She, who moved here among the cyclamen,
Moves only now a clinging tenuous ghost.

The Spring

by Ibycus

translated by Richmond Lattimore

In spring time the Kydonian
quinces, watered by running streams,
there where the maiden nymphs have
their secret garden, and grapes that grow
round in shade of the tendriled vine,
ripen.

Now in this season for me
there is no rest from love.
Out of the hard bright sky,
a Thracian north wind blowing
with searing rages and hurt--dark,
pitiless, sent by Aphrodite--Love
rocks and tosses my heart.

IBYCUS

In The Spring

Ἦρι μὲν αἵ τε Κυδώνιαι
μηλίδες ἀρδόμεναι ῥοᾶν
ἐκ ποταμῶν, ἵνα παρθένων
κῆπος ἀκήρατος, αἵ τ' οἰνανθίδες
αὐξόμεναι σκιεροῖσιν ὑφ' ἔρνεσιν
οἰναρέοις θαλέθοισιν· ἐμοὶ δ'ἔρος
οὐδεμίαν κατάκοιτος ὥραν,
ἀλλ' ἅθ' ὑπὸ στεροπᾶς φλέγων
Θρηΐκιος Βορέας, ἀΐσ-
σων παρὰ Κύπριδος ἀζαλέαις μανί-
αισιν ἐρεμνὸς ἀθαμβὴς
παιδόθεν ἐγκρατέως φυλάσσει
ἡμετέρας φρένας.

IMAGISM AND THE SHAPE OF ENGLISH POETRY　　　　87

APPENDIX

Original Versions of Imagist Poems by Ezra Pound

Moritake
Haiku (c. 1500)

Rak-ka eda ni kaeru to mireba kocho kana kana
(Literally, "Fallen-blossoms branch to return that when-see butterflies")

    Fallen petals rise
        back to the branch--I watch:
            oh...butterflies!

Translated by Harold G. Henderson (From <u>Introduction to Haiku</u>)

The fallen blossom flies back to its branch:
    A butterfly.

Translated by Ezra Pound

In a Station of the Metro
by Ezra Pound

The apparition of these faces in the crowd;
Petals on a wet, black bough.

(From "Vorticism" in <u>The Fortnightly Review</u>, 1914)

NOTES

[1] Eliot, "Ezra Pound," in Peter Russell, ed., Ezra Pound: A Collection of Essays to be Presented on His 65th Birthday, (London: Peter Nevil, 1950), p. 29.

[2] Ibid., p. 30.

[3] René Taupin, The Influence of French Symbolism on Modern American Poetry, translated by William Pratt and Anne Rich Pratt (New York: AMS Press, 1985), p. 128.

[4] Ibid., p. 93.

[5] "Vorticism," Fortnightly Review, (Sept. 1, 1914), 467.

"clinging tenuous ghost" of "The Spring"? Pound's definition of the Image as "that which presents an intellectual and emotional complex in an instant of time" must have implied a spiritual element as well--not so surprising, perhaps, if we remember that Pound's larger definition of the Image included "the sense of sudden liberation; that sense of freedom from time limits and space limits; that sense of sudden growth, which we experience in the presence of the greatest works of art." At any rate, to look closely at these poems, so central to the Imagist movement which Hulme's ideas initiated and Pound's precept and practice fostered, is to see more than meets the eye, and we may conclude that Imagism not only changed the definition and shape of English poetry but gave it a subjective as well as an objective force, a metaphysical as well as physical dimension. Reassessing Imagism after eighty years, then, may lead us to a more comprehensive, less limiting view of what the Imagist poem contains, and if so, that would be a definite gain. Some day, perhaps we might even understand how Pound could go so far as to assert that "Dante's 'Paradiso' is the most wonderful <u>image</u>"--but that would take us back more than the eighty years we agreed to consider.

the original: "And wild desire/Falls like black lightning." The sense of an overpowering sexual urge is in the Greek original, but there it is "sent by Aphrodite," the goddess of love, not by a dark thunderstorm as in Pound's poem, which seems to make the source of such extreme emotion a heavenly charge of energy, probably from Zeus rather than Aphrodite. It is at the end that Pound really remakes the poem, departing from the Greek sense of physical torment, "Love rocks and tosses my heart," to invent what is the most striking image of all:

> She, who moved here amid the cyclamen,
> Moves only now a clinging tenuous ghost.

The spirit of the Spring has been transformed into the ghost of a girl now dead, whom the poet loved and whom he associates with the newly flowering cyclamen, and who seems unwilling to let him go, holding him in her "clinging tenuous" embrace. There is simply no hint of such a ghostly apparition in the Greek original, except for the "maiden nymphs" of the orchard, and so what Pound has done gives the image of seasonal desire an elegiac tone as well as a personal focus. As for the verse form, Pound has imitated the generally falling rhythm of the Greek original, but has varied the meter from pentameter in the opening and closing lines to trimeter, dimeter, and even monometer in the other lines, while the Greek is consistently tetrameter; we may conclude that in typical fashion Pound has "freed" the rhythm to create special emphases of his own, introducing occasional rhyme as well ("Thrace/place," "lost/ghost") where the Greek lines are as usual unrhymed.

Comparing all three of these Imagist poems by Pound, I think we can confirm that he derived the variety of his free verse forms from languages other than English, not so much by direct imitation as by creative adaptation, and that he took his imagery not just as he found it but as he chose to convert it to his own purposes. Surprisingly, it may seem that these purposes were not simple directness and concreteness and economy of language--the Imagist "doctrines" for creating sensuous images--but that Pound aimed at the supersensuous as well. How else can we understand those unearthly images of gods in "The Return," that "apparition" of faces "In a Station of the Metro," that astonishing, but which is well-suited to modern Western readers, the sort Pound had in mind when he wrote in Mauberley: "The age demanded an image/Of its accelerated grimace." Many readers would agree that "In a Station of the Metro" is certainly one image the age demanded.

As for Pound's borrowings from Greek in his Imagist period, they were frequent, and went back to his first study of foreign languages at grammar school in Pennsylvania. His love of Classical Greek came before his love of either French or Japanese poetry, and was lifelong: to him, Homer was the first great poet, unequalled by any later poet except Dante, and one of his last major efforts in translation was Sophocles' tragedy, The Women of Trachis. In his view, the whole Renaissance had sprung from the rediscovery of Greek culture, and Greek poetry was a fount of inspiration for Pound throughout his career. But in his Imagist period, when he was engaged in "breaking the heave of the pentameter" and making English poetry respond to different rhythms, he found the lyrics of the Greek anthology especially helpful, and so he, along with H.D. and Aldington, made a number of translations and adaptations of Greek poems. He especially prized a short love poem by Ibycus which, he said, "presented the Image," and he adapted it masterfully into English as "The Spring," first published with a group of Imagist poems in Poetry Magazine in 1915.

Pound's poem is a line longer than Ibycus' Greek, and liberal in its transformation of the imagery, though it remains a love poem set in the springtime, like the original. What Pound does with the Greek follows what some call his "creative mistranslation" of poetry from other languages, and makes the imagery considerably more complex. He turns the "Kydonian quinces" into "Cydonian Spring" with a train of "Maelids," or orchard-nymphs, thus personifying the season as a young woman with the quinces as her handmaids. The "Maelids" are Pound's own spelling of Meliads, which are obscure nature-spirits, though not unknown to Greek mythology, but he derives them straight from the word Maelides, which in Greek can mean apples or quinces, thus transforming the fruit of the orchard into spirits of the orchard. He has also transferred the "Thracian north wind blowing" from the second half of the poem to a "boisterous wind from Thrace" in the first half, and even more daringly, has condensed the feeling of "no rest from love" and the sight of "the hard bright sky" into a single visual and emotional image that quite transcends rhythm.

We have Pound's own word for it that he got the shape of "In A Station of the Metro," from the Japanese haiku, since it helped him reduce thirty lines of verse about faces he had seen in a Paris metro to the two lines of his Imagist poem. When we look at the Japanese original, however, we quickly see that Pound's poem is a complete departure from his model except in length and visual form. The haiku he used is a natural metaphor of a flowering bush and a butterfly, the butterfly being compared to an imaginary blossom returning to its branch. Though Pound confines himself to two lines, his image is more complex: he compares the faces in a subway crowd to the petals on a rain-soaked bough, a more wide-ranging comparison than the blossom and the butterfly, and also more startling and "metaphysical" in its implication, since a leap of the imagination is needed to bring the two halves of the metaphor together. Pound's poem juxtaposes the natural world with the man-made world of the city, giving meaning to both by an imaginative fusion, while the Japanese poem brings man into the natural world as an observer who makes visual connections between objects in that world. In short, Pound's Imagist poem is definitely modern in its subject, in contrast to the haiku original, and it is metaphysical in its deliberate coupling of an image from the city with an image from nature, implying as it does that natural beauty may be discovered in the most unlikely and unnatural place, such as a crowded subway station. "In a Station of the Metro" quickly became one of the key Imagist poems, partly because Pound gave a complete account of its composition in an essay of 1914. There, he not only quoted the Japanese haiku as a model but gave a psychological account of what he had attempted to do in the poem:

> In a poem of this sort one is trying to record the precise instant when a thing outward and objective transforms itself, or darts into a thing inward and subjective.[5]

It would seem, then, that Pound in his two-line Imagist poem had deliberately converted the Oriental meditation on nature into a Western drama of reconciliation between the man-made and the natural world, between subjective and objective experience, a use of the haiku which the Japanese might find the original. The rhythmical strength of the poem echoes that of de Régnier, and is obtained in the same manner: by frequent pauses and broken lines.³

Taupin in his book goes on to compare de Régnier's Symbolist poem with Pound's Imagist poem, and says that whereas de Régnier used "several rhythmic patterns" in his poem, "Pound fashioned a single movement, thus increasing the unity of his poem." I think Taupin means that the rhythm of the French poem moves back and forth from long lines to short lines with deliberate breaks in the continuity, while the rhythm of Pound's poem runs continuously from beginning to end, in a strongly accented falling beat more trochaic than iambic. We know that Yeats singled out "The Return" from all of Pound's early poems for special praise, and liked to read it aloud, because in Yeats's view it was almost the only poem in the new style with "real organic rhythm." Whatever Yeats may have meant by organic rhythm, a reader can readily sense that the hesitant motions of the returning gods, as Pound depicts them, are audible in the repetitions and pauses of the poem--an effect not audible in the French poem, because de Régnier is describing the _faces_ of the gods rather than their _feet_. In fact, it could be said that Pound _sees_ the gods in motion, while de Regnier _engraves_ them on his clay tablets, a very different way of reincarnating these supernatural beings. Finally, the French Symbolist treatment of the Greek gods is an association of a number of sense-impressions to give a dreamlike mood of something imaginary rather than real, while Pound's Imagist treatment draws together certain color-words like "snow" and "silver" and "pallid" to make the gods seem visible to the eye, just as the rhythm makes them seem to pace restlessly to and fro with their hounds as they return from the hunt. There is no doubt that the French poem was the germ of Pound's English poem, but what he has done with it is to form an image more concentrated, more unified, and more consistent in rhythm than the original. If, as Taupin concluded from his extensive comparison of French Symbolism with Anglo-American Imagism, "between the 'image' of the Imagists and the 'symbol' of the Symbolists, there is a difference only of precision,"⁴ certainly these two examples seem to support the view that Imagism is more precise than Symbolism, not only in its brevity, but in its visual quality and its organic results, then Pound was the chief instigator, and three main foreign models contributed most to his shaping of the Imagist poem: the Classical Greek lyric, the Japanese haiku, and the vers libre of the French Symbolists.

Probably the French Symbolists came first, because we know that Hulme was acquainted with their work, that Flint schooled Pound in contemporary French poetry, and that Pound in 1912, paying tribute to Hulme's School of Images "which may or may not have existed," gave the new name Imagistes to their movement, quite obviously borrowing it from the Symbolistes. We also know that Pound used the Japanese haiku as a model for "In a Station of the Metro," which became the chief touchstone of Imagism. And finally, we know that both Pound and H.D. admired the short lyrics of the Greek Anthology and often translated and adapted them to make their own poems of the Imagist type. So, in order to understand a little better how the Imagist poem came to have its irregular but still recognizable shape, I propose to look at three of Pound's most often anthologized Imagist poems, comparing them with their originals in Japanese, Greek, and French poetry. The three poems I would like to examine were all published during Pound's primary Imagist period, the years from 1912 to 1915 when he first used the term "Imagiste" and published his anthology, Des Imagistes. They are among his best poems of the Imagist type, and yet they are very different creations--different in length, in subject, and in form. Taken together, they show the range and diversity of Imagism in its original, or, as we now might call it, "classic," phase. The poems are "The Return," "In a Station of the Metro," and "The Spring."

I have named them in the order of their publication, and I think it might be most instructive to consider them in that order, because it will give us some indication of the priority of the models Pound used for Imagism. "The Return" was published first in 1912, and we have the authority of René Taupin in The Influence of French Symbolism on Modern American Poetry that it was based on a work by one of the French Symbolists:

> In "The Return," Pound had sought to surpass the excellent title-poem of de Régnier's collection, Médailles d'argile. Pound's admiration for the poem made him wish to produce an equivalent in English, if possible one that would be better than

images in free verse.

When, however, we come to those works that really changed the shape of English poetry, we must leave Hulme and go to the other Imagists, chiefly to Pound, because their experiments with verbal images early in the century fixed in the memory of readers of English a number of very short free verse poems--exactly as, according to Bergson's theory of human consciousness, images are fixed in the individual memory--and so when we read a new poem, in the 1980's, we expect it to look not like a ballad or a sonnet or a sequence of blank verse, but like an asymmetrical word-image on the page. We are so used to this new shape of poetry by now that we need to remind ourselves it took readers some time to adjust, for as Eliot wrote in 1917 in <u>Ezra Pound, His Poetry and Metric</u>, "up to very recently it was impossible to get free verse printed in any periodical except those in which Pound had influence, and now it is possible to print free verse...in almost any American magazine." This change did not occur in 1909, but within a few years the Imagist experiments did succeed in changing, not only the definition of what a poem is, but the shape of what a poem looks like, and therein, I would argue, lies the chief influence of Imagism.

Even more than by Bergson and his philosophy, the changes in English poetry that began with Imagism were influenced by poetry in other languages, and it is here that Ezra Pound had much more than Hulme to do with the Modernist revolution. For it was Pound, with his exceptional aptitude in a number of languages, who generated the greatest variety of memorable Imagist poems, and whose opinion of Imagism as a whole was that "perhaps a few good poems have come from the new movement, and if so it is justified." Justifying what Pound did with Imagism by even a few good poems leads inevitably into languages other than English, and there is no doubt that without these foreign poetic forms which Pound grafted onto the root-stock English verse, Imagism would not have seemed the original a movement it was. F.S. Flint, in his capsule history of Imagism in 1915, said that all the poets in Hulme's original School of Images experimented with verse forms from other languages; he mentioned Hebrew as well as French and Japanese. So we know that even before Pound joined them, Hulme and his fellow-Imagists were using foreign models for English poetry. But if we judge Imagism as we must by its practical much directly from Darwin, as indirectly from the French philosopher Henri Bergson, whose ideas of Creative Evolution Hulme had brought back from Paris to London. Hulme became a translator of Bergson into English, and it seems clear that in his mind the poetic Image was connected with the Bergsonian notion of human consciousness as an association of mental images linked by time through memory. When he began meeting with F.S. Flint and Ezra Pound and other young poets, Hulme was ready to instruct them in how verbal images were the only true communicators of meaning, because they were formed in the mind before speech and gave speech its concreteness. "It is a delicate and difficult art," Hulme insisted, "that of evoking an image, of fitting the rhythm to the idea, and one is tempted to fall back to the comforting and easy arms of the old, regular metre, which takes away all the trouble for us." It was Hulme who managed to inculcate in Ezra Pound the Imagist principles he would expound to other poets, such as that "the proper and perfect symbol is the natural object," that there is "an 'absolute rhythm,' a rhythm, that is, in poetry which corresponds exactly to the emotion or shade of emotion to be expressed," and that "The point of Imagisme is that it does not use images <u>as ornaments</u>. The Image is itself the speech."

So when, in London in 1989, we begin reconstructing how Imagism began in London in 1909, we must think of it as a movement with philosophical as well as poetic roots, which grew and flourished until eventually poetry came to be understood in a new way. It was Hulme's definition--that a poem is an image shaped in words--which in time became realized in the practice of Imagism, and beyond it in much of the poetry of Modernism. Without Hulme, it is unlikely that there would have been any Imagist movement at all, for he led the way toward understanding a poem as a rhythmical concentration of concrete words, rather than as a pattern of words in meter and rhyme. By adding to his new definition a few good examples of the kind of poem he had in mind, Hulme set Imagism on its way, though we must acknowledge that Hulme's examples might now be largely forgotten, if Ezra Pound in his typically open-handed way had not legally adopted them, so to speak, into his own poetry. If we tend to remember Hulme through Pound's eyes, we should also remember that Pound could not have made Imagism a primer of the modern movement in poetry, if Hulme had not first set him to thinking of poems as ideas about poetry were derived from Coleridge and then wedded at gunpoint with some reactionary ideas about politics derived from the Action Française. But Hulme has to be understood neither as Romanticist nor Classicist, the terms he had to use, but as Modernist, the new term which was not yet in his vocabulary but which he instinctively grasped, when he combined in his aesthetic philosophy the intuitive organicism of the arts with the rational empiricism of the sciences. It was Hulme who dared to argue, in the first decade of the century, that English had become exhausted as a poetic language, ("I think there is an increasing proportion of people who simply can't stand Swinburne," he put it in his typically pugnacious fashion) and that poets should give up conventional meter and rhyme to strike out in new patterns of free verse, while at the same time trading abstract words, or the language of ideas, for concrete words, or the language of the senses. Hulme's argument for a new style in poetry drew the terms of Romanticism and Classicism from the German Idealist philosophers, and the terms of Natural Evolution from the scientific theories of Darwin. His originality was in combining them into a poetic movement which would eventually be called Imagism, the starting point of Modernism in English and American literature. The gist of Hulme's theory was that intellectual life, like organic life, is cyclical, and that new movements in the arts follow the death of old movements; thus, he argued, the sonnet and blank verse had outlived their usefulness in English verse, and it was time for free verse to provide a stimulus for new growth in poetry. Hulme used another ingenious analogy from the theory of evolution to argue, that since the shape of a bird came not merely from its desire to fly, but from its having to fly in air against the force of gravity, poets ought to follow the example of birds, and evolve beyond the limits of traditional metrical form into new possibilities of expression, seeking to discover natural organic forms by shaping language to the image in their minds. Later, Hulme's biological analogy would be picked up by T.S. Eliot, to argue that "some new mutation of form" had been necessary in English poetry early in the twentieth century, and that Imagism provided the impetus for this "mutation."[2]

So when Hulme started the first School of Images in London in 1909, it was partly from his intuition about the decadence of English poetry, and partly because of what he had learned about the Origin of the Species--not so needed a fresh burst of inspiration, and that it must come through poetry, since in his view "Prose is a museum in which all the old weapons of poetry are kept." Nor should we forget that Hulme published the first distinctively Imagist work, when his seven-line poem "Autumn" appeared in a small pamphlet of poems called <u>Christmas 1908,</u> some months <u>before</u> March 25, 1909, when his School of Images began meeting.

    Hulme may be quoted less and criticized more today than the other Imagists, especially Pound and Lawrence and H.D., but anyone setting out to reassess the Imagist movement of eighty years ago must begin with a tribute to the founder, an English writer who was more a philosopher than a poet, and who left us a mere handful of original short poems. Hulme's poems were not even collected on his own, but somewhat jokingly appended by Ezra Pound to his 1912 collection of poetry, <u>Ripostes</u>, as "The Complete Poetical Works of T.E. Hulme." Hulme was fated to die much too young, in the trenches of France in the First World War, to complete his poetic work in any more serious way than Pound did for him, but his few short poems still stand as the initial experiments of Imagism, and he is memorialized as well in Pound's often quoted lines from <u>Hugh Selwyn Mauberley</u>:

> There died a myriad
> And of the best among them
> For an old bitch gone in the teeth,
> For a botched civilization.
>
> Charm, smiling at the good mouth,
> Quick eyes gone under earth's lid,
> For a gross of broken statues,
> For a few thousand battered books.

    If T.E., with his "few thousand battered books," did not survive the war, while E.P. and H.D. and D.H. did survive it, still, the ideas of Hulme initiated the original School of Images, and with it, Modernism in English literature.

    I say Modernism, not Romanticism, knowing that Hulme has been accused by some critics of being a Romanticist in disguise as a Classicist, whose

IMAGISM AND THE SHAPE OF ENGLISH POETRY

by William Pratt

One fact should be obvious about Imagism after eight decades of literary history: it was the most original movement in English literature in this century. And since originality ranks first among literary merits in our age, Imagism more clearly than ever stands at the beginning of modern literature in English. That is not to claim every good poet was an Imagist, which would be patently untrue: major poets of this century who were <u>not</u> Imagists include Hardy and Frost, Yeats and Eliot, Auden and Lowell. But without Imagism, even these poets would not have their proper setting as part of Modernism, and we ought to keep in mind something Eliot once said:

> Pound did not create the poets: but he created a situation in which, for the first time, there was a 'modern movement in poetry' in which English and American poets collaborated, knew each other's works, and influenced each other.[1]

That this "modern movement in poetry" began with Imagism is apparent now, but could hardly have been foreseen by T.E. Hulme, when he began meeting with a group of young writers at a French restaurant in London in 1909 to discuss poetry and philosophy, because he could not have guessed what an influence those rather casual meetings would some day have upon the way English was written. Still, if he had known that he and his friends were starting the literary revolution that today we call Modernism, he would not have hesitated for a moment. It was Hulme after all who insisted, before Imagism became a name and a movement, that English was losing expressive force and

3. William Pratt is Professor of English at Miami University in Ohio. He holds a BA degree from the University of Oklahoma, and MA and PhD degrees from Vanderbilt University, with a year at the University of Glasgow as a Rotary Fellow. He is best known for his editions of The Imagist Poem: Modern Poetry in Miniature and The Fugitive Poets: Modern Southern Poetry in Perspective, and for his translation, with his wife, Anne Rich Pratt, of René Taupin's The Influence of French Symbolism on Modern American Poetry.

4. Neil Roberts is Senior Lecturer in English at the University of Sheffield. He holds BA, MA, and PhD degrees from Cambridge University, and is author of George Eliot: Her Beliefs and Art and of Ted Hughes: A Critical Study. He is currently working on a book on Peter Redgrove.

5. Allan Rodway was Professor of English at the University of Nottingham until his retirement. He holds the BA and MA degrees from Cambridge University, and the PhD degree from the University of Nottingham. He is known as the author of twelve books of literary scholarship and criticism, including A Preface to Auden, as well as a volume of poems.

PART III

A SYMPOSIUM: REASSESSING IMAGISM AFTER EIGHTY YEARS

The Imagist Symposium, chaired by William Pratt, took place at the Poetry Society, 21 Earls Court Square, on Saturday, 27th May 1989.

The program consisted of papers given, in order of presentation, by William Pratt, Miami University (Ohio), Allan Rodway, University of Nottingham, Neil Roberts, University of Sheffield, Diana Collecott, University of Durham, and Donald Davie, Vanderbilt University (Emeritus), followed by a panel made up of the five participants, and finishing with a slide presentation of "Imagists Illustrated" by Diana Collecott.

The Symposium was reported in the Times Literary Supplement for 30th June-6th July 1989.

Notes on Participants in the Symposium:

1. Diana Collecott is Lecturer in British and American Literature at the University of Durham. She holds BA and PhD degrees in English from the University of Bristol, and has received research grants from Fulbright, ACLS, and Yale University. Author of articles on H.D., she edited the Agenda Special Issue on H.D. in 1988, and is working on a forthcoming book, H.D., The Muse Resumed.

2. Donald Davie was Mellon Professor of Humanities at Vanderbilt University until his retirement. He holds BA, MA, and PhD degrees from Cambridge University, and is well-known as poet, critic, and translator. His many books include Collected Poems, Articulate Energy, Purity of Diction in English Verse, Ezra Pound: Poet as Sculptor, Thomas Hardy and English Poetry, The Poems of Dr. Zhivago, Czeslaw Milosz and the Insufficiency of Lyric, These the Companions: A Memoir, Under Brigg Flatts, and Slavic Excursions.

W.S. Milne:

"Eftirmath" and "Granite" were both previously published in The Big Little Poem Series and <u>Twa-Three Lines</u> (Agenda Editions/Big Little Poem Books). "In the Spleet-New Season" and "September" were both previously published in <u>Twa-Three Lines.</u>

Robert Richardson:

"The Judgments" was previously published in <u>Agenda</u>. "The Creatures" was previously published in The Big Little Poem Series. "Marc Chagall: 'Self-Portrait with Seven Fingers" was previously published as A Big Little Poem Special.

Julie Whitby:

"Sketch of a Psychiatrist" was previously published in <u>Tribune</u>. "Exile" was previously published in <u>Agenda</u>. "After 'The Road in Louveciennes' by Camille Pissarro" was previously published in The Big Little Poem Series.

ACKNOWLEDGMENTS

Shirley Bell:

"Soft Fruits" and "The Mermaid" were both previously published in The Big Little Poem Series and <u>Six</u> (published by Rivelin Grapheme). "The Decoders" was previously published in <u>Giant Steps</u> and <u>Hanging Windows on the Dark</u> (Wide Skirt Press).

William Cookson:

"The Wilderness Survives," "Two Dreams, Years Apart," "In the Morning You Always Come Back," and "Remembering an Old Letter" were all previously published in <u>Vestiges</u> (Agenda Editions/Big Little Poem Books). "Sei La Terra E La Morte" was previously published in The Big Little Poem Series as well as in <u>Vestiges.</u>

Peter Dale:

"Gifts" and "Thanks" were both previously published as Big Little Poem Specials. "The Swifts," "Wildflower," and "Old Poet on a Rainy Day" were previously published in <u>Mortal Fire</u> (Agenda Editions). "Last Respects" was previously published in <u>The Storms</u> (Macmillan) and in <u>Mortal Fire</u> (Agenda Editions). "Spring" was previously published in The Big Little Poem Series and in <u>Too Much of Water</u> (Agenda Editions).

Jean MacVean:

"Natural Peril" was previously published in The Big Little Poem Series, <u>Encounter</u>, and <u>Poetry of the Seventies</u> (Rondo Publications). "Deidre Remembers a Scottish Glen" was previously published in <u>Poetry London/Apple Magazine</u> No. 2.

HOMAGE TO IMAGISM

AFTER 'THE ROAD IN LOUVECIENNES' BY CAMILLE PISSARRO

Do you remember that road in Louveciennes?
The trees taut with their secrets,
and the road tight with snow?

We were close but not touching, as though
what we had was enough, we already knew
all that we needed to know.

How far from reality the road in Louveciennes!
You, a cypress in your dark green dress,
and I, in what my grandfather might have worn,
quaintly mysterious.

How sure the future seemed on our road in Louveciennes:
a sweet cold apple for us to eat.
Those trees, too, would tell us their secrets,

the snow bless us with blossom--
we were close, but not touching,
ignorant of love's need, of the drab tread of years.

Do you remember, oh my love, the road in Louveciennes?
Before it grows dark, we must find it somehow,
and clasp each other close, since
only we can weep real, unpainted tears.

EXILE

In the garden I am always looking--
unwillingly, in vain--for our ghosts.

All those silk-skinned summers,
autumns sharply sweet
as childhood apples,

Where are they? Where are we?

The grass is silent.
Parched leaves wander: half-mad, brown.

Our love is present now
only in nostalgic waltzes, dreamed
in ink-blue purple twilight, or

in the arms, the grace of ballet-girls:

glimpsed through those small windows,
paltry sum of all that remains to us,
each locked up in a coffin-tight loneliness.

Yet, in that familiar-strange garden
I am still always looking,

as one blinded only yesterday.

"SACRAMENT OF PRAISE"

The tunnel of unrequited
uninvited
slighted love, is black and hollow.

It reverberates, feeding on its own howl
like a mangy dog pursuing his lost master.

On either side, horrendous fairground mirrors
distorting the two of us.

And yet the illusion still rings clear
as a peal of church bells exciting the air,
as pearls on a child-like throat.

In my hands, the red stupendous roses
I never dared give you, burning me instead.
Like those Valentine cards, spiteful with curses,

and never sent. Ignore my letters. Let them blaze
like the forever untamed autumn leaves
they echo. But remember I once loved you, love you,

though such love is useless as sky or soul.

SKETCH OF A PSYCHIATRIST

After long years, I see you sitting there:
perhaps a fraction older, more obese.
Discourteous and seldom kind, your hair
already gone, in place of a smile, a crease.
But humour of a sort there was if crude,
you'd laugh at length at your own wit, "Poor girl,
she's got the clap again." Little less lewd
seemed to amuse. Despite all this, a whirl
of nerves, of pleasant expectation, I
await your pompous entrance: dry, morose,
your face a careful mask which melancholy
pierces, though nothing else. Yet now, how close
we've drawn, our half-forgotten battles done:
affection and sadness, these two have won.

JULIE WHITBY

REVENANT

Who is it rustling in the other room,
while I lie half-asleep and trying to wake?
It's my mother, come back for things she forgot to take
when she left us. Can death be final, as it seems?
Or is it the other way round? Her hair's still wispy,
and such a beautiful blue-gold dress she's wearing.
I wish she'd had one like that. But her pain is tearing
the blankets from off me. "D'you remember France?" I'd said.
"Oh, it's so long ago," she shivered. I tried to pretend
it felt "like yesterday"--unconsoled she'd gone,
with the past. The slates are blue and silver with rain,
and look at those drops on the bright-black gutter.
It's too late now to catch the train for London.

MARC CHAGALL: 'SELF-PORTRAIT WITH SEVEN FINGERS'

My back is turned
to the tiny world
of where I happen to be,

Paris a patch of window,
a small corner
of all this canvas includes:

the figure of myself,
an uneasy sophisticate
from those streets outside,

holding with one hand
a palette which is
a picture in itself,

while with the other,
a hand transformed,
I touch where I was born--

though it's only in paint
that I can return
to the place my memory points,

to a holy childhood
blessing this room's bareness,
belittling a city so grand.

II

The solution
(or compromise)
is to rule four lines,

constructing a box
in which to cage
these awkward words.

III

If when magazines
are shut
and lights are out

such poems escape
and celebrate
their freedom

in your troubled dreams,
then as you stir
join in their wild dance--

the ordered prose
would murder you
in your peaceful sleep.

V

Artifacts survive
so that others
may cast their eyes--

I look at the glass,
my possession
now you are gone,

and see how small
these words have become.

THE CREATURES

I

Prose and poetry
together
on the same page--

the prose conforming
to a grid
and justified,

the poem presenting
problems
of how to fit in.

III

Rigid with faith
he had no time
to hear words lie,

though perhaps
speaking the truth
in their own way.

IV

Words meaning little
meant so much--

each one a step
cut in the earth,

leading to a heaven
he would recognise

because it has already
been described.

ROBERT RICHARDSON

THE JUDGMENTS

I

My grandfather
used this glass
which magnifies,

sailing pages,
trawling words
for his eyes.

II

A man complete
in his beliefs,

reading a bible
in which each word
was literal--

no room for the birth
of metaphor,
he shut the door.

SEPTEMBER

(eftir Cavafy)

Weel, let me lie te mesel
sae as nae te feel teemit.
Why hadd ma tongue
while crubbit life claucht
and ma black hert grat?
Te hiv draan near, aften
(te love's een, her lips).
A widden-dremer, happed.
But sae near, sae aften.

[teemit empty
claucht held on
grat cried
draan drawn
widden-dremer wooden-dreamer, blockhead
happed beaten]

IN THE SPLEET-NEW SEASON

(Dante's 'Canzone, or che sara di me ne l'altro')

Whit'll come o' me, sang,
whan, in the spleet-new season,
frae ivery hiven
the grun's drummed bi love,
an noo, in spite o' frost,
love bides in me an naewey else?
Stane-struck A'll be
if, in the spleet-new season,
  her hert's stane-cauld.

[<u>spleet-new</u> brand-new]

HOMAGE TO IMAGISM

W. S. MILNE

GRANITE

The coorse sea ootlasts a'thing
Bit flooers pass in a nicht.
The warld's grawn ower crubbit:
There's mair room in a trawler.

[coorse tough, cruel
a'thing everything
bit but
ower crubbit too narrow]

EFTIRMATH

(frae a ghazal by Ghalib)

Tears blin ma een; I'm nae mesel
(nae mair's the rose). Wi nithing te see
why bither lookin? Nae hangover
cures the likes o' me, kennin fat I ken:
   the cantier days o' love.

[een eyes
kennin knowing
fat what
cantier more pleasant]

NATURAL PERIL

No one would choose
the resurrection
with all those wild birds flying round the head
and that influx of light
which drives men mad

reluctant Lazarus too
knew no rejoicing
when summoned
by that urgent dominating call
yet stumbling from the grave clothes round him
came back to life and found his body whole

nature objects
when graves are opened
and show
the stinking stranger buried underground
and so light strikes with savage penetration
and birds attack the creature that is found

BYZANTINE

It was
the crippled gold
of your face

I saw
in a dream of man

I saw
the crippled gold
of your face

home from Byzantium

I put out a hand
and touched

the flesh
you wear as armour

the sun rose in my fingers
the air was a dazzle of light

JEAN MACVEAN

DEIDRE REMEMBERS A SCOTTISH GLEN

<u>Glen of graceful, pearl-like, high-born women.</u>
      Irish poem, 14th Century.

Women like pearls
walked through this glen

creatures
not of sexual adventure
but women
of a high-born aristocratic
imagination

women of grace
conceding nothing
walking like separate pearls

necklace
of a mountain people

OLD POET ON A RAINY DAY
For David Jones

My old acquaintances and peers
once allied in the lonely art
and rivals in our riper years
gather together now on shelves
after so sure a life apart
and peace becomes their books, themselves.

SPRING

Yes, yes, we watched so many things die;
    Lamented the fresh green of the willow
And sundry roses under this or that sky--
    And much else mourned into a pillow.

We knew full well it came to this.
    So I offer you this nostalgia of grief
And these sprigs of forsythia, not much amiss,
    That blossom before they come to leaf.

WILDFLOWER

Crushed fragrance
and a few flowerheads
bend to the light
out of my footprints--
purple florets,
established, wild,
encroaching underfoot.

How long ago it must have been
you told me the local name
for something much like this,
if I remember it,
in those days
when what your hands touched
was my life.

LAST RESPECTS

I know these hands, their feel,
knew of cuts beneath the scars
and wondered when the split nail would heal.

They used to lark
with birds of shadow on the wall
for children scared of the dark.

Fall now--
and all the birds are flown.

Hunched shadows black the wall.

THE SWIFTS

The swifts are back,
their flight on a knife-edge.
In the dusk we watch them
and feel at peace.
Their grace we take
as confirmation.

Our swifts are back,
we say, and touch now.
But their grace survives them,
whichever were ours.
And it hurts to touch you,
that wing of hair.

Whose love, my love,
in my hands tonight?
Whose spring again
in the bounce of your hair?
Our love is ghosted;
our swifts return.

PETER DALE

THANKS

Such as it is, I love the world through her;
before she came the days were gaps in sleep,
but now they bridge light like a squirrel's leap;
like a sparrow in the hedge, our nights stir.

GIFTS

The thoughts I have I cannot give.
   I hardly bear them well myself.
Gifts of my hands I'd like to give
   and tell we share them here and now.

What the gift gives is what I'd give--
   behind this dumb, so yellow bloom...
I'd like to give you happiness,
   the cat that seldom comes when called.

REMEMBERING AN OLD LETTER

In touch again
        after years
I return to an Autumn night
when I sat by a window in Wales
        writing to you.

Copper half-moon
        low over valley wood
owl's cry, dim sound of a stream.

The vast stillness of the mountains--
        the journeying stars.

Soon after dawn
        an orange sun
near where the moon had been
lit frail tops of trees
        above bright mist.

IN THE MORNING YOU ALWAYS COME BACK
(After Pavese)

Dawn
    at the end of empty roads
breathes with your lips.
Grey light
    your eyes
soft drops of dawn
on the dark hills
Your step,
    your breath
like the dawn wind
submerges the houses.
The town shudders
    the stones smell--
you are life;
    awakening.

Fading star in the dawn-light,
    creak of wind,
first warmth, breath--
    the night gone.

You are the light
    and the morning.

TWO DREAMS, YEARS APART

(i)

I reached the station at the end of the line
and walked a short distance
for a purpose since forgotten.
Going back
I skirted a small wood
of dingy, stunted firs.
Half-charred
their dusty boughs
moaned in the deepening dark.

(ii)

When you entered my sleep, I saw
      a long tract of water, glass still
reflecting lakes in the sky:

white-yellow, faint green, translucent blue.

SEI LA TERRA E LA MORTE
(After Pavese)

You are earth and death.
Your season is darkness
and silence. No living thing
is more remote from the dawn.

When you seem to wake
it is only pain
in your eyes and blood
but you don't feel it. You live
as a stone lives,
as the hard earth.
You are wrapped in dreams,
movements, spasms of weeping,
which you ignore. Sorrow
like lake-water
trembles and surrounds you.
Rings on the water.
You let them fade.
You are earth and death.

WILLIAM COOKSON

THE WILDERNESS SURVIVES

In Autumn and especially September
we feel the nearness of Erebus
the flowers withering back to earth
and the departure of Proserpine.

*

In this sunken garden
        the birds call
and what they say
        you will never understand
though you imagine
        satyrs in the underbrush
or nymphs dancing
        through the fleckered shade
for even in Battersea Park
        the gods exist.

queen of the night
you tall ones call flower
with your magic flute
you claim our name too

but you brother are friend
you know name flower
is name sister too
live alone far from home

already end night
already close Quynh
sister very ill
please ask how flower.

HOMAGE TO IMAGISM

THE FLOWER QUYNH

May this flower Quynh
bring you and your family
many many happiness
flower Quynh is flower lucky

open at night only
open one night only
like a bad play
sister hear you say

we get the habit
of inviting friends
to come to watch it
happiness is short

we must share the hour
when from among leaves
shaped like two breadknife
the flower orange pale

unclasp spread wide
here I am flower will say
but only to insects
that fly by night

Here, he said
tossing it to the angels
play with it!

And he laughed to see them
dancing, dancing
in a perfect figure.

THE SLIGHTLY OLDER PERSON'S GUIDE TO THE ORCHESTRA

I blow across your holes, I lick your reeds
to make your woodwinds sigh and catch your breath:
I purse my lips and puff for all I am worth
to sound the horn and trumpet of your needs:

I crash and brush your cymbals, thump your timpani
bash your big drum, tickle your triangle:
I stroke and pluck your strings to make them thrill
for they are nerve and sinew of your symphony.

Sometimes your harp is heard, sweeping its rain
to rainbows in that sweet gale, and again
voices may flash a verse or rumble prose:

my love, you are so beautifully scored
that you have been composed to be adored
and I will play you till we decompose.

KEITH BOSLEY

THE CRYSTAL TRIHEDRON

What is this? God asked
knowing of course, but he
liked to hear angels talk.

This, they said, is
a crystal trihedron
made by your children
to be a model of you: see
      here is love that dares
      here is love that bears
      here is love that shares
and yet here is all one place
for a three-sided solid
cannot be.

God smiled that his children
could be so clever
but he worried a little
for this lovely inscrutable thing
seemed so far from that humble bush
which as far as he was concerned
still burned.

And as he looked
the crystal trihedron
winked at him:
for a moment he flushed
but the smile soon returned.

THE DECODERS

(...found last week-end
by potholers exploring
old mine workings--
identification was confirmed
by a pair of spectacles...)

They knew me
when my glasses winked
by torchlight.
I was white and new--
my bleached carapace
unstrung;
my articulations
bared;
my head
clean as a cored apple.

At their backs
chimney noises in the shaft
moaned like me
to a fingernail of pale sky.
At their feet
I was a white pictogram,
simple but indecipherable.

Here are my hands,
I told them,
here my head:
And here, of course,
my spectacles--
mirrors for your awkwardness.

THE MERMAID

Always I would be in air--
the green rim tilting to
a gasp, then fractured sun
and the comb, moving
through my briny hair.

I led you, dry-limbed,
to a place of bones. When
pity pressed my mouth
on your drowning lips,
you woke to my sea music.

My salty kisses silenced you.
Then our children mewed
like gulls. Your eyes were
always filled with something
stirring, deep as water.

Soon my salt notes stung
your ears. Now your eyes
are emptied like the sky,
and my sisters' voices call
in the chuckle of the swell.

The sea draws nearer. You are
a dry whisper. In dreams
the water closes on my head
and fills my lungs like peace.
These days I walk on knives.

SHIRLEY BELL

SOFT FRUITS

In the city, the sky was fitted
in the space between the roofs:
that summer it was a blue jigsaw,
interrupted by clouds, and starlings
coming in to roost. One sticky night
we said we'd go and earn a tan. But
I wasn't ready for the hot weight
on my back; that sun filled press,
squeezing the flattened parallel
of fields tramlined into 'v's
with strawberries. The perfumed air
was sick with them and so was I.

In the tent we'd lie and count the
bumping shadows coming from the pub.
His fingers on my body smelt of
strawberries, strawberries on his lips,
his tongue. Such a short season before
I fled, and left behind the rows
of bloody noses, clotted on the green.

4. Peter Dale, co-editor of Agenda, has published a number of books of poetry and has appeared in many anthologies. His work was recently the subject of an Agenda Special Issue. Also a translator, he produced the Penguin edition of Villon and translations of Jules Laforgue (Anvil).

5. Jean MacVean appears regularly in Agenda as poet, critic, and reviewer. She has edited and introduced The Adjacent Kingdom (Peter Owen), the collected last poems of Thomas Blackburn.

6. W.S. Milne is a Scottish poet who writes in both English and Aberdonian Scots. He is a regular contributor to Agenda as poet, translator, and critic. A number of his shorter poems have been published as Twa-Three Lines by Agenda Editions/Big Little Poem Books in 1987.

7. Robert Richardson is the publisher and editor of The Big Little Poem Series and Big Little Poem Books. He was the director of the 1989 Homage to Imagism. His poetry has appeared in Agenda, and his designs have been published by Leeds Postcards and exhibited at the Australian National Gallery.

8. Julie Whitby has worked as an actress as well as a poet, touring with theatre-in-education companies and with a group giving poetry recitals. Her poems have appeared regularly in Agenda, and her work has been published in most of Britain's leading literary magazines.

PART II

A READING OF BIG LITTLE POEMS AT THE VOICE BOX

The Big Little Poem Reading took place at The Voice Box of the Royal Festival Hall in London at 7:30 p.m. on 29th March 1989.

The poets, who read in alphabetical order, are represented here by a selection of poems included in the reading.

The poets are:

1. Shirley Bell, whose poems have appeared in Poetry Introduction 6 (Faber) and in leading literary magazines. She has helped to popularise poetry through her work with Versewagon, a mobile writing project in the north of England, and also through a project on Radio Lincolnshire.

2. Keith Bosley, whose latest book of poems is A Chiltern Hundred, published by Anvil Press. Also a translator, he produced the Penguin edition of Mallarmé and has recently published a new translation of the Finnish epic, The Kalevala, for Oxford University Press.

3. William Cookson, founder and co-editor of Agenda magazine, editor of The Selected Prose Works of Ezra Pound (Faber), and author of A Guide to the Cantos of Ezra Pound (Routledge). His book of poems, Vestiges, was published by Agenda Editions/Big Little Poem Books in 1987.

84 Holland Park Avenue

Site of the office of <u>The English Review</u>, edited by Ford Madox Hueffer/Ford, himself one of <u>Des Imagistes</u>, who published Imagist poems in his magazine alongside prose works by Henry James, Thomas Hardy, and D.H. Lawrence. Ford often gave literary parties in his office and sometimes slept there.

AN IMAGIST WALK IN LONDON

11 Ryder Street, St. James's

Site of the Dieudonne restaurant (now an auctioneer's warehouse), the scene of a dinner given by the Vorticists on 15th July 1914. Amy Lowell (who had been in correspondence with Pound before her arrival in London in July 1914) gave an "Imagist Dinner" at the same restaurant on 17th July 1914, attended by Ezra and Dorothy Pound, H.D. and Richard Aldington, John Gould Fletcher, Allen Upward, John Cournos, F.S. Flint, Ford Madox Hueffer, and possibly Henri Gaudier-Brzeska.

EVENING

by H.D.

The light passes
from ridge to ridge,
from flower to flower--
the hypaticas, wide-spread
under the light
grow faint--
the petals reach inward,
the blue tips bend
toward the bluer heart
and the flowers are lost.

The cornel-buds are still white,
but shadows dart
from the cornel-roots--
black creeps from root to root,
each leaf
cuts another leaf on the grass,
shadow seeks shadow,
then both leaf
and leaf-shadow are lost.

8 Duchess Street

The site of Miss Withey's boarding house, where Pound stayed when he first arrived in London from Venice in September 1908. He had stayed there on a previous visit to London in 1906. (Before he settled in London, Pound had visited it in 1898 with his Aunt Frank, in 1902 with his father Homer, in 1906 on his first independent trip to Europe.)

H.D. also stayed here when she first arrived in London in 1911, on Pound's recommendation.

48 Langham Street (next door to the Yorkshire Grey pub)

Pound's lodgings were here from the end of September 1908 until September 1909.

10 Rowan Road, Hammersmith

Pound's lodgings for a short time in September 1909, before he moved to No. 10 Kensington Church Walk.

34 Chancery Lane, Rolls Passage

Site of The New Age office. Only the location remains, because this area suffered extensive bombing in the Second World War. Flint's review, in The New Age for 11th February 1909, of the Poets Club anthology For Christmas MDCCCCVIII led to his meeting with Hulme, which in turn led to the meeting of the Eiffel Tower group in March 1909. Earlier, in The New Age of 26th November 1908, Flint had reviewed Edward Storer's Mirrors of Illusion, with an essay, "Scattered Lines," which contains one of the most important Pre-Imagist statements.

AN IMAGIST WALK IN LONDON

THE GARDEN

by Ezra Pound

<u>En robe de parade.</u> Samain

Like a skein of loose silk blown against a wall
She walks by the railing of a path
        in Kensington Gardens,
And she is dying piece-meal
        of a sort of emotional anaemia.

And around about there is a rabble
Of the filthy, sturdy, unkillable infants of the very poor.
They shall inherit the earth.

In her is the end of breeding.
Her boredom is exquisite and excessive.
She would like some one to speak to her,
And is almost afraid that I
        will commit that indiscretion.

NOTES ON OTHER LOCATIONS NOT INCLUDED IN THE WALK

67 Frith Street, Soho

The site of Mrs. Ethel Kibblewhite's house (a Georgian house said to have been the Venetian Embassy at one time), it was the scene of Tuesday evenings in 1910-11 hosted by T.E. Hulme. These helped to consolidate the ideas discussed at the Eiffel Tower meetings. It was at one of these evenings that Pound met A.R. Orage, editor of <u>The New Age</u>, a magazine which later published some of the Imagists, Pound in particular.

Holland Place Chambers, where Ezra and Dorothy Pound lived after their marriage

Michel's Bistro, once Miss Ella Abbott's teashop, a favourite meeting place of the Imagists

to Aldington, "the Imagist mouvemong was born in a teashop in the Royal Borough of Kensington,"...probably this one.

6. 5 Holland Place Chambers

H.D. and Aldington moved here on their marriage in 1913; Ezra and Dorothy Pound followed after their marriage in 1914 (it was to be their home for five years). The Pounds rented two rooms, a large one in which they cooked, and a small one in which Pound worked and received visitors. The rooms included some furniture which Pound made himself, and his most treasured item was a clavichord made by Arnold Dolmetsch.

The advantage to Pound in remaining in this area was that he was close to many of his friends. The painter Edward Wadsworth lived in Kensington Church Street; the novelist Gilbert Cannan lived just around the corner from Church Walk; Edward Dulac, artist and illustrator, lived off Holland Park Road; Ford Madox Ford had rooms at 84 Holland Park Avenue; Violet Hunt was at South Lodge, 80 Campden Hill Road; and the Shakespears lived at 12 Brunswick Gardens.

From this part of Kensington Pound could walk towards Earl's Court, where Florence Farr lived, or across Kensington Gardens to Soho and his friends who lived there. He was also close to a station of the Metropolitan Railway and to various bus routes.

7. 20 Kensington Church Street
The site of Demaria's restaurant

This was where Pound and his friends entertained when they could afford to; otherwise they sought the more modest prices of Miss Ella Abbott's teashop.

AN IMAGIST WALK IN LONDON

CHURCH WALK, KENSINGTON

(Sunday Morning)

by Richard Aldington

The cripples are going to church.
Their crutches beat upon the stones,
And they have clumsy iron boots.

Their clothes are black, their faces peaked and mean;
Their legs are withered
Like dried bean pods.
Their eyes are as stupid as frogs'.

And the god, September,
Has paused for a moment here
Garlanded with crimson leaves.
He held a branch of fruited oak.
He smiled like Hermes the beautiful
Cut in marble.

5. 6 Holland Street

Now a bistro, in the time of the Imagists this was Miss Ella Abbott's teashop. Ezra Pound wrote "Miss Ella Abbott DEFinitely a character/objected to feeding anyone not connected wiff art or letters/tho I suppose some may have got a 1/6 lunch on slim pretensions." He later added, "Miss Abbott, American fleeing from mid-western desert."

The teashop was used as a meeting place by Pound and his friends. According

Henri Gaudier-Brzeska, and a woodcut on the wall by Edward Wadsworth.

The list of Pound's visitors at No. 10 Church Walk reads like an honour roll of the Imagists; it includes Richard Aldington and H.D., D.H. Lawrence, William Carlos Williams, F.S. Flint, John Gould Fletcher and Ford Madox Ford. Pound also entertained Florence Farr, an actress who belonged to the original School of Images, the American poet Robert Frost, and the Indian poet Rabindranath Tagore. Skipwith Cannell, an American poet known chiefly because of his inclusion in Des Imagistes, and his wife Kitty were probably tenants for a short time on the ground floor.

H.D.'s lodgings from 1912-13 were at No. 6 Church Walk, and Richard Aldington also lived there before marrying H.D.

Diana Collecott has discovered that Kensington Church Walk residences were renumbered in 1965, and what is now No. 10 used to be No. 12, while what was No. 10 (presumably Pound's lodgings) is now No. 17 and a small shop. But Humphrey Carpenter, in his biography of Pound, reproduces a postcard from Pound with an inked arrow clearly pointing to the present No. 10 as Pound's home, so there is some question whether the renumbering changed Pound's residence. There is no question that No. 6 was where H.D. and Aldington lived, because it was not renumbered.

AN IMAGIST WALK IN LONDON

ST. MARY'S, KENSINGTON

by Richard Aldington

The orange plane-leaves
Rest gently on the cracked grey slabs
In the city churchyard.

O pitiful dead,
There is not one of those who pass by
To remember you.

But the trees do not forget;
Their severed tresses
Are laid sadly above you.

4. 10 and 6 Kensington Church Walk

These houses were built about 1840 as homes for artisans. By their first decade most had passed into the ownership of Jean Philippe, originally from Luxembourg. It is due to the care of his family that the Church Walk area is little changed today.

The first floor of Number 10 was Pound's lodging from 1909-14. He rented his room from Mr. and Mrs. Langley, and wrote of them in a letter of 20th July 1957: "BUTT [sic!] in all this search for ggglory/don't neglect the LANGLEYS/positively the best England can produce at ANY level..."

Pound's room was simply furnished: iron bed, mahogany wash-stand (folded down to look like a desk), a small bath tub (pushed under the bed). For a long time there were three or more water colours by William Henry Hunt (1790-1864), on loan from Violet Hunt (who lived nearby at South Lodge, 80 Campden Hill). Later, Pound had pieces of sculpture in it by his fellow Vorticist

Number 10 Kensington Church Walk, Ezra Pound's lodging

St. Mary Abbots Church, where Ezra Pound and Dorothy Shakespear were married in 1914

THE IMAGIST WALK
Kensington Area

1 The site of Kensington Town Hall

2 The site of Kensington Library

3 St. Mary Abbots Church

4 6 & 10 Kensington Church Walk
 Pound's lodgings; H.D.'s
   lodgings; Aldington's lodgings

5 6 Holland Street
 The site of Miss Ella
   Abbott's tea shop

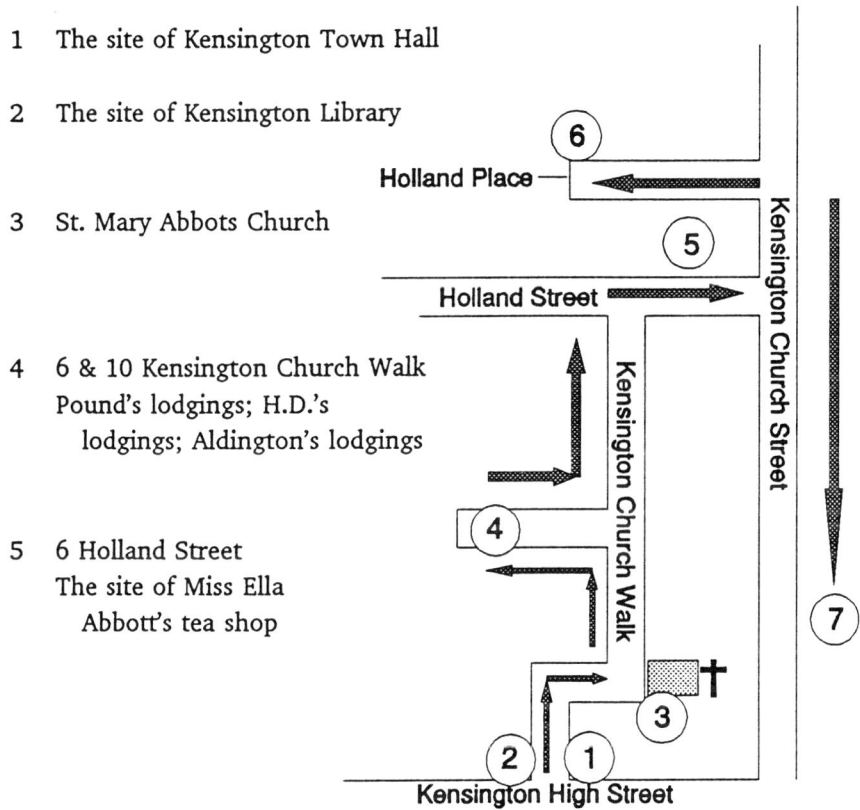

6 5 Holland Place Chambers
 Ezra & Dorothy Pound's residence; H.D. & Aldington's residence

7 20 Kensington Church Street
 The site of Demaria's restaurant

Notwithstanding his anger over the noise of the bells, it was at St. Mary Abbots that Pound (age 28) married Dorothy Shakespear (age 27) on 20th April 1914 at around 10:15 a.m. There were only six guests in attendance, mostly the bride's family. Witnesses were Dorothy's father, Henry Hope Shakespear (a lawyer), and her uncle (Olivia Shakespear's brother), H.T. Tucker.

2. KENSINGTON AREA: NOTES

(Nearest Tube Station to the start of the walk: Kensington High Street.)

1. Kensington Town Hall, Kensington High Street
Only the location remains: the site has been completely redeveloped.

Pound gave a lecture here on the Troubadours for the Quest Society in 1912, published in the October 1912 issue of Quest, and later incorporated as Chapter 5 of The Spirit of Romance.

In the spring of 1914, the Quest Society held an evening of Modern Poetry here, with Ezra Pound, T.E. Hulme, and Wyndham Lewis as readers.

2. The site of Kensington Library (now a bank)

This library must have been used by Pound, H.D., and Aldington.

3. St. Mary Abbots Church

Rebuilt in 1872, on a site which had been in use as a church since the 12th Century, St. Mary Abbots was designed by Sir Gilbert Scott as a companion work to his Albert Memorial. It has the highest spire in London.

Pound, who lived nearby at 10 Church Walk, could not stand the persistent ringing of its bells (which particularly distracted him when he was working on The Spirit of Romance in 1910). He wrote about them in The Egoist on 1st April 1914: "There is nothing more annoying than to have chimes near one's home, chimes that are ringing, ringing at all times and out of season."

GREEN

by D.H. Lawrence

The sky was apple-green,
The sky was green wine held up in the sun,
The moon was a golden petal between.

She opened her eyes, and green
They shone, clear like flowers undone,
For the first time, now for the first time seen.

7. 5 Woburn Walk (formerly 18 Woburn Buildings)
   Yeats's lodgings, 1895-1919

The scene of Yeats's Monday evening gatherings, first attended by Pound in mid-1909 (introduced by Olivia Shakespear, his future mother-in-law). When William Carlos Williams, included in <u>Des Imagistes</u>, visited Pound in March 1910, Pound brought him here, to one of Yeats's evenings.

Florence Farr, one of the original Eiffel Tower group, also attended these evenings. She gave readings and accompanied herself on a psaltery, designed for her by Arnold Dolmetsch. At the time Florence Farr (Mrs. Emery) was a central figure in the discussion of poetry and its relationship with music. Her theories were published under the title <u>The Music of Speech</u> (Mathews, 1909).

Woburn Walk apartment of William Butler Yeats

44 Mecklenburgh Square, residence of D.H. Lawrence, Richard Aldington, and H.D., which she used as a setting for her autobiographical novel, <u>Bid Me To Live</u>

> Hermes, Hermes,
> the great sea foamed,
> gnashed its teeth about me;
> but you have waited,
> where sea-grass tangles with
> shore-grass.

6. 44 Mecklenburgh Square
Miss James's house

The American journalist and poet John Cournos, who appeared in <u>Des Imagistes</u>, lived here in 1915. It was in December 1912 that Pound had been interviewed by John Cournos, and a subsequent article was published about him in the <u>Philadelphia Record</u>, 5th January 1913, under the headline "Native Poet Stirs London."

H.D. and Richard Aldington lived here in 1917-18, and it is the setting for H.D.'s autobiographical novel, <u>Bid Me To Live</u>.

In late 1917, H.D. lent her first floor flat to D.H. and Frieda Lawrence (after their stay in Cornwall). Lawrence did not appear in <u>Des Imagistes</u> in 1914; however, his work appeared in all three volumes of <u>Some Imagist Poets</u> in 1915, 1916, and 1917. In fact, the "Amygists," as Pound nicknamed them, were the same six poets in all three volumes: Richard Aldington, H.D., F.S. Flint, Amy Lowell (all four were in <u>Des Imagistes</u>), John Gould Fletcher, and D.H. Lawrence.

AN IMAGIST WALK IN LONDON

Wind rushes
over the dunes,
and the coarse, salt-crusted grass
answers.

Heu,
it whips round my ankles!

II

Small is
this white stream,
flowing below the ground
from the poplar-shaded hill,
but the water is sweet.

Apples on the small tress
are hard,
too small,
too late ripened
by a desperate sun
that struggles through sea-mist.

The boughs of the trees
are twisted
by many bafflings;
twisted are
the small-leafed boughs.

But the shadow of them
is not the shadow of the mast head
nor of the torn sails.

HERMES OF THE WAYS

by H.D.

I

The hard sand breaks,
and the grains of it
are clear as wine.

Far off over the leagues of it,
the wind,
playing on the wide shore,
piles little ridges,
and the great waves
break over it.

But more than the many-foamed ways
of the sea,
I know him
of the triple path-ways,
Hermes,
who awaits.

Dubious,
facing three ways,
welcoming wayfarers,
he whom the sea-orchard
shelters from the west,
from the east
weathers sea-wind;
fronts the great dunes.

likely since Binyon worked at the British Museum; however, Lewis said that they were introduced by Ford Madox Hueffer (who later changed it to Ford Madox Ford, because of anti-German feelings during the First World War).

STREET MAGIC

by Edward Storer

One night I saw a theatre,
        Faint with foamy sweet,
And crinkled loveliness
Warm in the street's cold side.

5. British Museum

On 2nd July 1906, during an earlier visit to London, Pound was admitted to the British Museum Reading Room. He received permanent admission on 8th October 1908 to do research on the subject of Latin Lyrists of the Renaissance (later incorporated into his book, The Spirit of Romance, published in 1910.)

In the Reading Room in 1909, Pound wrote "Sestina: Altaforte."

In September of 1912, Pound was in the British Museum Teashop with H.D. and Richard Aldington, where he read through and corrected H.D.'s poem, "Hermes of the Ways"; he signed it for her "H.D. Imagiste." This poem was published in the January 1913 issue of Poetry magazine in Chicago, launching Imagism as a movement. (Diana Collecott, one of the contributors to the Imagist Symposium, can recall going to the same teashop when she was a student in the 1960s; however, it has been extensively altered since that time.)

3. 14, 16 & 18 Bloomsbury Street (formerly Oakley House)
The site of The Egoist office. (Only the site remains; Oakley House was bombed out in April 1941.)

Founded by Harriet Shaw Weaver and Dora Marsden in June 1913 and first called The New Freewoman, it began as a feminist journal. On 15th August 1913, Ezra Pound was given temporary charge of the literary department and began publishing Imagist poems in it. In the new year of 1914, the title was changed to The Egoist, and it became recognised as the most important showcase of the new poetic movement, publishing Imagist poems and reviews and serializing James Joyce's novel, A Portrait of the Artist as a Young Man. Richard Aldington and H.D. took over the literary department from Pound, and when Aldington went into the army, T.S. Eliot became the new literary editor.

LIU CH'E

by Ezra Pound

> The rustling of silk is discontinued,
> Dust drifts over the courtyard,
> There is no sound of footfall, and the leaves
> Scurry into heaps and lie still,
> And she the rejoicer of the heart is beneath them:
>
> A wet leaf that clings to the threshold.

4. 24, 26 & 28 New Oxford Street
The site of the Vienna Cafe and Restaurant (now a bank)

Used by British Museum officials and readers, it has a Vorticist rather than Imagist association, since it was here that Pound first met Wyndham Lewis. According to Pound, they were introduced by Laurence Binyon, which seems

AN IMAGIST WALK IN LONDON

LONDON

by F.S. Flint

London, my beautiful,
it is not the sunset
nor the pale green sky
shimmering through the curtain
of the silver birch,
not the quietness;
it is not the hopping
of birds
upon the lawn,
nor the darkness
stealing over all things
that moves me.

But as the moon creeps slowly
over the tree-tops
among the stars,
I think of her
and the glow her passing
sheds on men.

London, my beautiful,
I will climb
into the branches
to the moonlit tree-tops,
that my blood may be cooled
by the wind.

Front of the British Museum on Great Russell Street

Reading Imagist poems outside The White Tower Restaurant on Percy Street, once The Eiffel Tower, where Imagism began

AUTUMN

by T.E. Hulme

A touch of cold in the Autumn night--
I walked abroad,
And saw the ruddy moon lean over a hedge
Like a red-faced farmer.
I did not stop to speak, but nodded,
And round about were the wistful stars
With white faces like town children.

2. 38 Great Russell Street (now a Deli Diner), the site of Harold Monro's second Poetry Bookshop

Monro moved to this location in 1926. It was in December 1911 that Monro had launched his Poetry Review from the top floor of 93 Chancery Lane. The first Poetry Bookshop was opened on 8th January 1913 at 35 Devonshire Street (with Robert Frost "accidentally" attending; he stumbled on it earlier in the day and was invited to the opening by Flint; subsequently, he met Pound there). Devonshire Street has since been renamed Boswell Street; the site of the Poetry Bookshop is now taken up by Cecil Rhodes House and nothing seems to remain of the original building. It was under the imprint of the Poetry Bookshop that the British edition of the first Imagist anthology, Des Imagistes, was published in April 1914; it had previously been published in the United States in the February 1914 issue of The Glebe magazine in New York, and in book form by Albert & Charles Boni (New York). Des Imagistes contained nine poems by Richard Aldington, seven by H.D., six by Ezra Pound, five by F.S. Flint, and one each by Ford Madox Hueffer, William Carlos Williams, Skipwith Cannell, Amy Lowell, Allen Upward, John Cournos and James Joyce.

THE IMAGIST WALK

1. BRITISH MUSEUM AREA: NOTES

(Nearest Tube Stations to the start of the walk: Goodge Street or Tottenham Court Road)

1. The White Tower Restaurant (formerly The Eiffel Tower). 1 Percy Street.

On 25th March 1909 an unnamed and informal group started meeting here (for about a year, on Thursday evenings). The original group, present on 25th March, were T.E. Hulme, F.S. Flint, Edward Storer, Florence Farr, F.W. Tancred, Joseph Campbell (and two or three others whose names no one recalls.). Ezra Pound's first attendance was on 22nd April 1909. The group "corrected" each other's poems, and topics of discussion included imagery, free verse and the possibility of introducing Japanese, Hebrew and other foreign verse forms into English. There was also interest in developing a poetry which would directly confront the modern world. Hulme and Flint were acutely aware of recent innovations in French poetry. Pound wrote, in 1912, of Les Imagistes being "descendants of the forgotten school of 1909." During a special dinner organised at the restaurant by T.E. Hulme in 1909, Pound read aloud his "Sestina: Altaforte" so forcefully that the management had to place screens around his table.

THE IMAGIST WALK
British Museum Area

1. 1 Percy Street
   The White Tower Restaurant (formerly the Eiffel Tower)

2. 38 Great Russell Street (now a Deli Diner)
   The site of Harold Monro's 2nd Poetry Bookshop

3. 14, 16 & 18 Bloomsbury Street
   The site of The Egoist office (formerly Oakley House)

4. 24, 26 & 28 New Oxford Street
   The site of the Vienna Cafe & Restaurant

5. The British Museum

6. 44 Mecklenburgh Square
   Residence for: John Cournos; H.D.;
   Richard Aldington; D.H. Lawrence

7. 5 Woburn Walk (formerly 18 Woburn Buildings)
   Residence of W.B. Yeats

PART I

AN IMAGIST WALK IN LONDON

by Robert Richardson

An Imagist Walk took place on 25th March 1989, exactly eighty years after the first meeting of an unnamed group of poets (later known as the School of Images) at the Eiffel Tower restaurant in the Soho District of London.

The walk began at 11 a.m. outside the White Tower Restaurant (formerly the Eiffel Tower). Before the walk began, there was a brief ceremony: the Imagists were remembered with toasts and with a reading of Imagist poems.

The first part of the Imagist Walk covered places connected with the Imagists in the area of the British Museum.

After refreshments, the Imagist Walk continued by underground (reminiscent of "In a Station of the Metro") from Great Portland Street Station to Kensington High Street Station, followed by a stroll through the Imagist territory of Kensington.

At various stages of the Imagist Walk, poems of the original Imagists were read, and toasts were made to the Imagists. The "Homage to Imagism" banner was affixed to the railings of The White Tower Restaurant and the British Museum.

Imagist poems included here are a selection from those read at various locations on the Imagist Walk. Those who walked and read were Grant Chambers, Burton Hatlen, W.S. Milne, Robert Richardson, Julie Robertson, and Harry Warschauer.

Photographs of the Walk were taken by Grant Chambers; they have been supplemented with others taken later by the editors.

Robert Richardson unrolling "Homage to Imagism" banner before The Imagist Walk on March 25, 1989

NOTES

[1] T.S. Eliot, "Ezra Pound (1946)" in Peter Russell, ed., Ezra Pound: A Collection of Essays to be presented to Ezra Pound on his 65th Birthday (London: Peter Nevill, 1950), p. 25.

[2] Ezra Pound, Hugh Selwyn Mauberley: Life and Contacts (1919), II.

[3] Wallace Stevens, "Rubbings of Reality" (1946), in Opus Posthumous, ed. Samuel French Morse, (New York: Alfred A. Knopf, 1957) p. 258.

[4] Eliot, op. cit., p. 29.

[5] Stephen Spender, The Struggle of the Modern (Berkeley: U. of California Press, 1963), p. 110.

[6] Ibid., p. 115.

[7] James Joyce, Ulysses, The Corrected Text edited by Hans Walter Gabler and Claus Melchior (New York: Random House Vintage Books, 1986), p. 82.

[8] Spender, op. cit., p. 114

[9] T.E. Hulme, "A Lecture on Modern Poetry," in Further Speculations, ed. Sam Hynes (Minneapolis: University of Minnesota Press, 1955), p. 68.

[10] C. S. Lewis, The Screwtape Letters (London: Chatto & Windus, 1944), p. 68.

This image of the sunset as the end of Lawrence's life creates a swift natural movement of light into darkness, day into night, autumn into winter, life into death--all at once, as if he could feel the life in him sinking downward like the heart within his ribs, and at the same time could watch the sun sinking into the sea, parallel motions of outward and inward forces, which though moving inevitably toward darkness are brimming with light--the light of "the great gold sun" but also of "the sun in me" glowing "At the base of the lower brain" and darting "a few gold rays" back toward "the old year's sun across the sea." Lawrence is clearly picturing his death in the setting sun, yet it is not a dismal or gloomy image, for the instant when the sun inside seems to mirror the sun outside is a moment of celebration rather than of mourning, as if Lawrence is joining the sun in its descent, implying a hope perhaps that he will rise again with the sun, but at any rate expressing a willing and even joyful acceptance of death as a natural process filled with light as well as darkness.

"The present is the point at which time touches eternity," C.S. Lewis has observed.[10] Can a poetry of the present such as Imagism also be a poetry of permanence? Yes, if it creates the sense, as in this poem of Lawrence, that immediacy is linked to infinity, as light is linked to darkness and life is linked to death. The poem may only mirror a moment of life nearing death, but that moment is linked to the unending cycle of nature and to the sun as creative and regenerative force, and so the parallel movement of human life sinking into death and sun sinking into sea has the effect of forming an unbroken series of concentric circles reaching out even beyond the visible universe. Pound added to his definition of the Image, we should remember, the clarification that "It is the presentation of such a 'complex' instantaneously which gives the sense of sudden liberation; that sense of freedom from time limits and space limits; that sense of sudden growth, which we experience in the presence of the greatest works of art." We may therefore believe that Imagism is permanent, just as Wallace Stevens maintained, because 1) it produced classic short poems that are complete in themselves, 2) it made possible a new kind of longer poem, an aggregate of short images like a mosaic, 3) it prepared the way for the stream-of-consciousness narrative method in fiction, and 4) finally, through its theory as well as its practice, it gave us a new model of poetic style, a verbal image in free verse: the poetry of the instant enduring through time.

us: the immediate instant... The quick of all time is the instant... Poetry gave us the clue: free verse."

Many have doubted the beneficial influence of Imagism on Lawrence, but there can be little doubt that he joined the movement in mid-career out of sympathy with its technique as well as its philosophy; to him, the newness of Imagism was its nowness: he believed it was poetically possible to invest the present moment with significance. And what Lawrence believed was what Imagism alone showed him how to do, that is, to condense time--past, present, and future--into a single brief expression in words. Lawrence added to the stock of classic Imagist poems himself with many brief and memorable lines, none better than those that serve as his own personal epitaph, which he called "November by the Sea":

> Now in November nearer comes the sun
> down the abandoned heaven.
>
> As the dark closes round him, he draws nearer
> as if for our company.
>
> At the base of the lower brain
> the sun in me declines to his winter solstice
> and darts a few gold rays
> back to the old year's sun across the sea.
>
> A few gold rays thickening down to red
> as the sun of my soul is setting
> setting fierce and undaunted, wintry
> but setting, setting behind the sounding sea between my ribs,
>
> The wide sea wins, and the dark
> winter, and the great day-sun, and the sun in my soul
> sinks, sinks to setting and the winter solstice
> downward, they race in decline
> my sun, and the great gold sun.

> It's a strange courage
> you give me, ancient star:
>
> Shine alone in the sunrise
> toward which you lend no part!

The Spanish title, El Hombre, meaning "The Man," contributes an intellectual element by personifying the star, and calling it "ancient" gives it superhuman longevity, while finding a "strange courage" in the star's shining alone at sunrise adds a moral dimension to the image, making it an exemplar of singular brilliance persisting in the face of overwhelming radiance, or of a lesser talent undaunted by genius. Autobiographically, we may think of Williams the poet refusing to be outshone by his friend Pound the poet, but there is universal meaning as well in the image of star and sun as lesser and greater lights persisting in the natural as well as in the human realm.

And so even the briefest Imagist poem can contain a world of meaning comparable to longer poems. But can brevity itself be called a virtue? Yes, it can be, and here we need to understand better the concluding words of Pound's definition of the Image: that it should take place "in an instant of time." Imagism was able to generate a number of fine new poems because, besides the intellectual and emotional components of the Imagist poem, there was also the temporal component, which has yet to receive its full share of attention. Even before Pound defined the Image, T.E. Hulme had drawn upon French Impressionist painting and Bergson's philosophical pairing of Time and Free Will to describe an emerging art which "deals with expression and communication of momentary phases in the poet's mind."[9] Hulme did not write many poems himself, but he understood intuitively that there was a source of inspiration for poetry in the immediate present, in the moment of awareness between past and future. Pound concurred, by his definition as well as his practice, and D.H. Lawrence emphasized the time dimension of Imagism still further by his passionate advocacy of free verse as poetry of the instant. Introducing his New Poems in 1918, at the end of the Imagist decade, at about the same moment as Pound wrote Mauberley, Lawrence spoke of "One realm we have never conquered: the pure present. One great mystery of time is terra incognita to than abstract rational language; Second, "To use absolutely no word that does not contribute to the presentation," that is, economy and precision in the choice of words, and Third, "As regarding rhythm: to compose in the sequence of the musical phrase, not in sequence of a metronome," that is, greater variety in rhythm along with lighter stress on rhyme. All three of these "rules" of Imagism have had their effect on poetic expression in this century, mainly in warning poets what <u>not</u> to do when writing a poem; for what poets are to <u>do</u>, the definitions Pound gave were more helpful. As early as <u>The Spirit of Romance</u> in 1910, Pound was arguing that poetry was "a sort of inspired mathematics," which gives us "equations for the emotions," and in 1913 he set down his famous one-sentence definition: "An Image is that which creates an intellectual and emotional complex in an instant of time." If we want to understand how Imagism could be both a critical and a creative movement, we have to place the "Don'ts" alongside the "Do's."

The "Don'ts" say that a poem should be written in concrete and exact words with a subtle rhythm, while the "Do's" say that it should give us, instantaneously, the verbal equivalent of feeling . As a prescription for writing poems, the Imagist formula worked both critically and creatively, that is to say, negatively as well as positively. It helped to eliminate cliches, which are not compatible with precision; it helped to eliminate discursive speech, which is not compatible with concreteness; and it helped to eliminate jingling verses, which are more compatible with the metronome than with "the sequence of the musical phrase." A poetic movement which militates against cliches, abstractions, and doggerel all at once is bound to have a cleansing effect on language, but it does not necessarily create lasting works. (As a matter of fact, George Orwell's advice for writing good honest prose in his famous essay "Politics and the English Language" in the 1940s followed the Imagist "Don'ts" very closely, telling writers their ordinary prose style would improve if they avoided cliches, abstract diction, and wordiness.) But to produce genuine poetry, there had to be room for humane wisdom and experience in the poem, and toward that end, understanding the image as an "intellectual and emotional complex" was crucial. Even so brief a poem as Williams' four-line "El Hombre" can be seen as an intellectual as well as emotional complex, combining visual perception with moral insight:

These seemingly jumbled thoughts are passing through the mind of Joyce's Ulysses, Leopold Bloom, as his carriage enters Glasnevin Cemetery in Dublin, on his way to attend a funeral for his late friend Paddy Dignam: what we are seeing is his consciousness of death reflected in the white tombstones he observes while the carriage is passing the stonecutter's yard. Joyce used external objects to create an inner state of mind, exactly as Eliot and Pound did, and though the form is printed as prose, the effect would be the same if it were printed as free verse. Joyce was indeed an Imagist, and once again Pound was the first to recognize that fact, but few critics have followed Spender's lead in seeing that the Imagist technique fits Joyce's prose as well as his poetry. Too often, Imagism has been forced to fit the Procrustean bed of poetic brevity, rather than allowed to extend itself into longer poems or even novels, but if there were a more general understanding of the Imagist principles at work in longer modern poems by Eliot and Pound and Williams, as well as in the stream-of-consciousness novels of Joyce and Virginia Woolf and Faulkner, it is quite possible that readers might find these obscure works somewhat more accessible. At any rate, through them Imagism has had a permanent influence on modern poetry and fiction.

And finally, there is a fourth reason for the permanence of Imagism: its influence on the critical definition of poetry. Imagist poetics have, along with the poems, proved fundamental to twentieth century literature. We need not try to settle the question of whether Imagism was invented more by Hulme or Pound, or whether its philosophical roots are more to be found in French Symbolism or in British Empiricism--the answers may well be "Both." But what should no longer be in question about Imagism is that its stylistic theory and its practice made their impact together, and that no poetic movement in the twentieth century has had such a profound effect on the literary style that we think of as characteristically modern. Imagism, to quote Spender again, "made possible that fusion of the creative and the critical impulses which was so formidable in the modern movement." [8] Whoever succeeds in fusing the creative with the critical powers will be bound to generate artistic activity in any age, and that was exactly what happened after Ezra Pound formulated his three famous "Don'ts" in 1913--First, "Direct treatment of the 'thing,' whether subjective or objective," that is, emphasis on concrete sensory language rather how a poet of undoubted talent and high ambition has become a self-confessed failure, leading to his "final exclusion from the world of letters," and though it is mainly written in tetrameter quatrains, not free verse, the Imagists never insisted that free verse was the only acceptable poetic form to use. Yeats did not write free verse, and yet Pound believed that some of Yeats's lyrics were of the Imagist type. We know that Yeats wrote "The Magi," one of Pound's favorites, during the period when Yeats and Pound were most actively working together, and though Pound often praised the hardness and naturalness of the Later Yeats, the very qualities he associated with Imagism, he did not claim Yeats as an Imagist, but he did claim James Joyce, whom Pound met through Yeats.

And it is only a short leap from the Super-Imagist poem of Eliot and Pound to the Stream-of-Consciousness novel of Joyce, which I would count as the third reason for the permanence of Imagism, where the fictional portrayal of inner states of mind is conveyed by the rapid association of verbal images. To recognize the full impact of Imagism, we have to look beyond the confines of the short, free-verse, single-image poem, to which it has often been limited, to the longer, Super-Imagist poem, and even to the Stream-of-Consciousness novel. Stephen Spender pointed in that direction, when he devoted a whole chapter of The Struggle of the Modern to "The Seminal Image," where he argued that "The aims of the imagist movement in poetry provide the archetype of a modern creative procedure,"[5] and where he included Joyce's Ulysses as an example of Imagist influence on modern literature, holding that "The famous interior monologue of James Joyce was the method of the image resulting from the immediate impact of outer event on inner sensibility projected into the consciousness of invented characters."[6] If we take almost any passage of Ulysses out of the novel, we can see that it does communicate by short verbal images, much in the manner of the Imagist poem:

> The stonecutter's yard on the right. Last lap. Crowded
> on the spit of land silent shapes appeared, white, sorrowful,
> holding out calm hands, knelt in grief, pointing. Fragments of
> shapes, hewn. In white silence: appealing. The best obtainable.
> Thos. H. Dennanny, monumental builder and sculptor.[7]

Pound's discerning critical judgment (Eliot himself testified that until he met Pound he had tried unsuccessfully for years to have the poem published), "Prufrock" has become synonymous with Modernism, and we all know how it begins, with a shocking image of the city:

> Let us go then, you and I,
> When the evening is spread out against the sky,
> Like a patient etherized upon a table.

and how it proceeds with further self-deprecating images of Prufrock's trivial, routine existence:

> I have known the evenings, mornings, afternoons,
> I have measured out my life with coffee spoons...

how it shows his desperate, atavistic wish to escape into a subhuman form of life:

> I should have been a pair of ragged claws
> Scuttling across the floors of silent seas...

and then ends with a haunting but futile fantasy, in a mood of utter despair:

> We have lingered by the chambers of the sea,
> By seagirls wreathed with seaweed, red and brown,
> Till human voices wake us, and we drown.

Here is Imagism at work in a longer poem, following exactly the method Eliot would use throughout his poetic career, namely, the juxtaposition of short, almost self-contained Imagist poems to form a larger whole, such as a persona like Prufrock or Sweeney or Gerontion, or a cityscape like The Waste Land.

Pound used much the same technique in his lifework, The Cantos, and in the earlier Hugh Selwyn Mauberley, which like "Prufrock," belongs on the list of longer Imagist poems. It puts together a series of satirical sketches to show better-known short poems, which are Imagist in character if not by design, such as Eliot's "Preludes" or Stevens' "Thirteen Ways of Looking at a Blackbird" or Lawrence's "Gloire de Dijon" or MacLeish's "Ars Poetica." Pound always insisted that the test of any literary movement is whether any good poems come from it, and on that ground alone Imagism is justified by its good works, which were not produced simply by the poets who belonged to one of the three Imagist groups, but were written by poets as diverse as Carl Sandburg and Marianne Moore, outsiders to Imagism who nevertheless wrote a number of fine Imagist poems, with names like "Fog" and "Nocturne in a Deserted Brickyard," and "The Fish," and "No Swan So Fine." We should acknowledge, too, the beneficial effect that Imagism had retrospectively on the short poem in English, enabling readers to appreciate more easily the unconventional free verse stanzas of Walt Whitman and Stephen Crane, as well as the highly condensed, irregular lyrics of Emily Dickinson, making these three major but idiosyncratic American poets seem like a kind of Pre-Imagist movement themselves.

    Imagism has permanence, then, because it is a name that helps define a number of excellent short poems. But we need not stop with a list of short Imagist poems, however good, for there were longer Imagist poems as well. I do not mean simply the sustained images that appeared in the four Imagist anthologies, such as Amy Lowell's "Patterns" or H.D.'s "Hermes of the Ways," or Lawrence's "New Heaven and Earth", though they demonstrated the elasticity of the original Imagist model. I mean major long poems, such as <u>The Waste Land</u> and the <u>Cantos</u> and <u>Paterson</u>, which are among the chief glories of modern poetry, and which might well be called Super-Imagist poems, because they were clearly constructed, or assembled like a mosaic, from a series of short poems of the Imagist type. We should not forget that Eliot was carrying the manuscript of "The Love-Song of J. Alfred Prufrock" with him when he and Pound met in London in 1914, and that Pound was the first to recognize its excellence and to insist that it be published the next year in <u>Poetry</u> magazine in Chicago (over the vociferous objections of its editor, Harriet Monroe). Pound may well have grasped the originality of "Prufrock" better than Eliot himself, for he saw immediately that the poem was the portrait of a failure made up of striking yet disjunctive images, a technique which Eliot had developed before he met Pound but that Pound was first to approve and encourage. Thanks to everyone, and even if some may still dismiss them as too short to be complete. But if we think only of such clearly Imagist works as Pound's "In a Station of the Metro," or Williams' "The Red Wheelbarrow," or H.D.'s "Oread," we know that even the briefest Imagist poem can be as memorable as a longer poem. From just these three gifted American poets, Pound, Williams, and H.D., who met by chance in Philadelphia and went on to help found a poetic school in London, came many short masterpieces of Imagism--not all of which, even today, have found their way into the anthologies. For instance, take these few lines by H.D.--

> Never more will the wind
> cherish you again,
> never more will the rain.
>
> Never more
> shall we find you bright
> in the snow and the wind.
>
> The snow is melted,
> the snow is gone,
> and you are flown:
>
> Like a bird out of our hand,
> like a light out of our heart,
> you are gone.

We might wonder if there are any better poems being written today, for these few lines compress a deep mood of regret through a succession of natural phenomena--the wind, the rain, the snow, and a bird all pass before our eyes, and then a human figure passes, too, leaving us with a single image formed from them which carries a sense of absence, of emptiness, of the loss of someone loved. These few little-known lines by a single Imagist poet testify to the enduring value of the movement. To them, of course, we can add other, art Pound and his fellow-Imagists produced was an art brief enough to arrest the perpetual motion of the age, durable enough to outlast all copies. Imagism's response to what the age demanded was by opposition, not submission: instead of producing a "mould in plaster, made with no loss of time," it produced the brief but lasting Imagist poem, a verbal artifact which could be sufficient in itself, or could become the building block for longer poems.

Imagism therefore has refused to be forgotten, though as a movement it is long over. The movement lasted less than a decade, from the year 1909, when the Poets Club dissidents began meeting in London, until the year 1917, when the last of the four Imagist anthologies was published in Boston, but the Imagist poem became a primary shaping influence on much of the best poetry produced in this century. It led the way toward remaking poetic style in English, even though during the decade when Imagism flourished, there really were three movements in one, and each is remembered by a separate name: first, the School of Images, the Anglo-American group of poets led by T.E. Hulme, who published only a few poems in the years from 1909-12 and never thought of calling themselves Imagists; second, Des Imagistes, the English, Irish and American poets Ezra Pound chose for his first anthology in 1914; and finally there were the Amygists, as Pound nicknamed them, the English and American poets who appeared in Amy Lowell's three anthologies, Some Imagist Poets, in 1915, 1916, and 1917. Artistic movements are naturally short-lived, and generally fade like fashions in dress as soon as the novelty wears out, but though Imagism was more changeable than most, it remains the one poetic movement of the twentieth century which outlived its own brief history and continued to affect literary style long after the movement was over; indeed new Imagist poems can be, and are being, written even now.

Why has Imagism, of all the poetic movements of this century, proved so durable? I think there are four main reasons for the permanence of Imagism, and I would like to take them up one at a time. First of all, Imagism was responsible for creating a number of memorable poems by quite different poets that are to be found in most anthologies of modern poetry. They are classics, and a classic, in Pound's unbeatable definition, is "news that stays news." Some Imagist poems have stayed news, even if their newness is not apparent to by Wallace Stevens near the middle of the century which in praising the poetry of William Carlos Williams declared emphatically that Imagism was not something superficial but something permanent. The view of Imagism that Stevens voiced will, I hope, become the prevailing view as we approach the end of the century. Certainly by now we should have a perspective broad enough to see that Imagism, a poetic movement which originated in the first decade of the twentieth century, has mattered to much of the literature written in English since. For it was Imagism which initiated the poetic style we call Modernism, and Modernism led to many of the major literary achievements of the century-- not only in poetry, but in fiction and criticism as well. If Stevens, who was definitely Modernist yet not so definitely Imagist, believed that Imagism was something permanent, it ought to be a recognized fact of literary history.

If it is not yet a fact, if it is not obvious to everyone that Imagism was the beginning of Modernism, then there is need to offer new homage to Imagism, and to wonder why its permanence should still be questioned. I think the reason why is best foreshadowed in Pound's lines, because they tell us the age demanded something else. They tell us that the twentieth century thought it had no time for poetry, since life was too fast-paced for something as slow and deliberate as a poem. Yet the increase of speed, rather than expanding time, has seemed to compress it, making life seem shorter, not longer, and what can be accomplished in a lifetime seem less and less. We have reached the point in our age where mutability, once a familiar theme in literature, becomes an obsession, and instead of simply observing change as a natural process of growth and decay, the age demands it as a product of human technology. We live, as Pound's lines tell us, in a plastic age, a time of easy production of material objects, when things are made not to last but to be consumed. Our facility for making and copying things has made us masters of the material world, raising our "standard of living" but at the same time cheapening much of what we live for--especially works of art, which are valuable only in so far as they are original, unique, inimitable--in a word, <u>un</u>copiable. As Pound's lines say, the kind of art that best suits an age of accelerated motion and rapid production is plaster, not marble, movies and visual media, not literary classics, forgettable words, not memorable speech. Pound's lines tell us that what "the age demanded" in 1920 is pretty much what the age demands in 1990, but the

"Imagism...is not something superficial. It obeys an instinct. Moreover, imagism is an ancient phase of poetry. It is something permanent."[3]

The first of these quotations is by T.S. Eliot, who was looking back to the time when he started writing poetry, as an undergraduate at Harvard, when only the French Symbolists seemed to him to offer any models a young poet might follow, until the Imagists emerged from the darkness, to step forth on an almost empty literary stage, where nothing really fresh or new was being written by either English or American poets. Eliot's words were in tribute to Ezra Pound because, as he put it, "he created a situation in which, for the first time, there was a 'modern movement in poetry' in which English and American poets collaborated, knew each other's works, and influenced each other."[4] That movement was Imagism, and it gave poets writing in English a new model of style different from the French, a model that lasted through the second decade of the century, until Pound himself wrote something like its epitaph, in a long poem called <u>Hugh Selwyn Mauberley</u>, from which my second quotation comes, which both explains why Imagism was invented and exemplifies it at its best. <u>Mauberley</u>, Pound's own poetic Portrait of the Artist as a Young Man, dramatizes the struggle of the serious artist against the various forms of popular art then (as now) in vogue, and rather prophetically, describes the arts which the age demanded, and with which poetry had to compete, by using the Greek word for "motion," <u>kinema</u>, which is our familiar word <u>cinema</u>--in other words, the movies--by far the most popular art of the century, and by using as well the word "plaster," which in its slightly altered form "plastic" has become the material of choice from which almost everything useful or ornamental increasingly is made. Pound's fictional poet Mauberley felt "out of key with his time" because he was trying to "resuscitate the dead art of poetry" in defiance of the age, when such a respected literary figure as "Mr. Nixon" (fictional, not real) advised him to "Give up verse, my boy, there's nothing in it." Though the fictional poet (Mauberley) thought he had failed, the real poet (Pound) knew he had succeeded, not only through the poems he wrote but through the movement he created. Many of the poems Pound wrote, like the movement he led, were Imagist, and my third and last quotation comes from an essay written

INTRODUCTION

The Permanence of Imagism

by William Pratt

As we begin the last decade of the century, Imagism may seem like a name out of the past. It is, but its time is not past: on the contrary, Imagism is very much with us today. If we are to understand the enduring value of this most original twentieth century literary movement, it is best to go back about eighty years, to the first decade of the century when Imagism began, and then trace it forward, taking for our starting point three widely scattered quotations:

> "Whatever may have been the literary scene in America between the beginning of the century and the year 1914, it remains in my mind a complete blank... I do not think it is too sweeping to say, that there was no poet [in England or America] who could have been of use to a beginner in 1908." [1]

> The 'age demanded' chiefly, a mould in plaster,
> Made with no loss of time;
> A prose kinema, not, not assuredly, alabaster,
> Or the 'sculpture' of rhyme. [2]

appropriate therefore that this book should first be published in the United States; and it is gratifying that our Homage to Imagism in book form will be available to many more people than were able to participate personally in its activities.

    The purpose of this book, like the events it documents, is to celebrate Imagism through active responses to it. Whether direct or indirect, such responses as this book consists of are all dedicated to the poets of 1909 and the Imagists who soon followed them, and to the historical and literary significance which they so brilliantly created.

Humberside; so, in addition to The Voice Box (at The South Bank Centre), the organisations concerned with her visit were: Great Grimsby Borough Council (Arts & Entertainment); Grimsby College of Technology & Arts; Humberside County Council (Humberside Libraries and Arts); The Japan Foundation; Lincolnshire & Humberside Arts; Scunthorpe Borough Council (Scunthorpe Leisure Services); South Humberside Jazz Project; South Humberside Writing Project; Visiting Arts. My friends David and Rene Gill, while they were living in Tokyo in 1988-89, were responsible for contacting Kazuko Shiraishi and enlisting her in our Homage to Imagism; all the help they gave is very much appreciated.

Finally, I would like to thank all the poets, musicians, scholars, and fellow walkers who participated in the Homage to Imagism, as well as the marvellous audiences who attended the various events. Each activity seemed to generate a different audience, though there were a few people who appeared to find the concept appealing and paid homage more than once.

This book is unashamedly, in fact proudly, eclectic in its content--reflecting the eclecticism of the Homage itself, and consistent with the practice of the original Imagists, whose influences were wide-ranging and included Hebrew poetry, Japanese poetry, French Symbolist poetry, Classical Greek poetry, and their own perceptions and discussions. Imagism was a mixture of poetry and polemics, and this book is a true mirror of its content.

Although Imagism had its limitations (some of which are confronted in Allan Rodway's paper for the Symposium), there is no real question mark over the Imagist achievement, which is solid and enduring. The Imagists do however place a question mark before us, implicitly asking whether we are as effectively innovative and as intellectually focused as they were. This Homage to Imagism tries to face the question honestly, while paying tribute to the Imagists and bringing their work once more into public and critical consciousness.

In the second decade of this century Imagism was received, by and large, with resentment from critics and reviewers in both Britain and the United States; there were nevertheless enlightened magazines on both sides of the Atlantic which provided a platform. It is probably true to say, though, that acceptance came sooner in the United States than in Britain (it might even be argued that Imagism has never really been accepted in Britain). It seems earlier work, or later work which still seems to have Imagism as one of its influences.

Homage to Imagism began with a small number of people on The Imagist Walk. A few days later, The Voice Box (part of the Royal Festival Hall) was sold out for A Big Little Poem Reading. This interest gained momentum when the Imagist Symposium was well attended, and later reported in a generally positive way in the Times Literary Supplement. Kazuko Shiraishi's visit involved a whole programme of activities, all of which proved to be successful. She received a featured column in City Limits (a leading London events magazine) and her Voice Box reading was recorded by BBC Radio. This book is itself a continuation of the Imagist momentum, and also helps to preserve, for the study and enjoyment of others, not only something of the tribute made to the Imagists, but also any contemporary meaning which might have been acquired in the process.

Thanks is due to a plethora of individuals and organisations. From the outset Dr. Alastair Niven, Director of Literature at the Arts Council of Great Britain, gave valuable advice and encouragement. I am much indebted to Diana Collecott, Lecturer in English Literature at Durham University and editor of the Agenda Special Issue on H.D., for the generous help she gave me when I was devising the Imagist Walk; Diana of course went on to play a leading part in the Symposium. The two poetry readings held in London were part of Literature on the South Bank programmes at The Voice Box, a venue which presents programmes of writers and literature among the most consistently impressive anywhere in the world. It was reassuring to benefit from their professionalism, and their good will and belief in our Homage to Imagism gave a tremendous strength to the readings in London. I will always be grateful to Maura Dooley, Literature Officer at the South Bank Centre, and in fact to all the Literature Unit there, Gary McKeone in particular.

The Symposium was held, in between the events at The Voice Box, at The Poetry Society, providing an excellent venue in Kensington (an Imagist borough, as well as a Royal one). My thanks are due to the staff who worked there at the time, especially to Harry Gilonis, Kyran Joughin, and Matthew Sweeney.

Kazuko Shiraishi's visit included a brief writer's residency in South epigrams'--the use of the terms "lyric" and "epigram" link it to much older traditions in literature, leading to divergences from Imagism as well as overlapping. The divergences help to make a pluralism which admits both metre and free verse, poetry which rhymes and that which doesn't. It is not therefore claimed that the poems in this section are new Imagist poems, only that they are by poets who have been published by an imprint which follows two of Imagism's most important principles. At any rate, I do not feel the Imagists would have approved of poets, eighty years later, practising a kind of archaeology. Relevance is all the more evident if, in contemporary work, principles are incorporated rather than imitated. The Big Little Poem Series has a respect for Imagism which rejects the paleness of revivalism.

The third section of this book is the publication of the papers presented at the Symposium: Reassessing Imagism After Eighty Years, held at The Poetry Society headquarters in Earl's Court Square in London on May 27, 1989. Bill Pratt, in his Foreword, has commented on this part of the Homage to Imagism, the part he was responsible for and conscientiously organised and conducted.

The poets of 1909 were interested in, and influenced by, Japanese poetry--particularly the traditional forms of Haiku and Tanka. Kazuko Shiraishi is sometimes labelled, somewhat narrowly, a Beat Poet. She is undoubtedly one of the most significant poets in the world for placing words with music, particularly jazz. She first became known in Japan in the late 1940's, and was championed by Katsue Kitazono. She was admitted by him to the VOU group of poets in Tokyo. If Japanese tradition is followed and the family name is put first, then Kitazono Katsue provided the possibility for Ezra Pound of the nickname Kit-Kat; and this is the Kit-Kat who was a fairly regular correspondent with Pound over a number of years. Imagism was influenced by Japanese poetry, but it was Kit-Kat who reversed the process and imported Imagism into Japan (along with other Modernist movements in Western literature). Kazuko Shiraishi's earlier poetry, because of her membership of VOU, is conscious of, and threaded with, Imagism, although the influence of Surrealism is very much apparent as well. So, happily, the visit of Kazuko Shiraishi to Britain, as the final part of Homage to Imagism, had a more direct association with Imagism than was at first supposed. The fourth part of the book consists of a selection from the poems she read during her visit, and emphasis has been given to her who also became involved. The Reading of Japanese Poetry actually changed into something far more ambitious and exciting--the visit to Britain of a leading Japanese poet.

Of the events which did not happen, the most missed was An Exhibition of Imagist Publications. The evolution of Imagism would have been effectively shown through literary magazines, anthologies and books published between 1908-1917. The British Library, which holds most of the relevant material, was approached; although sympathetic, they could not, in the time, contribute to the Homage; their exhibition programme is formulated at least two years in advance (so, perhaps 1992, the year Imagism was actually named, will provide another opportunity for what could be a truly fascinating exhibition; if not there is always 1994, the anniversary of <u>Des Imagistes</u>, the first Imagist anthology).

Of the four events which did indeed take place and made up the 1989 Homage to Imagism, two were directly linked to Imagism, and two were related in a more tangential sense, a way of paying tribute to Imagism in contemporary terms, an attempt to "Make It New." The two which were directly linked were The Imagist Walk and A Symposium: Reassessing Imagism After Eighty Years; and the two events which "spun off" Imagism were A Big Little Poem Reading and the visit of Kazuko Shiraishi to Britain.

The present book is a representation of the events which constituted the 1989 Homage to Imagism. The four sections are related to the four events which took place, and follow their chronology. The Imagist Walk (which took place on the magical date of 25th March 1989) takes the form in this book of maps to the two main areas (British Museum and Kensington) of the Walk, notes to the locations which were visited, photographs, accompanied by captions, both taken on the day and supplemented by some taken later, and a selection of the Imagist poems which were read at various stages of the Walk.

The second section is a selection of poems read at A Big Little Poem Reading, held at The Voice Box of the Royal Festival Hall on 29th March 1989. All the poets who took part in the reading have appeared in The Big Little Poem Series (this is indeed a criterion for any Big Little Poem Reading). The connections between The Big Little Poem Series and Imagism, the concern with conciseness of form and precision of language, have already been mentioned. However, the Series has a claim to presenting 'contemporary lyrics and

In the summer of 1988 I attended, for the first time, a conference of the International Society for Contemporary Literature and Theatre (ISCLT) held that year at Dubrovnik, Yugoslavia. Amongst the impressive and intellectually incisive people I met there was Bill Pratt, who was in fact chairing the conference for that particular year. Bill, I discovered, had been involved with researching and writing about Imagism for many years (he had edited and introduced the classic text, The Imagist Poem: Modern Poetry in Miniature, for E.P. Dutton of New York in 1963). He straightaway responded with enthusiasm to my idea for a Homage to Imagism, and agreed to organise and chair an academic symposium. Bill was to visit Britain, with his wife Anne, in 1989, so a symposium could take place in London, the birthplace of Imagism. Since Imagism was very much an Anglo-American movement in literature, it seemed to me that this crucial involvement of Bill, an American, was itself an important expression of the original Imagist internationalism.

I thought it very necessary that the dimension of an academic symposium should be represented, and this now passed into the capable hands of Bill as a literary historian and scholar. In terms of the Homage as a whole it was to be one of a range of events which would together, it was hoped, provide an adequate and genuine celebration. There seemed something more celebratory about variety, in contrast to a series of events resembling a sombre monolith. The original list of proposed activities, (formulated in late summer 1988) reads as follows: 1) An Imagist Symposium; 2) A Big Little Poem Reading (in tribute to the Imagists); 3) A Reading of Imagist Poems (on 25th March); 4) A Reading of Japanese Poetry (to celebrate the Japanese connection with Imagism); 5) Imagist Poems on the Underground; 6) The Imagist Walk; 7) An Exhibition of Imagist Publications; 8) An Exhibition: Portraits of Imagists.

As a product of arts administration the above list, in the time available, was nothing short of suicidal. Even so, most of these proposed activities were pursued to the point of trying to enlist the collaboration of organisations which would make them feasible. It was inevitable that some would fall by the wayside, and indeed it is amazing that half of the programme survived (more than half in a sense, as the Reading of Imagist Poems was incorporated into The Imagist Walk). That they did survive is due to the help given by the organisations which did become interested and the enthusiasm of individuals a logical and apt format.

A belief in the "Little" poem's capacity to be "Big"--in spirit, emotion and perception--is fundamental to The Big Little Poem Series. A commitment to poems which have a conciseness of form is an area of common ground which the Series shares with Imagism, and part of the editorial policy of the Big Little Poem imprint has always been a conscious relation to Imagism, a matter of adherence and not coincidence. It would hardly be possible to know of Imagism and not view it editorially as a point of reference, especially for an imprint focused on short poems. The "Little" poems of Imagism, sometimes questionable in their quality, unquestionably made a significant contribution to the development of a Modernist prosody. It was these "Little" poems which were the vehicles for "Big" changes.

As well as in its conciseness, the Series is further related to Imagism in its concern with precision of language, one of the most definite aspects of Big Little Poem editorial policy. This was the Imagist principle which Pound emphasised as being of paramount importance, more so than the preference for concrete images over abstract thought, from which of course the name of the movement derives. These qualities of conciseness and precision were obviously not invented by Imagism, but Imagism must be credited with promoting them as principles, and giving them priority, force and historical moment.

From 1982 onwards the Series has been added to at an average rate of one set (of six cards) a year. In addition, by 1989, three Big Little Poem Books had been published, the first two in collaboration with Agenda Editions, the book imprint of Agenda magazine--one of the most important literary magazines of post-war Britain, and one with a profound commitment to the most challenging Modernist poets, and to Pound in particular. The editors of Agenda, William Cookson and Peter Dale, have from the outset encouraged the work of The Big Little Poem Series through the generosity of their appreciation.

In 1985, A Big Little Poem Reading took place, at The Book Works Gallery, London, and another took place in Grimsby, in 1987, to launch the books published with Agenda. By 1988 I felt that The Big Little Poem Series was established enough to be the basis for promoting a Homage to Imagism. During the spring of that year I began to consider the possibility of this time achieving the celebration which had been lost ten years before.

one of the most important elements in creating the changes which took place, and the alliance between T.E. Hulme and F.S. Flint was something which seemed to produce a vital and necessary exchange of ideas. The arrival to the group of Ezra Pound (a month later in April 1909) provided the "antennae" of a poet and the instigator of Imagism proper in 1912.

A definite time and place was a concreteness appropriate to Imagism, and it was a suitable reason for the celebration which I felt this marvellous and innovative movement deserved. There also, unfortunately, remains the need for education, as there still exists a widespread ignorance, in Britain at least, of where, when and how the Modernist changes to poetry, in Britain and the United States, came about. Poetry which does not rhyme and is not held in a set metre just seems to have occurred, and the actual history of these changes is clouded or ignored. In Britain, Imagism is not to be found on the A Level English Literature syllabus (A Level being the last stage of academic education before university, and for many people their last encounter with literature, in terms of formal education, before entering Higher Education to study other subjects.) Eliot and The Waste Land, which sometimes does appear at A Level, exercise an unfortunate literary hegemony, one I suspect dominates to the extent of acting as disinformation, so that the origins of Modernism are wrongly attributed. Imagism is unrecognised in quite an unjust way.

In 1978 I could see the possibility of recognition for Imagism on 25th March 1979, the possibility for ritual and celebration which a Homage to time and place might afford. However, it was not so much that I couldn't "get my act together," but more a question of not really having an "act." The anniversary drifted by, but not without regret on my part. I felt an opportunity for legitimate tribute had been missed; and as far as I know this 70th anniversary failed to capture the attention of anyone else.

In 1982, while a student at Garnett College (a teacher-training college in Roehampton, London), I began publishing and editing The Big Little Poem Series. The background to the Series was my own work, which took the form of very short poems--I wanted to initiate an imprint which was consistent with this, and not at odds with it in any way. The connection I made with the printer Derek Maggs, who was already attuned to the hand-setting and letterpress printing of poem cards, provided the necessary technical facility for

PREFACE

by Robert Richardson

During 1978 I was at a London polytechnic studying in a Faculty of Art and Design, though literature remained my primary interest. For a number of years I had admired much of Ezra Pound's poetry. It was as a poet that I approached such reading, with the advantage of a free-wheeling investigation based on enthusiasm, but lacking the thoroughness that a formal study of literature usually demands. It was, therefore, with relative lateness that my liking for Pound's work led me, at this time, to Imagism--the movement he did so much to create, a movement which in turn created a poetics apposite to this century and the association with possibilities of newness in creative expression which the beginning of this century seemed to generate.

The splendid Imagist Poetry (published by Penguin Books, 1972), edited by Peter Jones, was the means which enabled me to encounter a good selection of Imagist poems. The informative introduction, written by Jones, and the appendices, which included extracts from combative Imagist poetics, provided a liveliness which seemed more important to me than any tired pursuit of more thorough or systematic research. I could, at any rate, take advantage of the thoroughness which Jones had invested into the elegant economy he presented.

It was in the introduction to this anthology that I came across 25th March 1909 as the date when an unnamed group of poets began a series of meetings at the Eiffel Tower restaurant in London--the origins to which Imagism might be traced (Pound wrote of Les Imagistes as being "descendants of the forgotten school of 1909"). To say that Modernist poetry in Britain and the United States stems from this particular time and place is an obvious over-simplification; nevertheless the Eiffel Tower group of poets was without doubt book is appearing. It is meant to be the sort of Homage Pound once gave to Sextus Propertius, the Latin poet he rescued from oblivion by a very free translation of his poetry into current English. Our Homage to Imagism is not blessed with Pound's genius (except by quotation), but we do hope we have invoked Pound's spirit in the highly eclectic collocation of tributes this volume contains.

From my viewpoint, the Imagist Symposium was certainly a success, although the views taken by the five participants vary from the admiring to the deploring. Allan Rodway takes the most disparaging view of Imagism as "a necessary evil," Neil Roberts praises Lawrence for his Imagist prose rather than his Imagist poetry, Diana Collecott reads H.D. more as a feminist than as an Imagist, and Donald Davie takes Allen Upward more seriously as a thinker than as a poet. If I seem to be the only participant who takes a consistently favorable view of the Imagists, let it be recognized that I did my best to invite opposing views, hoping that our predictably conflicting opinions about the value of Imagism as a literary movement would serve better than any kind of easy agreement to challenge readers of poetry toward a genuine reassessment.

What all the participants have in common is a belief that Imagism mattered once and still matters to poetry in English, a fact which is amply demonstrated by the poems Bob Richardson has chosen to include in this book. So here is an homage that blames as well as praises, finds faults but also exalts, and attests to the fact that Imagism has been a potent force in English letters in the twentieth century. If we have tried to prove anything in this mixed bag of offerings for the eightieth anniversary of Imagism, it is one main point: Imagism lives!

NOTE ON SPELLING AND DOCUMENTATION

Some variations in spelling and documentation in this book arise from differences in British and American practice, some from differences in practice between individual contributors. In the interest of retaining the Anglo-American character of the book as a whole, the editors have refrained from standardizing spelling or documentation.

FOREWORD

by WILLIAM PRATT

Like Imagism itself, this book is the result of a congenial association between British and American writers. It is chiefly the brainchild of Robert Richardson, an English poet and editor, who in 1989 decided that there ought to be some fitting recognition of the eightieth anniversary of the founding of Imagism in London. He chose the date of March 25, 1909, as the founding date, because it marked the first meeting at the Eiffel Tower restaurant in London's Soho District of a group of young English writers who had left the Poets Club, and who later became known as the School of Images. Their leader was the English philosopher and poet T.E. Hulme, and it was not until April, 1909, that they were joined by the American poet Ezra Pound, who in 1912 coined the name Les Imagistes and eventually made Imagism the watchword for the new literary movement they had jointly produced.

Since the proper naming of Imagism did not occur until 1912, it can be said with greater accuracy that <u>between</u> 1909 and 1912 Imagism was born. This <u>Homage to Imagism</u> thus appears, appropriately enough, during the prolonged eightieth anniversary of the Imagist movement, and commemorates a series of events that occurred in 1989 in London: An Imagist Walk, A Big Little Poem Reading, An Imagist Symposium--all in the spring of 1989--and a final reading by a Japanese poet in the fall.

The Homage was Bob Richardson's idea; my part in it was simply to organize the Imagist Symposium. We agreed, however, that the whole affair should have an appropriate Anglo-American flavor, and that the two of us should be co-editors of the book. We also agreed, as he says in his Preface, that "the purpose of a Homage to Imagism is to celebrate Imagism through active responses to it." Our combined efforts, and those of our collaborators, have been directed toward moving Imagism forward, from the first decade of the twentieth century when it began, to the last decade of the century when this

ACKNOWLEDGMENTS

Grateful acknowledgment is made for the use of material from the following:

Donald Davie, from The American Scholar 59:1, Winter 1990, Copyright © 1989 by Donald Davie; reprinted by permission of the author and publisher.

Hilda Doolittle, from Collected Poems of H.D., 1912-1944. Copyright © 1982 by the estate of Hilda Doolittle; reprinted by permission of New Directions Publishing Corporation.

Tony Harrison, "Satanic Verses," reprinted by permission of the author.

D.H. Lawrence, from The Complete Poems of D.H. Lawrence, collected and edited by Vivian de Sola Pinto and F. Warren Roberts. Copyright © 1964, 1971 by Angelo Ravagli and C.M. Weekly, Executors of the Estate of Frieda Lawrence Ravagli. Reprinted by permission of the publisher, Viking Penguin, a division of Penguin Books USA Inc.

Ezra Pound, from Personae. Copyright © 1926 by Ezra Pound. Reprinted by permission of New Directions Publishing Corporation.

Kazuko Shiraishi, from Seasons of Sacred Lust. Copyright © 1978 by New Directions Publishing Corporation. Reprinted by permission of New Directions Publishing Corporation.

William Carlos Williams, from Collected Poems of William Carlos Williams, 1909-1939, Vol. I. Copyright © 1938 by New Directions Publishing Corporation. Reprinted by permission of New Directions Publishing Corporation.

The editors are grateful to Steven Thole, Micro Computer Specialist in the User Support Services of the Miami University Computing Center, for expert help at various stages of this book, assuring accuracy in the finished product.

146	Part IV. A Reading by a Japanese Poet: Kazuko Shiraishi
155	Appendix: An Imagist Bibliography Selected by William Pratt
161	Epilogue: "Images of the Ohio Valley" by William Pratt
163	Index

LIST OF ILLUSTRATIONS

frontispiece	William Pratt and Robert Richardson at the Imagist Symposium
facing 15	Robert Richardson unrolling "Homage to Imagism" banner
16	The Imagist Walk: British Museum Area (map)
facing 18	Reading outside The White Tower Restaurant
facing 19	The British Museum
facing 24	44 Mecklenburgh Square, an Imagist residence
facing 25	Yeats's apartment on Woburn Walk
28	The Imagist Walk: Kensington Area (map)
facing 29	St. Mary Abbots Church where Pound was married
facing 29	Pound's lodging at No. 10 Kensington Church Walk
facing 32	Michel's Bistro, once an Imagist meeting place
facing 33	Holland Place Chambers, home to Ezra and Dorothy Pound

CONTENTS

vii Acknowledgments

ix Foreword by William Pratt

xi Preface by Robert Richardson

1 Introduction: The Permanence of Imagism by William Pratt

15 Part I. An Imagist Walk in London by Robert Richardson

    British Museum Area: Notes, Map, Imagist Poems and Photographs
    Kensington Area: Notes, Map, Imagist Poems and Photographs

37 Part II. A Reading of Big Little Poems at The Voice Box

39 1. Shirley Bell
42 2. Keith Bosley
46 3. William Cookson
51 4. Peter Dale
55 5. Jean MacVean
58 6. W.S. Milne
61 7. Robert Richardson
66 8. Julie Whitby

73 Part III. A Symposium: Reassessing Imagism After Eighty Years

75 1. Imagism and the Shape of English Poetry by William Pratt
96 2. Imagism: A Necessary Evil? by Allan Rodway
103 3. D.H. Lawrence and Imagism by Neil Roberts
113 4. H.D.: "Imagiste"? by Diana Collecott
128 5. The Mysterious Allen Upward by Donald Davie

Library of Congress Cataloging-in-Publication Data

Homage to Imagism / edited by William Pratt and Robert Richardson.
    p. cm. — (AMS studies in modern literature ; no. 20.)
  Includes bibliographical references and index.
  ISBN 0-404-61590-2
  1. Imagist poetry—History and criticism. 2. English poetry—20th century—History and criticism. 3. American poetry—20th century—History and criticism. I. Pratt, William, 1927–   .
II. Richardson, Robert. III. Series.
PR605.I6H6 1992
821'.910915—dc20   91-11028
                                                                                                   CIP

All AMS Books are printed on acid-free paper that meets the guidelines for performance and durability of the Committee on Production Guidelines for Book Longevity of the Council on Library Resources.

                        Copyright © 1992 by AMS Press, Inc.
                                All rights reserved.

                                  AMS Press, Inc.
                                  56 East 13th Street
                                New York, N.Y. 10003

                        Manufactured in the United States of America

HOMAGE TO IMAGISM

EDITED BY

WILLIAM PRATT

AND

ROBERT RICHARDSON

AMS Press
New York

William Pratt and Robert Richardson pose beneath "HOMAGE TO IMAGISM" banner at the Imagist Symposium, held in the headquarters of The Poetry Society, Earl's Court Square, London, on May 27, 1989.

HOMAGE TO IMAGISM